供应链管理

马春莲 郭杰 ◎ 主编

中国书籍出版社
China Book Press

图书在版编目（CIP）数据

供应链管理/马春莲,郭杰主编.--北京：中国书籍出版社,2018.1

ISBN 978-7-5068-6654-5

Ⅰ.①供… Ⅱ.①马…②郭… Ⅲ.①供应链管理 Ⅳ.①F252.1

中国版本图书馆 CIP 数据核字(2018)第 016502 号

供应链管理

马春莲 郭杰 主编

责任编辑	丁 丽
责任印制	孙马飞 马 芝
封面设计	管佩霖
出版发行	中国书籍出版社
地　　址	北京市丰台区三路居路 97 号（邮编：100073）
电　　话	（010）52257143（总编室）　（010）52257140（发行部）
电子邮箱	eo@chinabp.com.cn
经　　销	全国新华书店
印　　刷	荣成市印刷厂有限公司
开　　本	787 mm × 1092 mm　1/16
字　　数	289 千字
印　　张	14.75
版　　次	2018 年 1 月第 1 版　2018 年 1 月第 1 次印刷
书　　号	ISBN 978-7-5068-6654-5
定　　价	39.00 元

版权所有 翻印必究

职业素养培养系列丛书
编辑委员会

主　任　张　丛　于元涛

副主任　梁聪敏　李翠祝　孙晓方　王宗湖
　　　　李广东

委　员　于　萍　李　红　任晓琴　邓介强
　　　　路　方　王翠芹

本书编委会

主　编　马春莲　郭　杰

副主编　王萌萌　孙淑晶

编　委　郝玲娟　李玮玮　邹晓静　蒲　旻

前言

在人类社会进步的历程中，企业管理理念随着经济的发展、人类生产实践的进步而不断演变和提升。在供给创造需求的经济时代，企业的管理着重于充分利用人力、物力和财力资源，最大限度地提高产品数量。随着需求创造供给的经济时代的到来，市场开始出现竞争，企业的管理从提高产品数量转向提高产品质量，继而向更高层次的理念发展。经济全球化的出现和加剧，把企业管理带入了新的环境，企业的经营从纵向一体化转向横向一体化，乃至全球范围内的一体化。一些卓有远见的企业家开始探索能够整合社会资源、提升竞争力，以满足客户全方位需求的全新管理模式，于是，一种新的管理哲学——供应链管理（supply chain management, SCM）理念逐渐形成。

伴随着经济全球化进程的加快，尤其是在中国已经融入国际社会，全面进入世界经济大舞台的今天，中国的企业怎样提升自身的供应链管理能力，进而动态整合全球资源，驾驭全球化经营的舵轮，不仅是业界也是理论界必须深入研究的、历史性的重大课题。

本书吸收供应链管理领域成功的实践范例、前沿性理论研究成果和前瞻性的信息技术，构建出了全面系统的理论研究框架，对供应链管理的理论和方法进行深入系统的研究，旨在为供应链管理实践、理论研究、课堂教学提供有价值的参考。

本书按照"工学结合"人才培养模式，结合企业对于人才的需求状况，以项目和工作任务为载体，进行工作过程系统化课程设计。本书按照工作过程系统化的思路，以供应链管理运营工作过程为载体进行内容组织和训练，使学生能够全面了解供应链管理的工作内容。本书主要内容包括十个项目，分别为：供应链实施前期准备；供应链的设计与构建；供应链的整合与优化；供应链生产管理；供应链采购管理；供应链物流管理；供应链库存管理；供应链管理绩效评价及激励；供应链管理发展现状分析；电子商务环境下供应链管理。

本书涵盖了供应链管理工作的全部内容，每个教学项目由内容提要、学习目标、案例导入、知识链接、同步知识测试等内容组成。通过学习，学生能够掌握供应链管理的相关知识，掌握供应链管理的工作方法，有助于学生了解供应链管理工作流程，提前认知职业角色和工作内容，为学生就业和可持续发展奠定基础。

本书编写的作者均来自于烟台工贸技师学院。具体分工为：马春莲编写项目一、项目二、项目四和项目七；王萌萌编写项目三；郝玲娟编写项目五；邹晓静和蒲旻共同编写项目六；孙淑晶编写项目八；李玮玮和郭杰共同编写项目九；郭杰编写项目十；全书由马春莲负责统稿。旅游（经贸）系李红主任担任顾问，为教材编写提出了许多宝贵意见，在此表示诚挚感谢。

本书在编写过程中，参考了国内外同仁的大量学术成果，在此一并致谢。由于作者水平有限，本书难免存在疏漏及不足之处，敬请读者指正。

编者

2017 年 8 月

目录

第一篇　供应链设计与优化 ... 1

项目一　供应链实施前期准备 ... 3
　　任务一　供应链基础认知 ... 7
　　任务二　供应链管理的内容及流程认知 ... 15

项目二　供应链的设计与构建 ... 25
　　任务一　供应链的结构模型设计 ... 28
　　任务二　供应链的开发 ... 33
　　任务三　供应链的设计流程分析 ... 39

项目三　供应链的整合与优化 ... 47
　　任务一　供应链环境下的业务外包 ... 49
　　任务二　供应链环境下的流程重组 ... 55
　　任务三　供应链系统优化策略分析 ... 62

第二篇　供应链管理与运营 ... 71

项目四　供应链生产管理 ... 73
　　任务一　供应链生产管理基础认知 ... 75
　　任务二　供应链环境下的生产管理实施 ... 77
　　任务三　供应链环境下生产管理策略分析 ... 83

项目五　供应链采购管理 ... 93
　　任务一　供应链采购管理基础认知 ... 96
　　任务二　采购程序与采购决策分析 ... 107
　　任务三　供应链管理环境下准时采购策略分析 ... 112

任务四　供应商管理 …………………………………………………… 120
项目六　供应链物流管理 ……………………………………………………… 127
　　任务一　供应链物流管理基础认知 …………………………………… 130
　　任务二　第三方物流与第四方物流介绍 ……………………………… 135
　　任务三　供应链管理中的信息技术应用分析 ………………………… 140
项目七　供应链库存管理 ……………………………………………………… 151
　　任务一　供应链库存管理基础认知 …………………………………… 154
　　任务二　供应链库存控制策略应用 …………………………………… 163
项目八　供应链管理绩效评价及激励 ………………………………………… 177
　　任务一　供应链管理绩效评价基础认知 ……………………………… 178
　　任务二　供应链管理绩效评价体系的构建 …………………………… 181
　　任务三　供应链管理有效激励的实施 ………………………………… 186

第三篇　供应链发展前瞻 ………………………………………………… 193

项目九　供应链管理发展新型模式分析 ……………………………………… 195
　　任务一　供应链管理发展现状分析 …………………………………… 197
　　任务二　供应链管理的新型模式介绍 ………………………………… 202
项目十　电子商务环境下供应链管理的发展 ………………………………… 211
　　任务一　电子商务环境下供应链管理的发展与变革 ………………… 214
　　任务二　基于电子商务的供应链管理新功能介绍 …………………… 218
　　任务三　供应链管理的电子商务技术支持 …………………………… 222

参考文献 …………………………………………………………………… 228

第一篇

供应链设计与优化

项目一　供应链实施前期准备

内容提要

当今社会，我们已生活在市场日益多变和消费者需求日益多元化的时代。市场竞争的主要方面已由单个企业之间的竞争转向企业集团供应链之间的竞争，供应链之间的竞争已经成为当今世界竞争的主流。在当今全球经济一体化、企业之间日益相互依赖、用户需求越来越个性化的环境下，供应链管理正日益成为企业一种新的竞争战略。

本项目重点讨论供应链的产生背景、发展历程，供应链及供应链管理的内涵、结构、特征和类型等内容。

学习目标

学习完本项目后，你将能够：
1. 了解供应链的产生和发展过程。
2. 理解供应链和供应链管理的概念。
3. 理解供应链的结构、特征。
4. 理解供应链的类型。
5. 理解供应链管理与传统管理模式的区别。

导入案例

京东供应链管理的三大策略

京东是国内首家自建物流体系的电商企业，是中国最大、全球前二的自营B2C网络零售商。自2004年涉足电子商务以来，经过十多年的发展，目前京东已形成了技术创新、电子商务、互联网金融、智能物流"四驾马车"驱动的业务体系，其合作伙伴已超过5000万家。

京东之所以能够在短时间内实现全面扩张，主要得益于其将物联网技术应用于供应链管理中，使得供应链管理井然有序，现金周转率持续降低。

自2004年成立以来，京东电商业务发展迅猛。然而，随着京东全百货战略的落地，其购物体验问题也将面临着新的挑战。尤其是当购物敏感和挑剔的女性顾客大量涌入之后，对其供应链管理构成了前所未有的压力。

为了化解压力，京东对自身的供应链体系做出了尝试性变化；而这些创新与改变，也给行业发展提供了宝贵的经验。

策略一：坚持自建物流体系

1. 建立覆盖全国的物流体系

由于消费者在京东平台下单的背后，是采销、仓储、配送、售后一系列服务的支撑，而京东供应链体系要想实现海量订单下供应商与消费者的协同、线上与线下的协同，就必须建立一套覆盖全国的物流体系。对此，京东通过干线运输来连通全国七大区，并借助支线运输来建立区域内微循环，从而为"货通全国、物畅其流"提供了强有力的支撑，以此充分发挥出集中全供应链的优势。

2. 打造一体化的供应商开放平台

首先，在技术方面，京东对店铺系统、商家助手、IM"咚咚"等多个产品进行了升级优化；第二，在服务方面，京东结合传统金融业务与互联网技术，为供应商提供"供应链金融服务"，并根据信用记录情况，为其提供无抵押的贷款服务；第三，在财务方面，京东精简商家财务审批流程，实现了订单完成后即时到账；第四，在物流方面，京东将自建物流体系开放给第三方卖家，帮助入驻商家解决物流问题、提高服务质量。

3. 实施供应商入库的分级管理

为了提升供应链效率，京东对供应商进行了分级管理，将供应商分为AAA、AA、A三个等级。首先，对于AAA级别的供应商，下调抽检比例，提供紧急预约服务，实现绿色通道入库；其次，对于AA级别的供应商，按照正常流程入库；再则，对于A级别的供应商，上调抽检比例甚至全检。通过差异化分级管理体系，既可以保证优质供应商的快速入库，又能够提升供应链的效率。

4. 提供供应商商品转运增值服务

目前，京东在全国建立了北京、成都、广州、上海、沈阳、武汉、西安、南京八大转运中心，供应商可以将产品放到转运中心，再由转运中心直接发送到全国各地。这样一来，既避免了供应商向全国各地仓储中心铺货的麻烦，又达到了降低供应商铺货成本和运输成本的目的。

策略二：实行推拉结合的供应链

推拉结合的供应链策略：该策略是在供应端使用预测推动的库存策略，降低成本；在客户端采用订单拉动的库存策略，快速响应。需求预测是所有供应链活动的基础。在供应商端，可以利用规模效应降低产品开发、采购、生产、入场运输的成本，集中预测还可以提高预测的准确性；在客户端，可以快速响应客户订单，及时获悉需求的变动。

策略三：构建智能化物流系统

京东的智能化物流系统包括智能仓储系统、智能运输系统和智能配送体系三大部分。

1. 智能仓储系统

京东位于上海的"亚洲一号"现代化物流中心是当今中国最大、最先进的电商物流中心之一，其仓库管理系统、仓库控制系统、分拣和配送系统等整个信息系统，均由京东自主开发，拥有自主知识产权，并且所有从国外进口的世界先进的自动化设备也是由京东进行集成的。这标志着京东的仓储建设能力和运营能力实现了质的飞跃。

2. 智能运输系统

京东在每个车辆上都安装了360度监控摄像头，以保障驾驶安全及在途货物的安全，并在所有车辆上装载了与GPS、GIS、车辆管理系统协同的语境系统，实现了路况信息的实时通报、业务信息的及时传达、车辆行驶线路的优化，以及载货运行轨迹的展现。

京东新增了多条陆运干线线路及不同时段的航空线路，在北京、上海、广州、武汉等地的干线运输网络采用的是甩挂运输方式，可以减少装载环节、提高货物的运载率，并使货损货差降低20%；同时，通过运输的网络化、信息化、组织化、集约化，还能实现经济与社会效益双赢。而在运输车型上，京东则采用了全铝半挂车，将"铁箱"改为"铝箱"后，车身自重减轻三吨，从而大幅度降低油耗和燃油开支。

3. 智能配送体系

在京东自建的智能物流配送网络中，可以在充分保障用户隐私的前提下，对用户购买习惯、购买频次、配送地址等信息进行大数据分析，并预测出每个小区、办公楼的每日配送量，进而优化物流配送网络，实现对用户的高效覆盖。据资料显示，2013年京东仅用1000辆物流车就完成了1000亿元的商品配送，这相当于减少市民驾车外出1.6亿次以上，减少车辆行驶2600万公里，减排一氧化碳31吨。

总结：

1. 供应链变革实现了对电商的有力支撑

（1）业务量：在自营供应链体系中，2015年，京东实现了交易总额4627亿元，同比增长78%,这一数据是行业平均增速的两倍;收入规模达1813亿元,同比增长58%;订单量达12.63亿,同比增长94%。

(2)服务能力:截至2016年一季度,京东在全国范围内拥有7大物流中心,运营了209个大型仓库,总面积约为430万平方米;拥有5987个配送站和自提点,覆盖全国范围内的2493个区县。

(3)经营范围:目前,京东全球购拥有来自全球40多个国家超过410万SKU,超过2000个商家,涵盖母婴用品、食品保健、个护美妆、3C、钟表和时尚等品类。

2. 供应链变革保证和提升了用户体验

京东通过覆盖全国的物流网络和卓越的履约能力,重塑了消费者对电子商务的用户体验。京东极其重视订单履行的全过程,从用户下单开始,京东以高品质的服务和更快速的响应来保证用户体验,通过多级物流中心将服务延伸到用户所在地,采取自营、社区合作、校园合作以及便利店合作等方式,满足消费者不同的配送需求,实现了对用户服务的一致性、可承诺、可信赖,积累了广泛的顾客群体和良好的口碑,形成了差异化竞争优势。

相比竞争对手,京东供应链体系在平台资源、物流实体能力、数据驱动业务等方面具有显著差异化竞争优势。

——摘自《中国供应链管理蓝皮书(2016)》

思考与讨论:

1. 京东的供应链管理有哪些独特的方式?

2. 京东的供应链变革实现了哪些价值?

任务一　供应链基础认知

一、供应链的产生背景

（一）21世纪全球市场竞争对企业管理模式的影响

进入21世纪，经济全球化、信息技术革命、电子商务等浪潮不断冲击着每一家企业，企业面临的市场竞争环境日益严峻，影响企业在市场上获取竞争优势的因素也随之发生了巨大的变化。

1. 21世纪企业面临的环境和挑战

当前复杂多变的环境下，企业面临的挑战主要表现为以下几个方面：

（1）信息爆炸的压力。大量信息的飞速产生和通信技术的发展，迫使企业把工作重心从如何迅速获得信息转到如何准确地过滤和有效利用各种信息。

（2）技术进步越来越快。新技术、新产品的不断涌现，一方面使企业得以获得新的竞争手段，另一方面也使每个企业都受到巨大的挑战，企业必须不断地开发新产品，否则它们将面临由于不能掌握新的技术而遭淘汰的处境。

（3）市场竞争全球化。企业在建立全球化市场的同时，也在全球范围内造就了更多的竞争者。企业为加强全球竞争力，开始积极寻求外部支持，以构造高效的生产与服务链条，更好地满足全球用户的需要。

（4）用户的要求越来越苛刻。随着时代的发展，大众知识水平的提高和激烈竞争带给市场越来越多、越来越好的产品，使用户的要求和期望也越来越高。消费者的价值观发生显著变化，需求结构普遍向高层次发展，对产品的品种规格、花色、需求数量呈现多样化、个性化要求，而且对产品的功能、质量和可靠性的要求日益提高。

综上所述，当前条件下，企业一方面面临着更加广阔的市场和众多的发展机遇，另一方面其所处的市场环境越来越复杂多变，企业必须变革以往的管理模式，以适应新的形势。

2. 21世纪全球市场竞争的主要特点

随着经济的发展，影响企业在市场上获取竞争优势的主要因素也发生着变化。21世纪全球市场竞争的主要特点是：

（1）产品生命周期越来越短。随着消费者需求层次的不断提升，企业的产品开发能力也在不断提高。与此相对应的是产品生命周期缩短，更新换代速度加快。由于产品在市场上存留的时间大大缩短,企业在产品开发和上市时间的活动余地也越来越小,给企业造成巨大压力。

(2) 产品品种数飞速膨胀。因为消费者需求的多样化越来越突出,企业为了更好地满足其要求,便不断推出新的品种,从而引发了一轮又一轮的产品开发竞争,结果是产品的品种数成倍增长,但消费者在购买商品时仍然感到难以称心如意。为了吸引客户,许多厂家不得不绞尽脑汁不断增加花色品种。

(3) 对交货期的要求越来越高。一般来说,品种、质量、价格、速度和服务是决定企业竞争力的五大要素。进入20世纪90年代以后,由于科学技术的进步、经济的发展、全球化信息网络和全球化市场的形成,以及技术变革的加速,产品的市场竞争更加激烈,所有这些都要求企业能对不断变化的市场做出快速反应。用户不但要求厂家要按期交货,而且要求的交货期越来越短。同等条件下,谁能以最快的速度满足顾客的需求,谁就能在市场中获得竞争优势。

(4) 对产品和服务的期望越来越高。客户已不满足于从市场上买到标准化生产的产品,他们希望得到按照自己要求定制的产品或服务。这些变化导致产品生产方式发生革命性的变化,传统的标准化生产方式已不能再使企业继续获得效益,现在的企业必须具有根据每一个客户的特别要求定制产品或服务的能力。例如,以生产芭比娃娃著称的玛泰尔公司,从1998年10月起,就可以让女孩子登录到www.barbia.com设计她们自己的芭比朋友。她们可以选择娃娃的皮肤弹性、眼睛颜色、头发的式样和颜色、附件以及名字。当娃娃邮寄到孩子手上时,女孩子会在上面找到她们娃娃的名字。

由此可见,企业面临的外部环境变化增加了企业管理的复杂性,企业要想在这种严峻的竞争环境下生存下去,必须具有强有力的处理环境变化和由环境引起的不确定性的能力。

(二) 传统的管理模式的弊病日益显露

在传统的管理模式里,每一个企业出于对制造资源的占有需求和对生产过程直接控制的需要,常常采用"纵向一体化"模式,即企业为了最大限度地掌握市场份额,就扩大自身规模或参股到供应商企业,与为其提供原材料、半成品或零部件的企业构成一种所有权关系,牢牢控制用于生产和经营的各种资源,形成了原材料、半成品或零部件到成品一条龙的生产方式,这就是"大而全"、"小而全"的企业管理方式。在当今科技迅速发展、世界竞争日益激烈、客户需求不断变化的形势下,"纵向一体化"模式暴露出种种弊端。

1. 增加企业投资负担

不管是投资建新的工厂,还是用于控股其他公司,企业都需要筹集必要的资金,并且消耗大量的精力进行规划、设计、建设。在项目建设周期内企业不能投产获益,还要按期偿还借款利息。显而易见，投资项目建设有可能使企业背上沉重的负担。

2. 承担丧失市场时机的风险

由于有一定的建设周期，有些项目建成之时，也就是项目下马之时。市场机会早已在项目的建设过程中逝去，这样的事例在我国有很多。从投资方向的选择来看，决策者当时的决策可能是正确的，但就是因为花在生产系统基本建设上的时间太长，等生产系统建成投产时，市场行情可能早已发生了变化，企业因错过了进入市场的最佳时机而遭受损失。

3. 迫使企业从事不擅长的业务活动

采用"纵向一体化"管理模式的企业把产品设计、计划、财务、会计、生产、人事、管理信息、设备维修等所有工作看作本企业必不可少的业务工作，许多管理人员往往花费过多的时间、精力和资源去从事辅助性的管理工作。由于精力分散，他们无法做好关键性业务活动的管理。结果辅助性的管理工作没有抓起来，关键性业务也无法发挥出核心作用，不仅使企业失去了竞争特色，还增加了企业产品成本。

4. 在每个业务领域都直接面临众多竞争对手

采用"纵向一体化"管理模式的企业的另一个问题是，它必须在不同业务领域直接与不同的竞争对手进行竞争。在企业资源、精力、经验都十分有限的情况下，四面出击的结果是可想而知的。事实上，即使是 IBM 这样世界级的公司，也不可能拥有所有业务活动必需的能力。因此，从 20 世纪 90 年代末，IBM 就不再进行纵向发展，而是开始与其他企业建立广泛的合作关系。

在新的竞争环境下，鉴于旧有的"纵向一体化"管理模式所暴露出来的种种弊端，企业最终意识到必须改变经营模式，采取"横向一体化"的管理模式，即供应链管理模式。

(三) "横向一体化"管理模式的兴起

鉴于"纵向一体化"管理模式的种种弊端，从 20 世纪 80 年代后期开始，首先是在美国的一些企业，其后是国际上很多企业放弃了这种经营模式，随之而来的是"横向一体化"思想的兴起，即利用企业外部资源快速响应市场需求，本企业只抓具有自己核心竞争力的业务，而将非核心业务委托或外包给合作伙伴企业。例如，福特汽车公司的 Festiva 车就是由美国人设计，由日本的马自达生产发动机，由韩国的制造厂生产其他零件和装配，最后再在美国市场上销售。制造商把零部件生产和整车装配都放在了企业外部，这样做的目的是利用其他企业的资源促使产品快速上马，避免自己投资带来的基建周期长等问题，赢得产品在低成本、高质量、早上市等诸方面的竞争优势。"横向一体化"形成了一条从供应商到制造商再到分销商、零售商的贯穿了所有企业的"链"。

由于相邻节点企业表现出一种需求与供应的关系，当把所有相邻企业依此连接起来，便形成了供应链。这条链上的节点企业必须达到同步、协调运行，才有可能使链上的所有企业都能受益，于是便产生了供应链管理这一新的经营与运作模式。

供应链管理利用现代信息技术，通过改造和集成业务流程，与供应商以及客户建立协同的业务伙伴联盟，实施电子商务，从而大大提高了企业的竞争力，使企业在复杂的市场环境下立于不败之地。根据有关资料统计，供应链管理的实施可以使企业总成本下降10%；供应链上的节点企业按时交货率提高15%以上；订货—生产的周期时间缩短25%~35%；供应链上的节点企业生产率提高10%以上，等等。有理由认为，21世纪的竞争不是企业和企业之间的竞争，而是供应链与供应链之间的竞争。所谓的竞争优势不是专属于哪一个企业的，而是整个供应链的综合能力。

二、供应链的发展过程

供应链和供应链管理的概念和应用只有几十年的历史，在这过去短短的几十年间，无论是供应链管理的理念还是供应链管理的应用技术都有了长足的发展。分析起来，它的形成与发展基本上可分为以下四个发展阶段。

1. 企业内部整合阶段（初级萌芽阶段）

供应链管理的第一个阶段是从20世纪80年代初到20世纪90年代初。随着企业级信息系统的升温，整个行业都意识到利用MRP和MRPⅡ系统改善计划的价值。但是由于早期技术出现漏洞，许多企业开始寻找企业计划部门与其他部门之间能更为高效分享信息的手段，最终大家发现了企业资源计划系统（ERP）和其他专门解决企业内部数据传输的方案。ERP的成功主要在于它完成了使企业内部复杂的流程自动化的工作，使人力资源、财务和制造各个职能部门之间的流程集成起来。这些系统使得企业内部部门之间的协调效率得到了提高。此外，ERP系统还开辟了把信息存储在一个服务器的不同功能区域的先河，使得每个人都可以读取信息，即原先只是限于某一群体的库存、销售、财务和其他信息，现在可以跨部门进行分享。每一个部门或功能区都可以和其他部门通过流程整合进行信息共享，从而可以改善预测，作出更有效的决策。

随着MRP、MRPⅡ、ERP系统的日渐成熟和普及，企业内部的供应链信息能够迅速准确地在企业各部门之间进行传递，这就为建立一个统观全局的、完整的供应链系统奠定了坚实的基础，同时为供应链上下游之间的业务提供了所需的业务处理信息。建立在企业内部统一数据库上的优化算法，在ERP系统的基础上增加了智能决策支持。同时在这个阶段，企业开始加强对员工的供应链管理培训，并与供应商和分销商进行更紧密的合作。但在这个阶段，供应链的运作多局限在企业内部，即使扩展到了外部，供应链上各个企业的经营重点仍是企业的独立运作。因此，供应链上存在着大量企业之间的目标冲突，无法实现供应链的整体优势，从而导致供应链管理的绩效低下。

2. 单一供应链整合阶段（形成阶段）

供应链管理的第二阶段是从 20 世纪 90 年代初到 20 世纪末。从 20 世纪 90 年代开始，企业内部供应链管理整合的完成，ERP 的迅速传播和广泛应用，使企业的信息和业务都实现了高度的集成。此时，一些跨国公司开始着手加强与自己供应商、分销商之间的联系，通过计算机网络分享物流信息。电子数据交换系统（EDI）的应用加快了信息在合作伙伴之间的传递速度，提高了信息传播的准确性；定单管理系统（OMS）使得定单处理过程自动化；需求计划系统（DP）对需求进行预测并且检测预测的准确性；仓库管理系统（WMS）管理仓库中的库存、产品存放位置和拣货；运输管理系统（TMS）对调度、文档管理和其他运输作业进行计划和自动化；高级计划和调度系统（AH）对生产计划和排产计划做出安排；而客户关系管理系统（CRM）进行管理客户、支持销售队伍自动化的工作。每一个系统都是功能丰富，专注于固定领域和范围，旨在解决每一个领域的低效率问题和改善决策支持。

然而，此时企业内部供应链执行应用系统也有一系列的缺点。最明显的一点是，所有这些解决方案的市场分割都非常严重，结果这些解决方案都把信息储存在不同的"地窖"里，各个"地窖"之间无法传递信息，因此没有办法将信息共享来提高运作或服务水平。

供应链技术最大的进展发生在 20 世纪 90 年代晚期。由于 WMS、TMS 和其他条块分割的系统存在着局限性，企业开始寻找新的方式，力求把离散的功能集成为一个整体的综合的供应链管理解决方案。因此，市场上基于互联网的信息传递应用系统或"中间件"应运而生。随着 Internet 的普及和发展，越来越多的基于 Internet 的信息共享和数据传输方式，为跨计算机平台、跨地理位置的供应链管理合作提供了相对便宜、性能可靠的技术支持。同时，基于互联网的信息传递服务也使得企业之间不同的信息系统连接起来，为从内部流程到外部流程整合的重点转移提供了巨大的机遇。

在这个阶段，随着计算机信息技术和管理运作技术的逐步成熟，供应链业务运作也不断地发展和成熟，利润的源泉已经转移到企业与外部交易成本的节约，以及库存的控制和内部物流的梳理上。为进一步挖掘降低产品成本和满足客户需求的潜力，提高效益，企业将把需求预测、供应链计划和生产调度作为一个集成的业务流程来看待。因此，越来越多的跨职能部门及供应链成员相互协调，制订相关联的最佳销售和运营计划行动方案，供应链计划和执行决策都朝着跨职能部门的一体化方向发展。

3. 供应链网络的优化阶段（成熟阶段）

供应链发展的第三阶段是 21 世纪初期，以一家企业为核心的单一供应链管理，往往不能覆盖企业的所有供求关系。在现实生活中，企业生存在一个与众多供应商和分销商构成的网络之中。随着单一供应链的建立，企业与其合作伙伴间一对一的物流、信息流得到加强，而发展基于供应链网络的整体优化模式便自然而然地成为企业的必然选择。供应链网络的商业模式不仅是指企业之间的信息共享，更是指为打破企业间营运的壁垒而进行的商业流程再造，其最终目的是使企业之间能更迅速地建立和终止合作关系，降低相应的费用。

进入21世纪后，发达国家已应用比较广泛的基于Internet的供应链系统和电子商务系统，彻底改变了供应链网络的原有商业模式，改变了原有的物流、信息流和资金流的交互方式和实现手段，客户将要求供应链上游的企业采用专门的技术来解决新的需求。因此，出现了许多供应链管理策略和系统，如供应商管理客户库存（VMI）、联合库存管理（JMI）、协同规划、预测和连续补给（CPFR），以及供应商关系管理、产品生命周期管理、供应链计划和供应链执行等，这些策略和系统的应用使供应链成员间的业务衔接更加紧密，使整个供应链运作更加协同化。新的供应链执行应用系统带来了很多好处，它们整合了整个业务流程的每一个部分，进一步强调了不同信息系统之间应该协同工作，使得整个供应链为了共同的利益而进行流程协作。同理，合作伙伴可以通过共同工作，以优化计划、制造、采购和其他跨越数个系统或企业的作业。

4. 集成化供应链动态联盟阶段（发展趋势）

供应链在经过前面三个阶段的充分发展和优化后，已经构成了个以占据市场领导地位为战略核心及发展目标，并且能够快速重构的动态、网链化组织结构，即集成化供应链动态联盟。为适应市场变化，以及柔性、速度、革新、知识等需要，不能适应供应链需求的企业将从供应链联盟中被淘汰，企业通过Internet商务软件等有效集成在一起以满足客户的需求，一旦客户的需求消失，它也将随之解体。而当另一需求出现时，这样的一个组织结构又由新的企业动态重新组成。在此环境中，企业如何成为一个能及时、快速满足顾客需求的供应商，是其生存和发展的关键。

供应链动态联盟是基于一定的市场需求、根据共同的目标组成，通过实时信息的共享来实现集成，以同步化的、扩展的供应链计划和控制系统作为主要工具，以基于Internet的供应链系统和电子商务系统取代传统的商务手段。这是供应链管理的必然趋势。

三、供应链的内涵

目前，由于供应链的发展历史尚短，对于供应链尚未形成统一的定义，不同的学者从不同的角度出发，给出了许多不同的定义。我国国家标准《物流术语》对供应链的定义是："供应链（Supply Chain）是生产及流通过程中涉及将产品或服务提供给最终用户活动的上游与下游企业所形成的网链结构"。

我国著名的供应链管理专家马士华对供应链的概念作了较完整的表述:"供应链是围绕核心企业,通过对信息流、物流、资金流的控制,从采购原材料开始,制成中间产品以及最终产品,最后由销售网络把产品送到消费者手中的将供应商、制造商、分销商、零售商,直到最终用户连成一个整体的功能网链结构"。它是一个范围更广的企业结构模式,包含了所有加盟的节点企业,从原材料的供应开始,经过链中不同企业的制造加工、组装、分销等过程直到最终用户。它不仅是一条连接供应商到用户的物流链、信息链、资金链,而且是一条增值链,物料在供应链上因加工、包装、运输等过程而增加其价值,给相关企业都带来收益。

四、供应链的结构模型

供应链的定义告诉我们,供应链由所有加盟的节点企业组成,其中有一个核心企业(可以是制造型企业如汽车制造商,也可以是零售型企业如美国的沃尔玛),其他节点企业在核心企业需求信息的驱动下,通过供应链的职能分工与合作(生产、分销、零售等),以资金流、物流和服务流为媒介实现整个供应链的不断增值。于是,供应链的结构可以简单地显示为图1-1所示的模型:

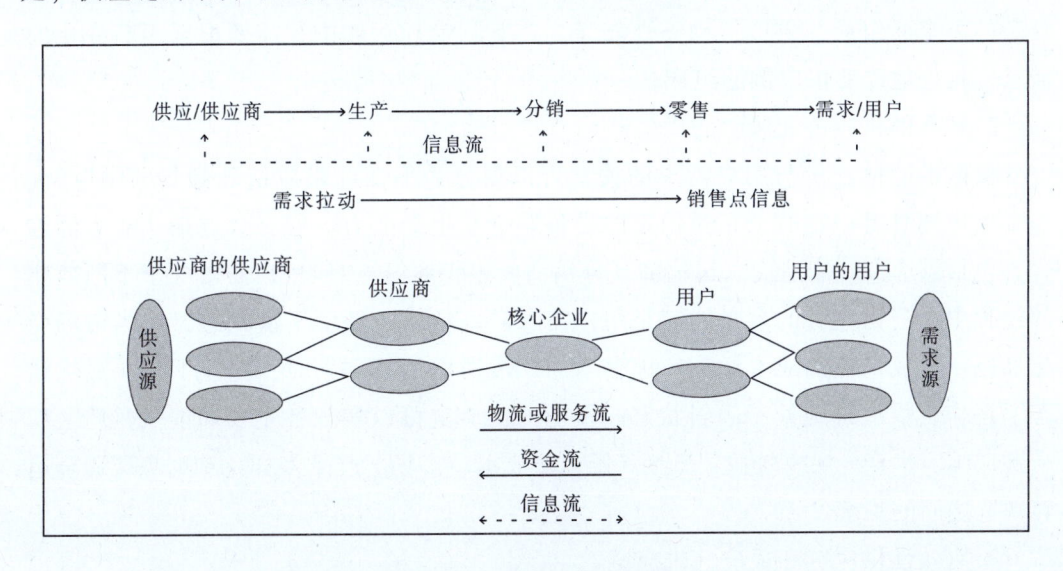

图1-1 供应链的结构模型

五、供应链的特征

从供应链的结构模型可以看出,供应链是一个网链结构,由围绕核心企业的供应商、供应商的供应商和用户、用户的用户组成。一个企业是一个节点,节点企业和节点企业之间是一种需求与供应关系。供应链主要具有以下特征:

(1) 复杂性。因为供应链节点企业组成的跨度（层次）不同，供应链往往由多个、多类型甚至多国企业构成，所以供应链结构模式比一般单个企业的结构模式更为复杂。

(2) 动态性。供应链管理因企业战略和适应市场需求变化的需要，其中节点企业需要动态地更新，这就使得供应链具有明显的动态性。

(3) 面向用户需求。供应链的形成、存在、重构，都是基于一定的市场需求而发生，并且在供应链的运作过程中，用户的需求拉动是供应链中信息流、产品/服务流、资金流运作的驱动源。

(4) 交叉性。节点企业可以是这个供应链的成员，同时又是另一个供应链的成员，众多的供应链形成交叉结构，增加了协调管理的难度。

六、供应链的类型

根据不同的划分标准，我们可以对供应链进行如下分类。

1. 稳定的供应链和动态的供应链

根据供应链存在的稳定性划分，可以将供应链分为稳定的和动态的供应链。基于相对稳定、单一的市场需求而组成的供应链稳定性较强，而基于相对频繁变化、复杂的需求而组成的供应链动态性较高。在实际管理运作中，需要根据不断变化的需求，相应地改变供应链的组成。

2. 平衡的供应链和倾斜的供应链

根据供应链容量与用户需求的关系可以划分为平衡的供应链和倾斜的供应链。一个供应链具有一定的、相对稳定的设备容量和生产能力（所有节点企业能力的综合，包括供应商、制造商、运输商、分销商、零售商等），但用户需求处于不断变化的过程中，当供应链的容量能满足用户需求时，供应链处于平衡状态，而当市场变化加剧，造成供应链成本增加、库存增加、浪费增加等现象时，企业不是在最优状态下运作，供应链则处于倾斜状态。平衡的供应链可以实现各主要职能（采购/低采购成本、生产/规模效益、分销/低运输成本、市场/产品多样化和财务/资金运转快）之间的均衡。

3. 有效性供应链和反应性供应链

根据供应链的功能模式（物理功能和市场中介功能）可以把供应链划分为两种：有效性供应链和反应性供应链。有效性供应链主要体现供应链的物理功能，即以最低的成本将原材料转化成零部件、半成品、产品，以及在供应链中的运输等；反应性供应链主要体现供应链的市场中介的功能，即把产品分配到满足用户需求的市场，对未预知的需求做出快速反应等。

任务二　供应链管理的内容及流程认知

一、供应链管理的内涵

对于供应链这一复杂系统，要想取得良好的绩效，必须找到有效的协调管理方法，供应链管理（Supply Chain Management，SCM）思想就是在这种环境下提出的。

通过对国内外学者有关研究的总结，得出一个比较确切的供应链管理的定义，即"为了满足客户的需求，用系统的观点对供应链中的物流、信息流和资金流进行设计、规划、控制与优化，即行使通常管理的职能，进行计划、组织、协调与控制，以寻求建立供、产、销以及客户间的战略合作伙伴关系，最大限度地减少内耗与浪费，实现供应链整体效益的最优化，并保证供应链中的成员取得相应的绩效和利益的整个管理过程"。供应链管理是一种集成的管理思想和方法，它执行供应链中从供应商到最终客户的物流的计划和控制等职能。

案例链接

夏普的改变

夏普公司是一家总部位于日本大阪、年销售收入887亿的全球化电子消费品公司，公司共有66000名员工服务于分布在全球30个国家的生产工厂、销售公司、技术研发机构和信贷公司。夏普公司作为推出电子计算器和液晶显示器等电子产品的创始者，始终勇于开创新领域，运用领先世界的液晶、光学、半导体等技术，在家电、移动通讯、办公自动化等领域实现丰富多彩的"新信息社会"。

但是，面对着竞争日益复杂的电子消费品市场，该公司越来越感觉到电子消费品市场的快速变化，特别是电子消费品的生命周期越来越短，电子消费品的市场普及率越来越接近饱和状态，企业的经营风险加大，与此同时，客户对电子消费品个性化的需求越来越高。因此，如何在竞争激烈和快速变化的市场中寻求一套实时的决策系统就显得尤为重要。特别是通过提高对商品的预测准确率来降低企业的库存，减少交货期的延误，从而保住大量的有价值的客户。

为此，夏普求助于专业的咨询机构。该机构帮助夏普对其整个供应链进行了全面诊断，提出了对包括订单管理、生产制造、仓库管理、运输和开票等全流程在内的整体无缝链接方案，并结合信息系统的实施，使夏普公司建立起供应和需求一体

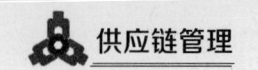

化的网链结构，尤其是通过对系统数据的分析，定时的联结和灵活的处理，使决策者能够比过去更加方便和有效地协调人员、设备资源和流程配置，以更加准确地满足市场的需求。夏普公司通过对供应链的一体化管理，不仅降低了库存的水平，加快了库存的周转率，降低了物料管理的成本，而且大大地提升了供应链上的价值。

二、供应链管理的目标

供应链管理的目的，旨在通过对供应链各个环节活动的协调，实现最佳业务绩效，从而增强整个供应链上所有企业业务的表现，使生产系统能较好地管理由原料到产品、再到客户的生产过程，最终提高客户的满意度，并减少总生产成本。对企业来说，供应链管理最根本的目的就是增强企业的核心竞争力。

1. 总成本最低化

众所周知，采购成本、运输成本、库存成本、制造成本以及供应链物流的其他成本费用都是相互联系的。因此，为了实现有效的供应链管理，必须将供应链各成员企业作为一个有机整体来考虑，并使实体供应物流、制造装配物流与实体分销物流之间达到高度均衡。从这一意义出发，总流通成本最低化目标并不仅仅是运输费用或库存成本，或其他任何单项活动的成本最低，而是整个供应链运作与管理的所有成本总和达到最低。

2. 总库存最少化

按照供应链管理思想，库存是不确定性的产物，任何库存都是浪费。因此，在实现供应链管理目标的同时，要使整个供应链的库存控制在最低程度。"零库存"反映的即是这一目标的理想状态。所以，总库存最小化目标的达成，有赖于对整个供应链库存水平与库存变化的最优控制，而不是单个成员企业库存水平的最低。

3. 总周期最短化

在当今的市场竞争中，时间已成为竞争成功最重要的要素之一。当今的市场竞争不再是单个企业之间的竞争，而是供应链与供应链之间的竞争。从某种意义上讲，供应链之间的竞争实质上是时间竞争，即实现快速有效的反应，最大限度地缩短从客户发出订单到获取满意交货的整个供应链的总周期。

4. 客户服务最优化

物流的本质是服务，供应链物流的本质也就是为整个供应链的有效运作提供高水平的服务。由于物流服务水平与成本之间的二律背反关系，要建立一个效率高、效果好的供应链物流网络结构系统，就必须考虑总成本费用与客户服务水平的均衡。供应链物流管理以最终客户为中心，客户的成功是供应链赖以生存与发展的前提。因此，供应链物流管理的最主要目标就是要以最低化的总成本费用实现整个供应链客户服务的最优化。

5. 物流质量最优化

企业产品和服务质量的好坏直接关系到企业的成败。同样，供应链企业间产品与服务质量的好坏也直接关系到供应链的存亡。如果在所有业务过程完成以后，发现提供给最终客户的产品或服务存在质量缺陷，就意味着所有成本的付出将不会得到任何价值的补偿，供应链管理下的所有业务活动都会变为非增值活动，从而导致整个供应链的价值无法实现。因此，实现与保持产品与服务质量的最优化水平，也是供应链管理的重要目标。而这一目标的实现，必须从原材料、零部件供应的零缺陷开始，直至供应链管理全过程、全方位质量的最优化。

三、供应链管理的基本内容

供应链管理主要涉及四个主要领域：供应（Supply）、生产计划（Schedule Plan）、物流（Logistics）、需求（Demand）。由图1-2可见，供应链管理是以同步化、集成化生产计划为指导，以各种技术为支持，尤其以 Internet/Intranet 为依托，围绕供应、生产作业、物流（主要指制造过程）、满足需求来实施的。供应链管理主要包括计划、合作、控制从供应商到用户的物料（零部件和成品等）和信息。供应链管理的目标在于提高用户服务水平和降低总的交易成本，并且寻求两个目标之间的平衡（这两个目标往往有冲突）。

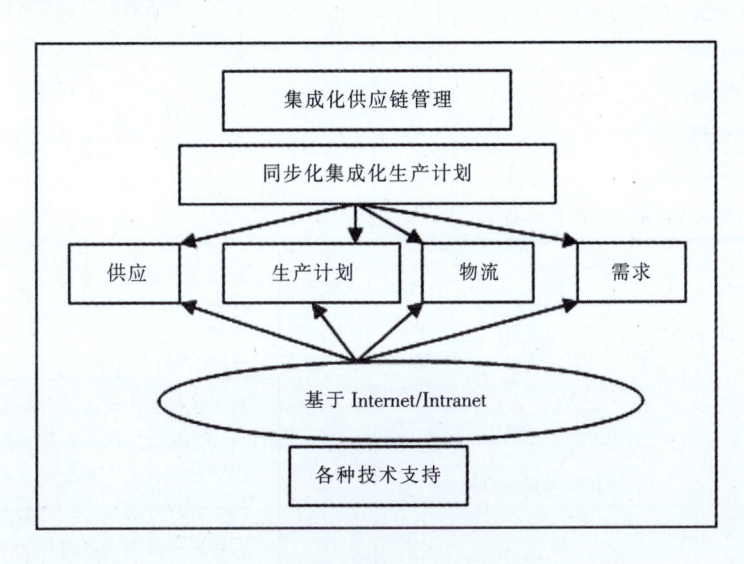

图 1-2 供应链管理涉及的领域

由此可见，供应链管理关心的并不仅仅是物料实体在供应链中的流动，除了企业内部与企业之间的运输问题和实物分销以外，供应链管理还包括以下主要内容：

(1) 战略性供应商和用户合作伙伴关系管理；
(2) 供应链产品需求预测和计划；

(3) 供应链的设计（全球节点企业、资源、设备等的评价、选择和定位）；

(4) 企业内部与企业之间的物料供应与需求管理；

(5) 基于供应链管理的产品设计与制造管理、生产集成化计划、跟踪和控制；

(6) 基于供应链的用户服务和物流（运输、库存、包装等）管理；

(7) 企业间资金流管理（汇率、成本等问题）；

(8) 基于Internet/Intranet的供应链交互信息管理等。

四、供应链管理的流程

（一）分析市场竞争环境，识别市场机会

分析市场竞争环境就是识别企业面对的市场特征，寻找市场机会。企业可以通过波特的五种竞争力模型（如图1-3）提供的原理和方法，通过市场调研等手段，对供应商、用户、竞争者进行深入研究；企业也可以通过建立市场信息采集监控系统，开发对复杂信息的分析和决策技术。

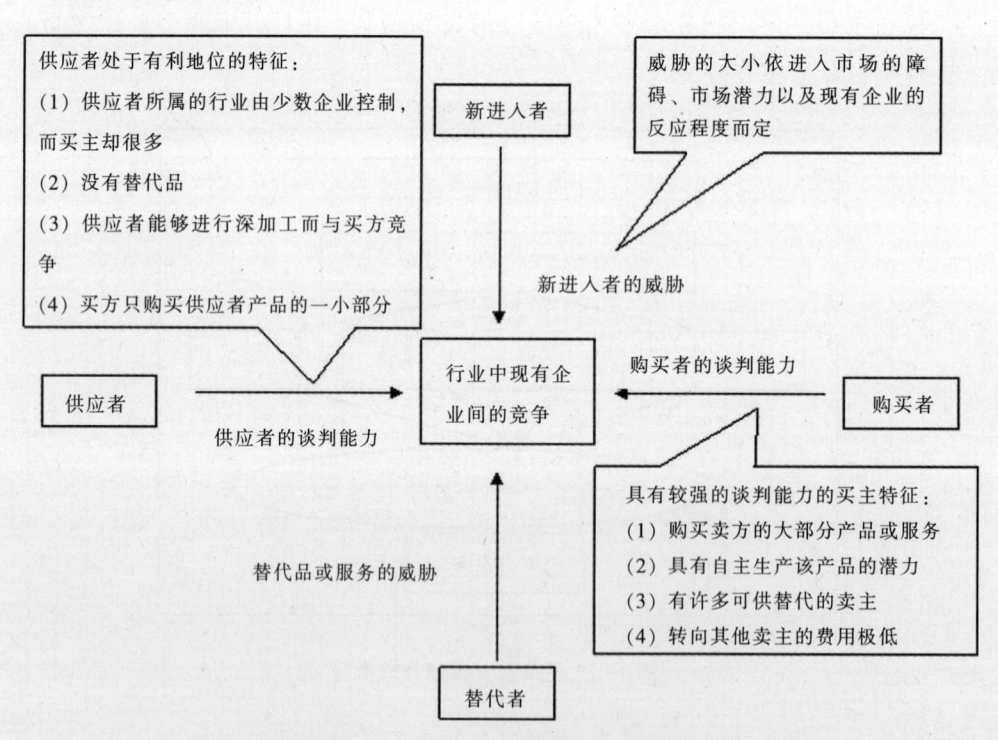

知识扩充

供应者处于有利地位的特征：
(1) 供应者所属的行业由少数企业控制，而买主却很多
(2) 没有替代品
(3) 供应者能够进行深加工而与买方竞争
(4) 买方只购买供应者产品的一小部分

威胁的大小依进入市场的障碍、市场潜力以及现有企业的反应程度而定

具有较强的谈判能力的买主特征：
(1) 购买卖方的大部分产品或服务
(2) 具有自主生产该产品的潜力
(3) 有许多可供替代的卖主
(4) 转向其他卖主的费用极低

图1-3 波特的五种竞争力模型

(二) 分析顾客价值

所谓顾客价值，是指顾客从给定产品或服务中所期望得到的所有利益，包括产品价值、服务价值、人员价值和形象价值等。供应链管理的目标在于不断提高顾客价值，因此，营销人员必须从顾客价值的角度来定义产品或服务的具体特征，而顾客的需求是驱动整个供应链运作的源头。

案例链接

"啤酒与尿布"的故事

零售业流传着一个著名的故事，就是"啤酒与尿布"。20世纪90年代的美国沃尔玛超市中，沃尔玛的超市管理人员分析销售数据时发现了一个令人难以理解的现象：在某些特定的情况下，啤酒与尿布两件看上去毫无关系的商品会经常出现在同一个购物篮中。这种独特的销售现象引起了管理人员的注意，经过调查发现，这种现象出现在年轻的父亲身上。

在美国有婴儿的家庭中，一般是母亲在家中照看婴儿，年轻的父亲前去超市购买尿布。父亲在购买尿布的同时，往往会顺便为自己购买啤酒，这样就会出现啤酒与尿布这两件看上去不相干的商品经常出现在同一个购物篮的现象。如果这个年轻的父亲在卖场只能买到两件商品之一，则他很有可能会放弃购物而到另一家商店，直到可以一次同时买到啤酒与尿布为止。沃尔玛发现了这一独特的现象，开始在卖场尝试将啤酒与尿布摆放在相同的区域，让年轻的父亲可以同时找到这两件商品，并很快地完成购物；而沃尔玛超市也可以让这些客户一次购买两件商品，而不是一件，从而获得了很好的商品销售收入，这就是"啤酒与尿布"故事的由来。

(三) 确定竞争战略

从顾客价值出发找到企业产品或服务定位之后，企业管理人员要确定相应的竞争战略。根据波特的竞争理论，企业获得竞争优势有三种基本战略形式：成本领先战略、差别化战略及目标市场集中战略。

(四) 分析本企业的核心竞争力

供应链管理注重的是企业的核心竞争力，强调企业应专注于核心业务，建立核心竞争力，在供应链上明确定位，将非核心业务外包，从而使整个供应链具有竞争优势。

(五) 评估、选择合作伙伴

供应链的建立过程实际上是一个对合作伙伴评估、筛选和甄别的过程。选择合适的对象（企业）作为供应链中的合作伙伴，是加强供应链管理的重要基础，如果企业选择合作伙伴不当，不仅会减少企业的利润，而且会使企业失去与其他企业合作的机会,抑制企业竞争力的提高。评估、选择合作伙伴的方法有很多,企业在实际具体运作过程中,可以灵活地选择一种或多种方法相结合。

(六)供应链企业运作

供应链企业运作的实质是以物流、服务流、信息流、资金流为媒介,实现供应链的不断增值。具体而言,就是要注重生产计划与控制、库存管理、物流管理与采购、信息技术支撑体系这四个方面的优化与建设。

(七)绩效评估

供应链节点企业必须建立一系列评估指标体系和度量方法,反映整个供应链运营绩效的评估指标主要有产销率指标、平均产销绝对偏差指标、产需率指标、供应链总运营成本指标、产品质量指标等。

(八)反馈和学习

信息反馈和学习对供应链节点企业非常重要。相互信任和学习,从失败中汲取经验教训,通过反馈的信息修正供应链并寻找新的市场机会,成为每个节点企业的职责。因此,企业必须建立一定的信息反馈渠道,从根本上演变为自觉的学习型组织。

五、供应链管理与传统管理模式的区别

供应链管理与传统管理模式的区别主要表现在以下几方面。

(1) 传统的管理模式仅仅局限于一个企业的内部采购、生产、销售等部门的管理;供应链管理把供应链中所有节点企业看作一个整体,涵盖整个物流的全部过程,即从供应商到最终客户的采购、制造、分销、零售等职能领域过程。供应链管理更注重于利用整个供应链的资源,以促使整个供应链的成本降低,效益提高。

(2) 在传统的管理模式下,各企业的目标是自身利益最大化,而很少考虑其他企业和最终客户的利益和要求;而供应链管理模式则强调和依赖战略管理,最终是对整个供应链进行战略决策。它遵循的原则是个体利益服从集体利益,即供应链中所有参与者的首要目标是整个供应链的总成本最小、效益最高,共同以使最终客户满意为己任。这也是所有参与者制定决策的首要标准。

(3) 在传统的管理模式下,通常是一个实力雄厚的企业(可能是生产制造企业,也可能是大型零售企业)处于支配地位,而其他企业则处于从属地位,它们的生产、采购、销售等决策的制定都是被动的,因此它们与那个支配企业的地位是不平等的;而在供应链管理模式下,提倡供应链所有参与者的地位平等,虽然通常也存在一个核心企业,但核心企业更多的是帮助其他节点企业,它们之间更多的是合作与互助的关系,而非支配与被支配的关系。

(4) 在传统的管理模式下,企业都是独立运作的,更多体现的是竞争;在供应

链管理下,强调更多的是供应链各节点企业的合作与协调,提倡在各节点企业之间建立战略伙伴关系,变过去企业之间的敌对关系为紧密合作的伙伴关系。这种伙伴关系主要体现在共同解决问题、共同制定决策和信息共享等方面。

(5) 供应链管理具有更高的目标,通过管理库存和合作关系来达到高水平的服务,而不是仅仅完成一定的市场目标。

总之,供应链管理是一种崭新的管理思想,它要求企业必须抛弃传统的"输赢"观念,与上下游企业建立一种"双赢"的合作伙伴关系;它要求企业必须站在企业发展战略的高度实施供应链管理;它要求企业的领导者必须具有长远的战略眼光,不能只看到一城一地的得失;它还要求企业的管理人员具有创新精神和敢于承担风险的勇气;它要求企业改变传统的部门化组织结构形式,进行流程再造,建立适合供应链管理的组织结构形式;同时,它还要求企业在战略思想、经营理念、管理方式、企业文化等方面进行变革。只有这样,我国企业才能在激烈的市场竞争中取得胜利。

同步测试

一、单选题

1. 供应链可分为有效型供应链和反应型供应链,其依据是根据供应链的( )。

A. 稳定性 B. 复杂性 C. 容量与用户需求的关系 D. 功能模式

2. 供应链是一个( ),产品从原材料到成品再到客户手中的全过程实际上是在波特教授所谓的"价值系统"中运行。

A. 价值链 B. 信息流 C. 物流 D. 资金流

3. 在市场变化加剧的情况下,若供应链成本增加、库存增加、浪费增加时,企业不能在最优状态下运作,此时的供应链是( )

A. 稳定的供应链 B. 倾斜的供应链 C. 平衡的供应链 D. 动态的供应链

二、简答题

1. 供应链的基本特征有哪些?

2. 什么是供应链管理,它可以从哪几个方面来理解?

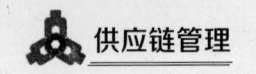

3. 供应链管理的流程有哪几个步骤？

三、论述题
论述供应链管理与传统管理模式的主要区别。

四、案例分析

海尔集团的供应链管理

海尔集团作为国内最大的家电制造企业，很早就已经深刻意识到，要想取得在产品成本和品质方面的相对优势，就必须注重供应链优化整合工作。早在1998年，海尔就进行了以订单信息流为中心的业务流程再造，按照供应链管理的要求对公司的组织结构和管理方式进行了重大改革。海尔将自己的组织结构由原来的纵向一体化结构改造成为横向网络结构，将原来的职能型结构变成了流程型网络结构，垂直业务流程变成了水平业务流程，逐渐形成了一种开放型的组织结构。在此基础上，海尔以自身为中心，对上游供应系统和下游营销系统进行了持续的优化整合。

在供应链的上游，海尔实行统一采购，对供应商进行优化整合，淘汰了80%以上竞争力较弱的供应商，使供应商的整体质量有了质的提高。迄今为止，国际化供应商已占到海尔供应商总数的70%左右，其中包括85家进入世界500强的供应商。此外，海尔通过对供应商进行标准化整合，使零部件通用化程度得以提高，从而使零部件的种类和数量都大幅减少，大大降低了整个供应链的物料成本。同时，海尔还与一些有实力的供应商在前端产品设计和开发上进行积极合作，使供应商与海尔一起共同面对终端市场的激烈竞争，海尔许多成功的产品都是供应商共同参与研发的结果。海尔供应链前端建设的另一大特点是实现了产业集群。目前，海尔在全国有10个工业园，在这些工业园区周围聚集着大量供应商自己的工业园区，大大方便了海尔对前端供应链的优化整合工作。海尔通过出色的供应链前端设计，使处于供应链前端的供应商被很好地整合到了海尔整体供应链之中。

在生产流程上，经过海尔对供应链前端的优化整合，供应商可以按照订单适时调整生产，与海尔生产线的节拍保持一致，使零部件和中间产品从自己的生产线直接配送到海尔的生产线，实现"线到线"供货。这种方式大大提高了生产效率，同时，又减少了物料装卸、运输过程中的费用和零部件损坏的风险。

在销售物流方面，产成品在海尔制造基地下线后，不是进入成品仓库，而是直接发送各地。另外，海尔还在全国设立了42个配送中心进行直发中转，减少配送系统的中间环节，使产成品到达零售终端的速度大大加快，也减少了运输费用和在途损失。同时，海尔还对产品直发过程实行全过程条码扫描，这样可以使整个直发过程处于海尔的控制之中，并能随时了解每一件产品的流通情况，以便对库龄过长的产品进行有效的调整。

在供应链的下游营销渠道系统方面，海尔将国内城市按规模分为五个等级，即各直辖市和省会城市为一级，一般城市为二级，县级市和地区为三级，四五级则是指乡镇、农村地区。在一二级市场上，海尔与经销商、代理商的合作方式主要采用店中店和海尔产品专柜的形式；在部分二级市场以及三四级市场，则采用专卖店的形式。目前，海尔的营销渠道系统中已经包含了10000多个销售网点、5000多个服务网点，在三四级市场有20000多家专卖店，但在农村地区建立的销售渠道有限。在海外市场，海尔采取了直接利用国外经销商现有网络的方法，海尔已经在30多个国家建立了经销网，拥有大约10000个营销点。海尔为了加强对国内各个网点的控制，在各主要城市还设立了营销中心来负责网点的设立、管理、评价和人员培训工作。海尔的营销渠道模式是独具特色的"点对点营销"模式，这种营销模式与传统的直销和分销模式不同的是海尔对终端店面进行直接的管理。这种模式有两个好处：第一，与市场保持零距离，使整个供应链系统能对市场变化做出准确、迅速的反应，根据市场变化调整生产计划，降低库存水平，另外，也能更好地根据客户需求进行产品的研究开发和产品线的调整；第二，由于海尔对终端店面采用的是直接供货，绕开了繁缛的中间环节，这样，一方面，可以加快产品的流通速度，减少流通成本，另一方面，避免了层层代理分摊利润的弊端，大大减少了产品的销售成本。

另外，供应链建设中的一个至关重要的问题是供应链中的战略合作伙伴关系问题，通过建立战略合作伙伴关系，与供应链中的重要供应商、经销商和客户进行更有效的衔接，可以更好地提高供应链的运作效率，提升供应链的整体竞争力。海尔在供应链的优化整合过程中，一直很重视战略合作伙伴关系的问题。海尔认为，公平、互动、双赢的合作伙伴关系绝不是空洞的口号，战略合作伙伴关系实质上体现的是企业双方或多方为共同规避风险达成的一种合作策略，海尔与诸多核心供应商、经销商和客户之间建立的正是这样一种战略合作关系。

比如，海尔笔记本的供应链可谓"强强联合"。笔记本供应链的上游，海尔与英特尔、微软结为战略合作伙伴关系，享受到芯片和操作系统供应上的"最惠"待遇。

并且，海尔和英特尔合作成立了海尔＆英特尔创新研发中心，共同进行电脑产品的研发工作。在制造生产环节，海尔集团联手台湾宝成集团旗下的精成电子科技集团，共同出资建立了海尔信息技术有限公司。依托合资公司国际级的产业链优势、研发优势、制造优势、成本优势，海尔笔记本的技术、性能、品质、性价比与国际竞争对手同等，甚至更高。另外，海尔还与精英、华硕等国际专业厂商展开了广泛深入的合作。台商在IT制造技术与成本方面的优势，使海尔笔记本的品质和成本都得到了保证。

海尔在供应链构建上的一贯努力成就了海尔目前的地位，未来海尔还需不断进行供应链的变革去适应复杂多变的市场，海尔的供应链管理之路还很漫长。

思考与讨论：

1. 海尔是如何对供应商进行整合的，取得了哪些效益？

2. 海尔是如何整合营销和配送系统的，这些做法具有哪些优势？

3. 请上网查找相关资料，分析海尔在供应链管理上还需要做出哪些努力？

项目二　供应链的设计与构建

内容提要

为了提高供应链管理的绩效，除了必须有一个高效的运行机制外，建立一个高效、敏捷的供应链，也是极为重要的一环。虽说供应链的构成不是一成不变的，但是在实际经营中，不可能像改变办公室的桌子那样随意改变供应链上的节点企业。因此，作为供应链管理的一项重要环节，无论是理论人员还是企业实际管理人员，都非常重视供应链的设计构建问题。

本项目围绕这个主题，详细讨论了企业供应链设计的相关策略、设计原则及设计流程，并提出几点企业供应链构建的评价标准。

学习目标

学习完本章后，你将能够：
1. 了解供应链构建模型的种类。
2. 理解敏捷供应链的构成。
3. 掌握供应链的设计策略、设计原则和设计步骤。
4. 理解供应链设计的评价标准。

导入案例

顺丰如何打造生态化供应链服务体系

近年来，顺丰开始从单纯的"收运转派"的快件服务，向综合物流服务供应商转变——建立了速运事业群、商业事业群、供应链事业群、仓配物流事业群、金融服务事业群的五大业务BG，全面整合成电商平台、O2O"顺丰家"、物流普运和冷运、仓配一体服务、金融服务，形成了商流、物流、资金流、信息流的闭环，实现"四流合一"的生态链。

一、顺丰实施供应链管理的三大理由

1. 顺应互联网经济发展

在互联网经济大潮的冲击下，大环境的节奏变化非常快，远超过前十年的发展速度，竞争态势复杂而严峻。在此背景下，市场对商业合作伙伴的服务多元化提出了更高要求。

在供应链末端，顺丰开始逐步向电商件发力，同时提供线上销售渠道及线下物流服务；在供应链前端，顺丰整合多方资源和自有优势，逐步向供应链管理服务延伸；在金融和信息化方面，顺丰向客户同时提供多样化的金融产品和信息化平台共享及搭建服务的支撑。

2. 适应企业业务发展

顺丰物流业务包含了快速标准的小件业务、电商业务、重货业务、冷运业务等，一张大网难以承接全部的物流业务，为了能够提供更加专业化的物流服务满足客户的需求，需要对物流业务进行细分，提高物流服务水平。

为了实现各业务之间协同，建立各个业务的专业能力，打造综合物流服务平台，迫切需要对业务进行拆分、协调整个生态链资源，既保证各业务的专业化，又通过组织架构、流程、信息系统的支持实现资源协调。

3. 打造完整供应链服务体系

目前，快递仍为顺丰的核心业务，且顺丰的服务集中在供应链后端B2C业务中。未来，顺丰将会积极拓展B2B市场，向供应链上游延伸，并且拓展服务的广度与深度，这将给顺丰带来更广阔的发展机遇，由此才能契合顺丰的战略目标，打造一套完整的生态化供应链服务体系。

二、顺丰供应链管理的运作模式

顺丰从单一的快递业务转向综合物流服务，这一转型是从供应链后端向前端延伸。

在供应链服务深度方面，依托顺丰速运成熟的物流体系，提供优质的标准化产品组合，并结合外部资源补充能力版图，综合各项资源为企业提供个性化的物流服务，以此形成长期稳定的合作伙伴，并在后期协助客户从供应链策略、方案设计、落地实施及运营管理，提供端到端的集成供应链解决方案和服务，实现客户供应链运作转型升级和优化提升。

在供应链服务广度方面，在已有的综合物流服务的基础上，顺丰还能为客户提供配套的金融及信息化服务，以支撑客户的商业发展，并致力于成为客户的商业合作伙伴。

三、供应链管理给顺丰带来怎样的绩效

医药行业是国内目前供应链全流程较为复杂的行业,顺丰携手国内知名医药企业,并依据其个性化的需求为其打造一套完整的供应链服务体系。

针对客户面临的各项挑战,顺丰供应链整合执行资源,利用系统平台提供从研发、计划、寻源采购、生产、交付到售后服务的端到端生命科学/医药行业供应链解决方案。主要包含以下几个方面:

1. 顺丰作为唯一供应商,提供原材料和成品的运输服务,节约客户管理成本
2. 专项团队每日协调运输线路设计,优化运输成本
3. 全厢型车辆运输,保障货物安全
4. 端到端的可视化符合监管要求,提高客户满意度

在顺丰作为外部供应链协同主体的努力下,成功为客户实现供应链绩效优化:降低库存22%~24%;缩短21%的现金周期;缩短32%的销售周期;缺货频率减少10%~15%;销售增长5%~10%;降低库存过期损失40%;订单周转时间减少10%~25%;降低加急成本20%~30%;降低运输成本5%~30%。

此外,为了实现成为客户商业合作伙伴的愿景,顺丰依托自有IT能力,协助客户完成供应链IT规划和实施,完善客户信息化平台的功能。

在金融服务方面,相比国内传统的供应链管理服务商,顺丰最大的特征在于其一站式供应链管理服务。传统的供应链服务商,大多只是在供应链单个或多个环节上提供专业服务,如运输服务商、增值经销商和采购服务商等。物流服务商主要提供物流运输服务,增值经销商主要提供代理销售,采购服务商主要提供代理采购等。顺丰通过整合供应链的各个环节,形成囊括物流、采购、分销于一体的一站式供应链管理服务,在提供物流配送服务的同时还提供采购、收款及相关结算服务。

——摘自中国物流产业网

思考与讨论:

1. 顺丰公司在供应链构建方面做了哪些改变?

2. 顺丰公司是如何构建医药供应链的?

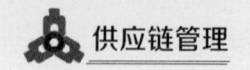

任务一　供应链的结构模型设计

为了有效指导供应链的设计，了解和掌握供应链结构模型是十分必要的，该任务着重从企业与企业之间关系的角度考察了几种供应链的拓扑结构模型。

一、供应链的链状模型

链状结构的供应链是一种最简单的供应链结构，即每一个节点成员与一个上游成员和一个下游成员相连接。结合供应链的定义和结构模型，不难得出这样一个简单的供应链模型（如图2-1所示），我们称其为模型Ⅰ。模型Ⅰ清楚地表明产品的最初来源是自然界，如矿山、油田、橡胶园等，最终去向是用户。产品因用户需求而生产，最终被用户所消费。产品从自然界到用户经历了供应商、制造商和分销商三级传递，并在传递过程中完成产品加工、产品装配形成等转换过程。被用户消费掉的最终产品仍回到自然界，完成物质循环（如图2-1中的虚线）。

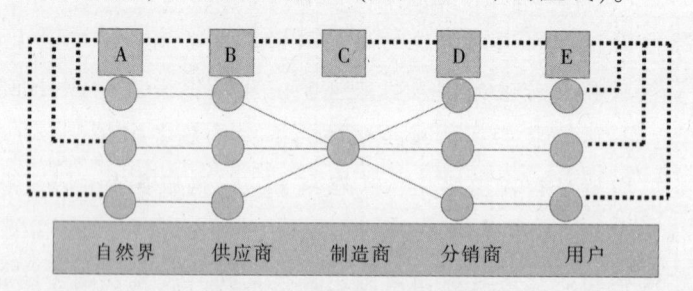

图2-1　模型Ⅰ：链状模型

很显然，模型Ⅰ只是一个简单的静态模型，表明供应链的基本组成和轮廓概貌，可以进一步将其简化成链状模型Ⅱ（如图2-2所示）。模型Ⅱ是对模型Ⅰ的进一步抽象，它把商家都抽象成一个个的点，称为节点，并用字母或数字表示。节点以一定的方式和顺序联结成一串，构成一条力学上的供应链。在模型Ⅱ中，若定义C为制造商，可以相应地认为B为一级供应商，A为二级供应商，并递归地定义三级供应商、四级供应商；D为一级分销商，E为二级分销商，并递推地定义三级分销商、四级分销商；同样地，若定义B为制造商，则相应地认为A为供应商、C为分销商。在模型Ⅱ中，产品的最初来源（自然界）、最终去向（用户）以及产品的物质循环过程都被隐含抽象掉了。从供应链研究便利的角度来讲，把自然界和用户放在模型中没有太大的作用。模型Ⅱ着力于供应链中间过程的研究。

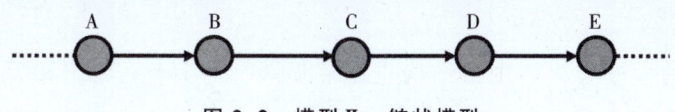

图 2-2　模型Ⅱ：链状模型

二、供应链的网状模型

事实上，在模型Ⅱ中，C 的供应商可能不止一家，而是有 B_1、B_2、……、B_n 等 n 家，分销商也可能有 D_1、D_2、……、D_m 等 m 家。动态地考虑，C 也可能有 C_1、C_2、……、C_k 等 k 家，这样模型Ⅱ就转变为一个网状模型，即供应链的模型Ⅲ（如图 2-3 所示）。网状模型更能说明现实世界中产品的复杂供应关系。在理论上，网状模型可以涵盖世界上所有厂家，把所有厂家都看作是其上面的一个节点，并认为这些节点存在着联系。当然，这些联系有强有弱，而且在不断地变化着。通常，一个厂家仅与有限个厂家相联系，但这并不影响我们对供应链模型的理论设定。网状模型对供应关系的描述性很强，适合于对供应关系的宏观把握。

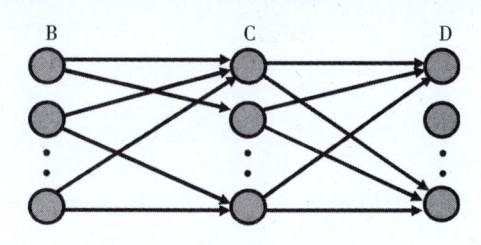

图 2-3　模型Ⅲ：网状模型

（一）入点和出点

在网状模型中，物流做有向流动，从一个节点流向另一个节点。这些物流从某些节点补充流入，从某些节点分流流出。我们把这些物流进入的节点称为入点，把物流流出的节点称为出点。入点相当于矿山、油田、橡胶园等原始材料提供商，出点相当于用户。对于有的厂家既为入点又为出点的情况，出于对网链表达的简化，将代表这个厂家的节点一分为二，变成两个节点：一个为入点，一个为出点，并用实线将其框起来。如图 2-4，A_1 为入点，A_2 为出点。

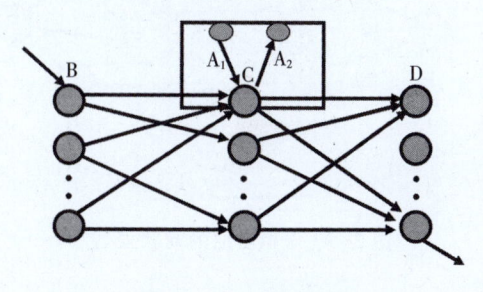

图 2-4　入点和出点

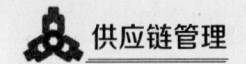

(二) 子网

有些厂家规模非常大，内部结构也非常复杂，与其他厂家相联系的只是其中一个部门，而且内部也存在着产品供应关系，用一个节点来表示这些复杂关系显然不行，这就需要将表示这个厂家的节点分解成很多相互联系的小节点，这些小节点构成一个网，称为子网（如图2-5所示）。在引入子网概念后，研究图2-6中C与D的联系时，只需考虑C_1与D的联系，而不需要考虑C_3与D的联系，这就简化了无谓的研究，子网模型对企业集团有很好的描述。

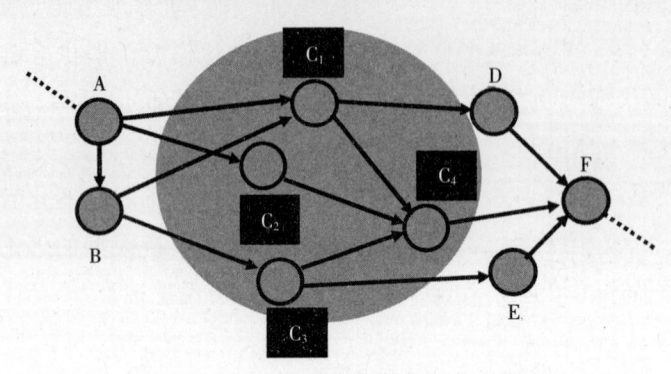

图2-5 子网模型

(三) 虚拟企业

借助以上对子网模型过程的描述，我们可以把供应链网上为了完成共同目标、通力合作并实现各自利益的这样一些厂家形象地看成是一个厂家，这就是虚拟企业（如图2-6所示）。虚拟企业的节点用虚线框起来。虚拟企业是在经济交往中，一些独立企业为了共同的利益和目标在一定时间内结成的相互协作的利益共同体。虚拟企业组建和存在的目的就是为了获取相互协作而产生的效益，一旦这个目的已完成或利益不存在，虚拟企业即不复存在。

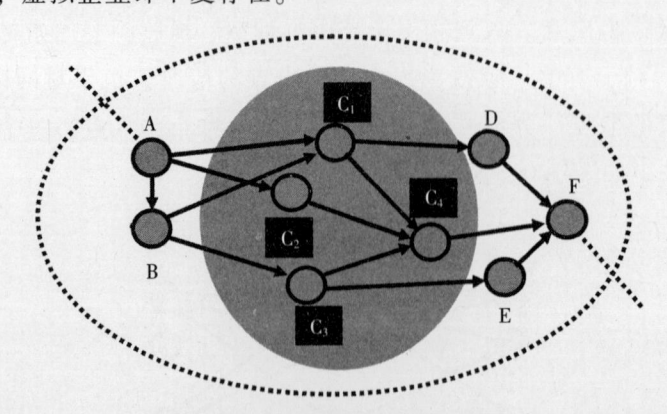

图2-6 虚拟企业的网状模型

三、敏捷供应链的构成

(一) 敏捷供应链的内涵

敏捷供应链（Agile Supply Chain，ASC）的定义为：在竞争、合作、动态的市场环境中，由若干供方、需方等实体（自主、半自主或从属）构成的快速响应环境变化的动态供应网络。实体是指参与供应链的企业、企业内部业务相对独立的部门或个人，而具有自主决策权的实体称为自主实体，具有部分决策权的实体称为半自主实体，没有自主决策权的实体称为从属实体。供方和需方可以是各类供应商、制造商、分销商和最终用户。"动态"反映为适应市场变化而进行的供应关系的重构过程。"敏捷"用于强调供应链对市场变化及用户需求的快速响应能力。由若干供方、需方等实体构成的动态供应网络，不论其规模大小，它是市场中客观存在的事实，敏捷供应链只是客观地反映了这样一个事实。

敏捷供应链的显著特征有：

(1) 供应链的环境是不可预测、持续变化的；

(2) 构成供应链的实体之间具有竞争、合作、动态等多种性质的供应关系；

(3) 对环境的变化具有快速的响应能力；

(4) 区别于"供应链"和"需求链"。强调"推"、"拉"结合的系统计划与控制特征以及"买方"与"卖方"结合的市场特征。

构成供应链的基本要素如下：

(1) 供方是需求项目的提供者；

(2) 需方是需求项目的消费者；供方和需方可以是供应商、制造商、分销商、个人等任意具有个体理性的实体；

(3) 需求项目是对需方有价值的事物，它可以是各类原材料、半成品、最终消费品、方案、信息等；

(4) 交易规则是实现需求项目的所有权由供方向需方转移的过程准则。

由上述分析可知，供应链概念具有相当的普遍性，它存在于人类社会的各个领域。

(二) 敏捷供应链技术

在敏捷供应链系统中，最核心的研究内容之一是随着动态联盟的组成和解散，如何快速地完成系统的重构，这是不可避免的要求。各联盟企业的信息系统也进行重构，如何采用有效的方法和技术，实现对现有企业信息系统（MRPⅡ）的集成和重构，保证它们和联盟企业的其他信息系统之间的信息畅通，是敏捷供应链系统要重点解决的问题。敏捷供应链系统的另一项核心研究内容是多种异构资源的优化利用。在跨企业的生产计划调度和资源控制方面，联盟内各企业的信息系统往往是异构的。如何有效地利用这些资源，支持它们之间的协同工作，是敏捷供应链系统必须解决的关键问题。

敏捷供应链的研究与实现，是一个复杂的系统工程，它牵涉到很多思想和技术的应用。基于敏捷供应链中的信息集成和系统的快速可重构是其中的两个关键，因此，统一的敏捷供应链企业建模技术、分布计算技术、对 Legacy 系统的封装技术、软件系统的可重构技术、基于 Internet/Intranet/Extranet 的电子商务技术以及该环境下敏捷供应链企业信息的安全保证是其中的关键技术。

这些技术能够使企业之间的信息快速流动，降低交易成本，提高服务水平，同时也为敏捷供应链的实施提供了可能。在竞争、合作、动态的市场环境中，为了充分反映"推"、"拉"结合的市场特征及供应过程的动态特征，需使敏捷供应链系统支持以动态联盟为主要形式的虚拟企业。虚拟企业是一个很广泛的定义，企业间建立虚拟企业可以进行供应链的优化，也可以用于产品开发或别的服务项目，它是形成敏捷供应链的重要管理手段之一。虚拟企业的网络模型在前文中已经介绍。同样，敏捷供应链是一种动态供需网络，构成网络实体之间具有"虚拟"性，敏捷供应链正是由一个个虚拟企业构成，管理敏捷供应链，必须将管理虚拟企业的一套方式方法引入。

(三) 敏捷供应链的集成

敏捷供应链既是虚拟企业的组织形式，也是其有效运行模式，它更强调供应链上各节点企业及其活动的整体集成和有效协调控制，以保证供应链上物流、信息流、价值流以及资金流在供应链全生命周期内顺畅流动，最优地配置和利用一切可用资源，敏捷地提供原料和产品，服务市场或客户，使供应链企业能以更快的速度、更好的质量、更低的成本和更优的服务来赢得竞争。

生产制造型动态联盟或虚拟企业的内部经营过程很复杂，而以供应关系为基础的多个自主企业结成的供应链系统过程较单个企业过程复杂得多。作为合作的一个必要的基础——资源占有的差异性，使合作的双方不可能做到信息完全共享，只能部分共享，因此不可能合二为一。企业占有资源（包括信息）的不均衡，正是各个企业持久创造自身价值的源泉。就供应链而言，供应关系是复杂的、动态的，既竞争又合作。供应链内某个企业，既可选取这家企业作为它的供应商，也可选择另一家企业作为它的供应商，而市场的取向走向共赢，意味着新的供应关系重新建立。目前正在实施业务流程重组（BPR）的企业，大都是建立在针对某一侧面的过程模型的基础上，不能全面反映整条供应链经营过程的实质。因此，建立能够充分反映供应链运作的集成过程模型非常必要。

任务二　供应链的开发

为了提高供应链管理的绩效，除了一个准确的供应链战略外，建立或者加入一个高效精简的供应链也是极为重要的一环。一般而言，每一个企业都有必要运行或者参与一个有效的供应链。因为它可以使企业获得提高用户服务水平、达到成本和服务之间的有效平衡、提高企业竞争力、提高柔性、渗入新的市场、通过降低库存提高工作效率等利益。但是，不合适的供应链设计也可能导致浪费和失败，所以正确的设计是必需的。

一、供应链的设计策略

供应链设计在供应链运作中起到非常重要的作用，其设计是否科学合理、是否能够满足客户的要求、是否具有竞争优势等，都将影响到后续的供应链运营绩效。

（一）供应链设计内容

战略层面的供应链设计的主要内容包括：供应链的成员及合作伙伴选择、设计网络结构以及设计供应链基本规则。

1. 供应链成员及合作伙伴选择

一个供应链是由多个供应链成员组成的。供应链成员包括为满足客户需求，从原产地到消费地、供应商或客户直接或间接相互作用的所有公司和组织。这样的供应链是非常复杂的。

2. 网络结构设计

供应链网络结构主要由供应链成员、网络结构变量和供应链间工序连接方式三方面组成。为了使非常复杂的网络更易于设计和合理分配资源，有必要从整体出发进行网络结构的设计。

3. 供应链运行基本规则

供应链上节点企业之间的合作是以信任为基础的。信任关系的建立和维系除了各个节点企业的诚信和作为之外，必须有一个共同平台，即供应链运行的基本规则，其主要内容包括：协调机制、信息开放与交互方式、生产物流的计划与控制体系、库存的总体布局、资金结算方式、争议解决机制等。

（二）供应链设计策略

设计和运行一个有效的供应链对于每一个制造企业都是至关重要的，因为它可以使企业获得提高用户服务水平、达到成本和服务之间的有效平衡、提高企业竞争

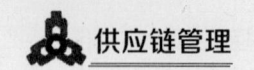

力、提高柔性、渗透入新的市场、通过降低库存提高工作效率等好处。但是供应链也可能因为设计不当而导致浪费和失败。

1. 基于产品的供应链设计策略

费舍尔（Fisher）认为供应链的设计要以产品为中心。供应链的设计首先要明白用户对企业产品的需求是什么，产品寿命周期、需求预测、产品多样性、提前期和服务的市场标准等，都是影响供应链时间的重要问题。产品有不同的特点，供应链有不同的功能，只有两者相匹配，才能达到事半功倍的效果。企业应当根据不同的产品设计不同的供应链，即与产品特性一致的供应链，这就是所谓的基于产品的供应链设计策略（Product—Based Supply Chain Design，PBSCD）。

不同的产品类型对供应链设计有不同的要求，边际利润高、需求不稳定的革新性产品（Innovative Products）的供应链设计就不同于边际利润低、需求稳定的功能性产品（Functional Products）。两种不同类型产品的比较见表2-1。

表2-1 两种不同类型产品的比较（在需求上）

需求特征	功能性产品	革新性产品
产品寿命周期（年）	>2	1~3
边际贡献（%）	5~20	20~60
产品多样性	低（每一目录10到20个）	高（每一目录上千）
预测的平均边际错误率（%）	10	40~100
平均缺货率（%）	1~2	10~40
季末降价率（%）	0	10~25
按订单生产的提前期	6个月~1年	1天~2周

由表2-1中可以看出，功能性产品一般用于满足用户的基本需求，如生活用品（柴米油盐）、男式套装、家电、粮食等，变化很少，具有稳定的、可预测的需求和较长的寿命周期，但它们的边际利润较低。功能性产品的供应链设计应尽量减少供应链中物理功能的成本。

为了避免低边际利润，许多企业在式样或技术上革新以寻求消费者的购买，从而获得高的边际利润，这种革新性产品的需求一般不可预测，寿命周期也较短，但利润空间大。这类产品是按订单制造，如计算机、流行音乐、时装等。生产这种产品的企业没接到订单之前不知道干什么，接到订单就要快速制造。革新性产品供应链设计应少关注成本，而更多地关注向客户提供所需属性的产品，重视客户需求并对此做出快速反应，因此特别强调速度和灵活性。正因为这两种产品的不同，才需要有不同类型的供应链去满足不同的管理需要。

供应链从功能上可以划分为两种：有效性供应链和反应性供应链。这两种供应链主要体现的功能见项目一任务一。

当知道产品和供应链的特性后，就可以设计出与产品需求一致的供应链。设计策略如表2-2所示。

表2-2 供应链设计与产品类型策略矩阵

	功能性产品	革新性产品
有效性供应链	匹配	不匹配
反应性供应链	不匹配	匹配

策略矩阵的4个元素代表可能的产品和供应链的四种组合，与功能性产品相匹配的有效性供应链能够降低供应链中的物理成本，扩大市场占有率。对创新功能产品的需求是很难做出准确预测的，这时反应性供应链才能抓住产品创新机会，以速度、灵活性和质量获取高边际利润。管理者可以根据这个理论上得出的供应链设计策略来判断企业的供应链流程设计是否与产品类型一致。但实践中，由于市场行情、用户需求、企业经营状况等因素的影响，产品与供应链之间是否匹配并非是绝对的，它会随着情况的变化而发生变化，关键在于企业能否随即做出调整，完善企业实际运营的供应链设计策略。

2. 基于成本的供应链设计策略

通过成本的核算和优化来选择供应链的节点，找出最佳的节点企业组合，设计出低成本的供应链，从而形成基于成本的供应链设计策略。

该策略的核心是在给定的时间周期内，计算所有节点组合的供应链总成本，从中选择最低成本的节点企业组合，构建供应链。其中能够使总成本最低的这些节点企业组合就是最优节点组合，由这些企业组成的供应链将会达到成本最小化的目的。

案例链接

阿迪达斯王国的供应链策略

进入新世纪，运动商品企业对成本敏感性越来越高。由于供货量非常大，单位成本微小的变动都会引起总成本极大的变化。此外，一种款式的运动鞋的销售期减少到8~9个月，较以往少了一半以上。以前代工厂是每半个月下一次订单，现在正在变成每星期下一次订单；鞋型的生命周期由以往的5~6个月缩短到3个月左右。

为了应付这一调整，供应链的保障功能显得尤为重要。一方面增加生产网点。Adidas在世界各地疯狂地布局，与印尼几家企业的订单达1.4亿美元，预计转产到印尼、越南等国的产品数量约占该公司目前在中国产量的20%左右。这样就直接减少了企业的压力。另一方面，Adidas 和代工企业在研发上保持互动以解决这一困境。鞋的研发和生产过程之间是有距离的，鞋样并不是一经设计后就马上可以投入生产，而是必须经过开模、样鞋制造、成本计算、修改完善等过程。在这个过程中，由于品牌公司只有设计和销售能力，必须和制造企业保持紧密合作。

而 Adidas 与它的代工企业宝成在这方面做到了无与伦比。以宝成在东莞高埗工业园的 Adidas 研发中心为例，该中心是 Adidas 在全球最大的慢跑鞋研发中心，鞋品的研发由 Adidas 的设计人员和该研发中心的人员共同完成，Adidas 主要是负责产品设计，而研发中心负责产品生产全过程的各个工艺环节。产品的开发首先由 Adidas 公司确定鞋型、鞋底、鞋面的设计和材质，然后研发中心的人负责开发模具，按照要求采购原料，在研发中心的生产厂做出样鞋。样鞋开发出来以后，首先要在 Adidas 高层内部进行审核，提出反馈意见后修改，经过关键评价，然后再经过产品最后评价。在成本核算方面，研发中心可以提出建议，比如设计人员指定的产品品质不好、价格高、交货期长等。在这些情况下，尽管 Adidas 事先已经指定了材料，也可能根据研发中心提出的方案对原设计进行修改。研发互动使 Adidas 和宝成有了一个相互嵌入的接口，借助这个接口，Adidas 可以使自己产品的设计方案变为可生产方案；在高埗研发中心的设计成功率已经高达 90% 以上。这样保障了 Adidas 运动商品王国的有效运转。

3. 基于投资的供应链设计策略

如果从投资的角度考虑供应链的设计问题，众所周知是先有产品后投资，这是投资企业的常规做法。供应链设计以产品为中心的观点体现了这种设计思想。我们已经分析了基于产品的供应链设计策略。我们可以把这种策略和系统分析方法联系起来，归于面向对象的设计思想。如何完善这一设计思想尚有许多工作要做。供应链的设计不同于一般的实物产品的设计，如何把不确定因素等考虑进去，是值得研究的问题。可以说供应链的设计更多的是需要软决策而非技术参数的确定，如地区文化、投资期权问题（风险）等。动态联盟与虚拟制造的出现，使供应链的结构形式变得复杂多样化。这样，供应链的设计既是一种非结构化的战略决策问题，同时也是一种结构化的战术性运作问题。

二、供应链的设计原则

在企业供应链的设计过程中，我们认为应遵循一些基本的原则，以保证供应链的设计和重建能满足供应链管理思想得以实施和贯彻的要求。

从宏观角度分析，企业供应链的设计应遵循的原则包括：

1. 自顶向下和自底向上相结合的设计原则

在系统建模设计方法中，存在两种设计方法，即自顶向下和自底向上的方法。

自顶向下的方法是从全局走向局部的方法，自底向上的方法是从局部走向全局的方法；自上而下是系统分解的过程，而自下而上则是一种集成的过程。在设计一个供应链系统时，往往是先由主管高层做出战略规划与决策，规划与决策的依据来自市场需求和企业发展规划，然后由下层部门实施决策，因此供应链的设计是自顶向下和自底向上的综合。

2. 简洁性原则

简洁性是供应链的一个重要原则，为了能使供应链具有灵活快速响应市场的能力，供应链的每个节点都应是简洁的、具有活力的、能实现业务流程的快速组合。比如供应商的选择就应以少而精的原则，通过和少数的供应商建立战略伙伴关系以减少采购成本，推动实施 JIT 采购法和准时生产。生产系统的设计更是应以精细思想为指导，努力实现从精细的制造模式到精细的供应链这一目标。

3. 集优原则（互补性原则）

供应链的各个节点的选择应遵循强强联合的原则，达到实现资源外用的目的，每个企业只集中精力致力于各自核心的业务过程，就像一个独立的制造单元（独立制造岛），这些所谓单元化企业具有自我组织、自我优化、面向目标、动态运行和充满活力的特点，能够实现供应链业务的快速重组。

4. 协调性原则

供应链业绩好坏取决于供应链合作伙伴关系是否和谐，因此建立战略伙伴关系的合作企业关系模型是实现供应链最佳效能的保证。席酉民教授认为，和谐是描述系统是否充分发挥了系统成员和子系统的能动性、创造性及系统与环境的总体协调性。只有和谐而协调的系统才能发挥出最佳效能。

5. 动态性（不确定性）原则

不确定性在供应链中随处可见，许多学者在研究供应链运作效率时都提到不确定性问题。不确定性的存在，会导致需求信息的扭曲。因此要预见各种不确定因素对供应链运作的影响，减少信息传递过程中的信息延迟和失真。降低安全库存总是和服务水平的提高相矛盾。增加透明性，减少不必要的中间环节，提高预测的精度和时效性对降低不确定性的影响都是极为重要的。

6. 创新性原则

创新设计是系统设计的重要原则，没有创新性思维，就不可能有创新的管理模式，因此在供应链的设计过程中，创新性是很重要的一个原则。要产生一个创新的系统，就要敢于打破各种陈旧的思维框框，用新的角度、新的视野审视原有的管理模式和体系，进行大胆地创新设计。进行创新设计，要注意几点：一是创新必须在企业总体目标和战略的指导下进行，并与战略目标保持一致；二是要从市场需求的角度出发，综合运用企业的能力和优势；三是发挥企业各类人员的创造性，集思广

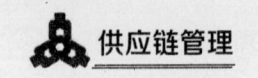

益，并与其他企业共同协作，发挥供应链整体优势；四是建立科学的供应链和项目评价体系及组织管理系统，进行技术经济分析和可行性论证。

7. 战略性原则

供应链的建模应有战略性观点，通过战略的观点考虑减少不确定影响。从供应链的战略管理的角度考虑，我们认为供应链建模的战略性原则还体现在供应链发展的长远规划和预见性，供应链的系统结构发展应和企业的战略规划保持一致，并在企业战略指导下进行。

从微观角度分析，企业供应链设计应遵循的原则包括：

1. 总成本最小原则

成本管理是供应链管理的重要内容。供应链管理中常出现成本悖反问题，即各种活动成本的变化模式常常表现出相互冲突的特征。解决冲突的办法是平衡各项成本使其达到整体最优，供应链管理就是要进行总成本分析，判断哪些因素具有相关性，从而使总成本最小。

2. 多样化原则

供应链设计的一条基本原则就是要对不同的产品、不同的客户，提供不同的服务水平。要求企业将适当的商品在恰当的时间、恰当的地点传递给恰当的客户。一般的企业也分拨多种产品，因此要面对各种产品的不同客户要求、不同产品特征、不同销售水平，也就是意味着企业要在同一产品系列内采用多种分拨战略，比如在库存管理中，就要区分出销售速度不一的产品，销售最快的产品应放在位于最前列的基层仓库，依次摆放产品。

3. 推迟原则

推迟原则就是分拨过程中运输的时间和最终产品的加工时间应推迟到收到客户订单之后。这一思想避免了企业根据预测在需求没有实际产生的时候运输产品（时间推迟）以及根据对最终产品形式的预测生产不同形式的产品（形式推迟）。

4. 合并原则

战略规划中，将运输小批量合并成大批量具有明显的经济效益提升。但是同时要平衡由于运输时间延长而可能造成的客户服务水平下降与订单合并的成本节约之间的利害关系。通常当运量较小时，合并的概念对制定战略最有用。

5. 标准化原则

标准化的提出解决了满足市场多样化产品需求与降低供应链成本的问题。如生产中的标准化可以通过可替换的零配件、模块化的产品和给同样的产品贴加不同的品牌标签而实现。这样可以有效地控制供应链渠道中必须处理的零部件、供给品和原材料的种类。服装制造商不必去存储众多客户需要的确切号码的服装，而是通过改动标准尺寸的产品来满足消费者的要求。

任务三　供应链的设计流程分析

一、供应链的设计流程

基于产品和服务的供应链设计流程可以概括性地归纳为以下 10 步，如图 2-7 所示。

```
(1) 分析核心企业现状
        ↓
(2) 分析核心企业所处的市场竞争环境
        ↓
(3) 明确供应链设计的目标
        ↓
(4) 分析组成供应链的各类资源要素
        ↓
(5) 提出供应链的设计框架 ←―――― 决策点
        ↓                          ↕
(6) 评价供应链设计方案的可行性 ←― 工具和技术    反馈   循环
        ↓                          ↕
(7) 调整新的供应链 ←――――――――― 模拟
        ↓
(8) 检验已生产的供应链
        ↓
(9) 比较新旧供应链
        ↓
(10) 完成供应链的运行
```

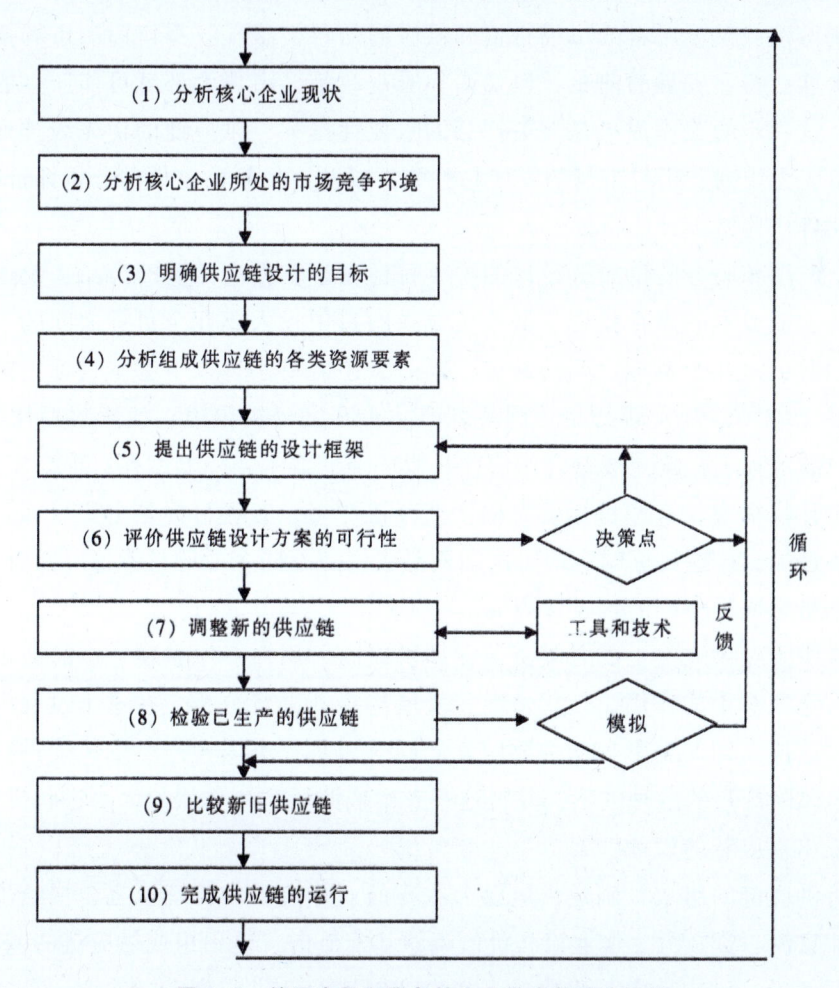

图 2-7　基于产品和服务的企业供应链设计流程

1. 分析核心企业的现状

这个阶段的工作主要侧重于对核心企业的供应、需求管理现状进行分析和总结。如果核心企业已经有了自己的供应链管理体系，则对现有的供应链管理现状进行分析，以便及时发现在供应链的运作过程中存在的问题，或者说哪些方式已出现或可

39

能出现不适应时代发展的端倪，同时挖掘现有供应链的优势。本阶段的目的不在于评价供应链设计策略中哪些更重要和更合适，而是着重于研究供应链设计的方向或者说设计定位，同时将可能影响供应链设计的各种要素分类罗列出来。

2. 分析核心企业所处的市场竞争环境

通过对核心企业现状分析，了解企业内部的情况；通过对市场竞争环境的分析，知道哪些产品的供应链需要开发，现在市场需求的产品是什么，有什么特别的属性，对已有产品和需求产品的服务要求是什么；通过对市场各类主体，如用户、零售商、生产商和竞争对手的专项调查，了解到产品和服务的细分市场情况、竞争对手的实力和市场份额、供应原料的市场行情和供应商的各类状况、零售商的市场拓展能力和服务水准、行业发展的前景，以及诸如宏观政策、市场大环境可能产生的作用和影响等。这一步的工作成果是有关产品的重要性排列、供应商的优先级排列、生产商的竞争实力排列、用户市场的发展趋势分析以及市场不确定性的分析评价的基础。

3. 明确供应链设计的目标

基于产品和服务的供应链设计的主要目标在于获得高品质的产品、快速有效的用户服务、低成本的库存投资、低单位成本的费用投入等几个目标之间的平衡，最大限度地避免这几个目标之间的冲突。同时，还需要实现以下基本目标：进入新市场；拓展老市场；开发新产品；调整老产品；开发分销渠道；改善售后服务水平；提高用户满意程度；建立战略合作伙伴联盟；降低成本；降低库存；提高工作效率。在这些设计目标中，有些目标很大程度上存在冲突，有些目标是主要目标、有些目标是首要目标，这些目标的实现级次和重要程度随不同企业的具体情况而有所区别。

4. 分析组成供应链的各类资源要素

本阶段要对供应链上的各类资源，如供应商、用户、原材料、产品、市场、合作伙伴与竞争对手的作用、使用情况、发展趋势等进行分析。在这个过程中要把握可能对供应链设计产生影响的主要因素，同时对每一类因素产生的风险进行分析研究，给出风险规避的各种方案，并将这些方案按照所产生作用的大小进行排序。

5. 提出供应链的设计框架

分析供应链的组成，确定供应链上主要的业务流程和管理流程，描绘出供应链物流、信息流、资金流、作业流和价值流的基本流向，提出组成供应链的基本框架。在这个框架中，供应链中各组成成员如生产制造商、供应商、运输商、分销商、零售商及用户的选择和定位是这个步骤必须解决的问题，另外，组成成员的选择标准和评价指标应该基本上得到完善。

6. 评价供应链设计方案的可行性

供应链设计框架建立之后，需要对供应链设计的技术可行性、功能可行性、运营可行性、管理可行性进行分析和评价。这不仅是供应链设计策略的罗列，而且还是进一步开发供应链结构、实现供应链管理的关键的、首要的一步。在供应链设计的各种可行性分析的基础上，结合核心企业的实际情况以及对产品和服务发展战略的要求，为开发供应链中技术、方法、工具的选择提供支持。同时，这一步还是一个方案决策的过程，如果分析认为方案可行，就可继续进行下面的设计工作；如果方案不可行，就需要重新进行设计。

7. 调整新的供应链

供应链的设计方案确定以后，这一步可以设计产生与以往有所不同的新供应链。因此，这里需要解决以下关键问题：供应链的详细组成成员，如供应商、设备、作业流程、分销中心的选择与定位、生产运输计划与控制等；原材料的供应情况，如供应商、运输流量、价格、质量、提前期等；生产设计的能力，如需求预测、生产运输配送、生产计划、生产作业计划和跟踪控制、库存管理等；销售和分销能力设计，如销售分销网络、运输、价格、销售规则、销售/分销管理、服务等；信息化管理系统软、硬平台的设计；物流通道和管理系统的设计等。在供应链设计中，需要广泛地应用许多工具和技术，如归纳法、流程图、仿真模拟、管理信息系统等。

8. 检验已产生的供应链

供应链设计完成以后，需要对设计好的供应链进行检测。通过模拟一定的供应链运行环境，借助一些方法、技术对供应链进行测试、检验或试运行。如果模拟测试结果不理想，就返回第五步重新进行设计；如果没有什么问题，就可以实施了。

9. 比较新旧供应链

如果核心企业存在旧的供应链，通过比较新旧供应链的优势和劣势，结合它们运行的现实环境的要求，可能需要暂时保留旧的供应链上某些不科学或不完善的作业流程和管理流程，待整个市场环境逐步完善时再用新供应链上的规范流程来取代。同样地，尽管新的供应链流程采用科学规范的管理，但在有些情况下，它们取代过时的陈旧的流程仍需要一定的过程。所以，比较核心企业的新旧供应链，有利于新供应链的有效运行。

10. 完成供应链的运行

供应链的出现必然带来供应链的管理问题。不同特征的供应链，其管理特征、内涵、方法及模式也有所不同。

二、供应链构建的评价指标

一个供应链构建是否合理并能有效运营，可以从以下几个方面考察。

1. 柔性

供应链的柔性就是要使供应链能够更好地适应激烈竞争的市场，提高对用户的服务水平，及时满足用户的要求。当今的市场，能够依靠 Internet、Intranet 和 EDI

等信息技术的支持，保持链中各企业的响应速度，满足客户多样化和个性化的需求，如交货期、交货数量、商品质量和用户对产品的某些特殊要求等。柔性的高低是评价供应链组织结构合理性的重要因素。

2. 灵敏度

灵敏度是指企业通过供应链运营了解的市场变化敏锐程度，是指供应链系统灵巧地运用和重组内外资源的速度。面对越来越短的产品生命周期和日益苛刻而无法预期的需求，企业必须具备敏锐感知市场变化的能力以及革新的能力，对自己能够进行增值服务和评价，从而达到一个最佳的成本结构。

3. 应变能力

仅仅提前察觉用户的需求，对未来想要成功的企业来说是不够的，它必须要比竞争对手做出更快的反应。明天赢利的企业应该具备对现实和潜在客户提前采取行动的能力，市场一旦有风吹草动，要能立即洞察客户的需求变化，并试图满足他们期待之外的需要。优秀的供应链不仅能够适应可预测的环境，而且也能够适应难以预测的环境。

4. 稳定

供应链是一种相对稳定的组织结构形式，影响供应链稳定的因素一个是供应链中的企业，它必须是具有优势即要有竞争力的企业，如果供应链中的企业不能在竞争中长期存在，必然影响到整个供应链的存在；另一个就是供应链的组织结构，比如说供应链的长度，供应链的环节过多就会导致信息传导中存在扭曲信息，造成整个供应链的波动，稳定性变差。

5. 集成

供应链不同于传统的单个企业之间的相互关系，它是将链中的企业加以集成，使得链中企业的资源能够共享，获得优势互补的整体效益。供应链集成包括信息集成、物资集成、管理集成等。集成度的高低或者说整体优势发挥的大小，关键在于信息集成和管理集成，即需要形成信息中心和管理中心。

6. 协调

供应链是多个企业的集成网链，每个企业又是独立的利益个体，所以它比企业内部各部门之间的协调更加复杂、更加困难。供应链的协调包括利益协调和管理协调。利益协调必须在供应链组织结构构建时，将链中各企业之间的利益分配加以明确；管理协调则是按供应链组织结构要求，借助信息技术的支持，协调物流和信息流的有效流动，以降低整个供应链的运行成本，提高供应链对市场的响应速度。

7. 精简

供应链必须有一个绝对高效的"物质交换"系统：用最小的投入赢得最大的产出。这就要求系统地防范各种形式的浪费，设计出低成本的程序和结构、最小的资源浪费、最小的环境破坏以及最佳的绩效。也就是说，供应链中每一个环节都必须是价值增值的过程，非价值增值过程不仅增加了供应链管理的难度，增加了产品/服务的成本，而且降低了供应链的柔性，影响了供应链中企业的竞争实力。好的公司善于利用自身的能力，设计和进一步发展自己的核心竞争力，以便提高与合作伙伴之间整体供应链的效益。在保持一个高服务水准的同时，削减了成本，还提供了高效运作的物流服务。

8. 智能

由于企业为之服务的市场单元越来越小，所以要求企业应有关于用户愿望和需求的详尽信息，并可利用现有的供应链资源来满足这些需求。要想具有满足客户需求和愿望的能力，所有组成部分之间顺畅的信息交换就是一个前提条件。因此，智能成为发现客户需求和赢得客户满意所必需的基础，同时，也成为将各种供应链管理的原则、策略有效集成起来的关键。也就是说，面对企业和供应链中的事件，能够迅速及时地把握并能正确决策，有效地集成各种资源予以解决，是供应链智能化的表现。总之，一个具有柔性的、反应能力强的、灵敏的、相对稳定的、集成的、精简的、协调的和智能型的供应链是供应链设计所追求的目标。

综上所述，企业供应链设计与构建是企业供应链运作的前提，其设计与构建是否科学合理、是否能够满足客户的要求、是否具有竞争优势等，都将影响到后续的供应链运营绩效。

同步测试

一、单选题

1.（　）结构的供应链是一种最简单的供应链结构，即每一个节点成员与一个上游成员和一个下游成员相连接。

A. 网状　　　　B. 链状　　　　C. 网络　　　　D. 层次

2. 在供应链管理中，都应当自始至终地强调以（　）为中心的供应链设计理念。

A. 制造商　　　B. 客户　　　　C. 供应商　　　D. 分销商

3.（　）是供应链的驱动因素，一条供应链正是从客户需求开始，逐步向上延伸的。

A. 生产计划　　B. 安全库存　　C. 战略需要　　D. 客户需求

4. 从宏观角度分析，不属于供应链设计原则的是（　）。

A. 顺序设计原则　B. 简洁性原则　C. 创新性原则　D. 成本控制原则

5. 从微观角度分析，不属于供应链设计原则的是（　）。

A. 推迟原则　　B. 简洁性原则　C. 多样化原则　D. 成本控制原则

6. 敏捷供应链的缩写为：（　）。

A. ASC　　　　B. SC　　　　　C. MRP　　　　D. ERP

7. 供应链成员包括两类，下列不属于供应链主要成员的是（　　）。

A. 供应商　　　B. 制造商　　　C. 物流商　　　D. 零售商

8. 下图是供应链的链状模型，如果C是制造商，那么A是（　　）。

A　　B　　C　　D　　E

A. 一级供应商　　B. 二级供应商　　C. 一级分销商　　D. 二级分销商

9. 供应链从功能上可以划分为两种：（　　）。

A. 有效性供应链和反应性供应链　　B. 产业供应链和全球网络供应链

C. 推式供应链和拉式供应链　　　　D. 链式供应链和网状供应链

10. 以下不属于供应链评价指标的是：（　　）。

A. 稳定　　　　B. 集成　　　　C. 协调　　　　D. 复杂

二、简答题

1. 企业供应链设计的主要内容包括哪些？

2. 敏捷供应链的显著特征有哪些？

3. 企业供应链设计的原则是什么？

4. 企业供应链设计流程可以概括性地归纳为哪几步？

5. 企业供应链构建的评价指标有哪些？

三、论述题

1. 试用图描述一般的供应链网络结构。

2. 如何进行企业供应链设计与构建？

四、案例分析

北京现代汽车：塑造供应链

以市场竞争的一般规则来衡量，北京现代可以说一出生就失去了"先机"之利，市场不容许它按照常规的时序节奏来安排和建设包括供应链在内的一切企业价值链环节。也许正是这种不利的压力，逼出了一个国内少见的"三驾马车"式供应链模式——以"集群化发展"、"单一供应商"和"信息高度共享"为支撑的供应链。

北京现代在筹建时就确定了集群化的发展战略。北京现代开工建设的同时，就有20多家配套商围绕在周围建厂。比如上海延锋伟世通空调公司被北京现代确定为配套商后，就在距北京现代2公里的地方选址买地，建立了延锋伟世通（北京）汽车饰件公司（简称延锋伟世通）；北京江森汽车部件有限公司（简称江森公司）本来建在北京市区，为了给北京现代配套，专门在距北京现代3公里的地方建立了江森顺义厂区。

整车企业和零部件企业一起走集群化发展道路，至少有三方面的好处：首先是零部件的运输距离近，在生产效率和运输成本上都有好处；其次对配套企业的管理、从事技术标准沟通比较容易；再次是技术协作和人力资源的组织比较容易。

配套商对北京现代的"众星捧月"，不但能够享受到上述三方面的好处，而且能够和整车制造商一起共同实行生产的"零库存"，能够很方便地实施"检查"，并相互学习管理经验。

北京现代在选择配套商时有严格的标准，但一旦确定为配套商后，就形成了战略合作关系，轻易不会发生变化。北京现代对配套商进行检查和评价，是为了帮助和督促配套商保证质量和降低成本，而不是为了取消某些经销商配套资格。

上述措施与"信息高度共享"结合，就创造了整车企业"及时性"和"零库存"优势，整车企业的生产信息通过电脑网络和配套厂家实行共享。配套厂家可以通过信息系统掌握北京现代装配现场的节拍，并依据这个节拍来安排零部件的生产和供应。

对北京现代采购部而言，完成了对配套商的选择，只是采购工作的第一步，如何使这套体系的效率系统性地提高才是工作的重点。为此，北京现代根据韩国现代的经验，建立了"五星评价"体系。

这个评价体系很细很全：生产是否按照标准化管理；完成品的试验是否完成，有没有测量和检查器具、仪器，对这些设备有没有定期检查维修；工作现场的清洁度，消防设备是否符合标准，是否具备承装零部件的容器；生产污水的排放和处理；对下级配套企业的管理是否标准化。同时，每个大的方面还进行细分，并分别按照与产品品质的管理关联度决定权重，形成对供应商的评价依据。

评价结果出来之后，北京现代会把结果反馈给供应商，用文字或图像等载体指出问题所在，这有助于各配套企业认识并解决存在的问题，有利于产品品质系统性的提高。

思考与讨论：

1. 北京现代通过哪些措施来塑造其供应链？

2. 你认为北京现代的供应链管理的主要特点是什么？

3. 试分析北京现代的"集群化的发展战略"的优点和可能的缺点。

项目三　供应链的整合与优化

内容提要

分工的深化是企业效率提高的主要原动力，因此越来越多的企业开始专注于自己的核心业务，提高自己的核心竞争力，而将非核心业务外包出去，通过由现代信息技术武装起来的计划、控制和协调等经营活动，在信息的高效率交换下，实现供应链各环节的整合优化，从而降低成本，提高企业综合实力。

通过供应链环境下的业务流程重组和供应链系统优化，企业可以摒弃经营过程中的重复流程以及资源浪费，整合企业资源，提高企业竞争力。

学习目标

学习完本章后，你将能够：
1. 掌握核心竞争力、业务外包的概念。
2. 掌握供应链环境下业务流程重组的概念。
3. 掌握供应链环境下业务流程重组的方法、工具和策略。
4. 掌握供应链系统优化的基础、方法和应用。

导入案例

可口可乐：在外包策略上建立起来的含糖饮料帝国

1. 可口可乐的历史

可口可乐的诞生源于一个药物问题，它的诞生源于一款治疗头疼的糖浆。

可口可乐的诞生经过了三个历史时期：含可卡因的酒精饮料时期、糖浆时期、含咖啡因的碳酸饮料时期。可卡因是一种从生长在南美的灌木——古柯的叶子上提取的物质。19世纪中叶,法国药剂师将古柯的萃取物加入葡萄酒,调制成一种叫做马里奥酒的饮料,很快大受欢迎,这可以作为可口可乐的第一阶段。1886年,美国药剂师约翰·彭伯顿(Dr. John S. Pemberton)在马里奥酒的基础上,去掉酒精成分,调制出了一种止咳、镇痛的糖浆,彭伯顿把糖浆装到罐子里,拿到附近的药店出售,这是第二个阶段。当年夏天,一位头痛患者到药店购买糖浆,提出了想在糖浆里加些自来水的要求。当时店员偷懒,不愿去打自来水,而是就近将身边的苏打水加了进去,没想到病人喝后连声叫好,这个奇遇造出了今天的碳酸饮料"可口可乐"。当时,可口可乐最重要的成分是可卡因。再后来,由于可卡因成了禁用品,它便不得不从可口可乐中退出了。Coca—Cola这个名字暗示着,除了Coca(古柯)以外,该饮料应该还含有另一种重要成分cola——可乐果,可乐果里也含有咖啡因。咖啡因很容易让人上瘾,这也是一百多年来人们始终爱喝可口可乐的原因之一。

2. 专注于核心竞争力,将非核心业务外包

可口可乐早期的经营策略是将80%以上的产品生产外包出去,紧抓糖浆的制造,重视商标使用授权与广告,同时,向区域性的企业提供独家装瓶许可和地区销售许可权,可乐公司在各个装瓶厂几乎不占任何股份。

1899年,亚特兰大药剂师艾萨·钱德勒与可口可乐签订了首份装瓶授权合同,之后沿用了这种经营模式。钱德勒开始并不同意采用这种分销模式,因为当时大多数企业的装瓶业务很不成熟,但是他后来认识到,装瓶分销可以让产品深入远离市中心的农村市场。这种经营模式更大的好处在于:可以让位于小城镇的独立企业主们自掏腰包助力市场扩张。装瓶公司们垫款购买机器,支付包装、市政用水以及卡车和轮胎的费用,可口可乐的糖浆也由此迅速渗透到全国各地的商业大动脉。

在当时的情况下,每个装瓶商都与可口可乐签订了"特许协议合同"。合同中规定了浓缩液的价格,授予了装瓶商地区独家经营权——这种早期的特许装瓶商模式取得了巨大成功。消费者满意,装瓶商致富,可口可乐则成为头号大公司。

然而,可口可乐的外包战略并没有就此止步。在供应方面,可口可乐还尽量避免持有工厂和厂房。比如,该公司既没有在加勒比海拥有糖种植园,或在中西部持有高果糖玉米糖浆的湿磨厂,也没有在东南部持有脱咖啡因的设施。相反,公司依赖大量独立的企业,如孟山都化学公司(Monsanto Chemical Company)、嘉吉公司(Cargill)、好时公司(Hershey Chocolate Company)等,来对成品饮料中的关键成分进行采掘、加工和提炼。总之,可口可乐不喜欢垂直的业务整合,而是作为某种商品经纪人,通过在独立经营的生产商和分销商之间传输材料来赚钱。

可口可乐的成功在于它把主要精力放在了起关键作用的价值创造部分上。一是质量管理和对糖浆生产工艺进行持续有效的管理;二是强有力的品牌意识,这保证了其在国际市场上长盛不衰。很多可口可乐的装瓶商都具有相当程度的局域性和独

立性，但是大多数可口可乐的消费者根本就不知道或不关心他们消费的饮品是如何通过可口可乐庞大的销售网络送到他们手中的。对于其他不是可口可乐核心业务的内容，它都通过特许经营或者OEM的方式外包出去，集中力量发展最有价值的业务。

思考与讨论：

1. 根据案例内容，谈一谈可口可乐的核心竞争力都有哪些？

2. 什么是业务外包？业务外包对可口可乐的发展有什么影响？

任务一 供应链环境下的业务外包

一、供应链企业的核心竞争能力

近年来，经济发展日益增速，经济全球化的进程逐渐加快，在全球化的市场条件下，企业间的竞争愈发激烈。根据中华全国工商联合会出版的《中国民营企业发展报告》，中国民营企业的平均寿命只有2.9年，60%的民营企业在建立5年内破产，85%的企业在10年内死亡。在激烈的市场竞争中，企业必须降低成本、提高企业竞争力，才能谋求企业的生存和发展。

分工的深化是企业效率提高的主要原动力，因此越来越多的企业开始专注于自己的核心业务，提高自己的核心竞争力，而将非核心业务外包出去，通过由现在信息技术武装起来的计划、控制和协调等经营活动，在信息的高效率交换下，实现供应链各环节的整合优化，从而降低成本，提高企业综合实力。

（一）企业核心竞争力的概念

要发掘并培养企业的核心竞争力，专注于企业的核心业务，首先我们要了解，

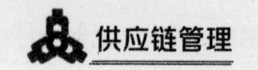

什么是企业的核心竞争力。先来看以下几个相关概念。

1. 核心业务

核心竞争力和企业的核心业务不可分割，企业核心业务是与多元化经营相联系起来的概念，通常核心业务是指一个多元化经营的企业或企业集团中具有竞争优势并能够带来主要利润收入的业务。企业的核心业务在企业的业务组合中，一定是在该行业中最具有竞争能力的业务。核心业务可以给市场和消费者一个明确的概念："我（企业）主要是做什么的。"

企业的核心能力要得到市场承认，必须通过企业的产品反映出来。企业是一种或几种核心能力的组合，通过它，企业虽然可以衍生出许多的业务单元，也可以跨越传统的市场界限和产品界限，但企业的核心能力最终仍需通过核心产品及其组合，也就是企业的核心业务表现出来。如果把企业比喻成一棵大树，核心能力就是树干，核心业务便是果实。如果企业的核心业务能依托核心能力形成一种对内兼容、对外排他的技术壁垒，那么就能在纷繁复杂的市场中保持应有的竞争优势。

2. 竞争力与能力

所谓企业竞争力，就是企业和企业家设计、生产和销售产品与服务的能力，其产品和服务的价格和非价格的质量等特性比竞争对象具有更大的市场吸引力。也就是说，是企业和企业家在适应、协调和驾驭外部环境的过程中成功地从事经营活动的能力。能力是顺利完成某种活动所必需的并直接影响活动效率的个性心理特征。

竞争力和能力代表了两种不同的但相互补充的企业战略的新范式，前者强调价值链上特定技术和生产方面的专有知识，后者涵义更为广泛，涵盖了整个价值链。对于企业来说，能力是企业某项业务运营的前提条件，是生存发展的基础，是进入竞争舞台的门票；而竞争力则是企业在竞争舞台上脱颖而出、获得竞争优势的关键。

从另一个角度来说，企业竞争力可以看作是企业持续发展、后劲增长、资产增值和效益提高的能力。因此，就企业本身来说，竞争力因素大体上包括以下 5 个方面：

（1）采用新技术的速度和技术改造的进度；

（2）新产品、新技术研究、开发的状况；

（3）劳动生产率的提高；

（4）产品的质量优势；

（5）综合成本的降低和各种开支的节约。

另外，宏观方面的金融政策、税率高低、法制情况、知识产权的保护等，对企业竞争力都有重要的影响。

可以说，竞争力是特定企业个性化发展过程中的产物，它并不位于公司的某一个地方，而是充斥于公司不同的研究、开发、生产、采购、仓储以及市场营销等部门。它往往体现了意会知识的积累，对于竞争对手而言，既无法完全模仿，更无法完全交易。它是根植于企业中的无形资源，不像实物资源会随使用而折损；相反，它是组织中集体学习的结晶，将在不断的应用和分享过程中得到改进和精炼。

3. 核心竞争力

企业核心竞争力这一概念，最早由美国密西根大学商学院教授普拉哈拉德和伦敦商学院教授哈默尔在《企业核心竞争力》一文中提出。他们认为，企业核心竞争力是指企业在市场中保持竞争优势的重要原因，这种竞争优势来自于一系列技能和知识的组合。

企业的核心竞争力必须符合三个条件：

(1) 顾客价值：核心竞争力必须对顾客所重视的价值有关键性的贡献；

(2) 竞争差异化：核心竞争力必须能够使竞争力独树一帜，不能轻易地被竞争对手模仿；

(3) 延展性：核心竞争力必须能够不断推衍出一系列的新产品，具有旺盛和持久的生命力。

在国内，许多专家学者也对这一概念进行了探索和研究，其中，比较有代表性的是北京大学光华管理学院教授张维迎博士的观点，他认为企业核心竞争力具有"偷不去，买不来，拆不开，带不走，溜不掉"的特点。

偷不去，是指别人模仿你很困难，如你拥有的自主知识产权——品牌、文化等。买不来，是指这些资源不能从市场上获得。拆不开，是指企业的资源、能力有互补性，分开就不值钱，合起来才值钱。带不走，是指资源的组织性，整合企业所有资源形成的竞争力，才是企业的核心竞争力。溜不掉，是指提高企业的持久竞争力，企业要不断根据市场形势的变化，创造新的竞争力。

企业核心竞争力的主要内容包括：支持企业核心产品和主营业务的技术优势和专长是什么，这种技术和专长的难度、先进性和独特性如何，企业是否能够巩固和发展自己的专长，能为企业带来何种竞争优势，以及竞争力强度如何等。企业核心竞争力的独特性和持久性在很大程度上由它存在的基础来决定。一般说来，那些具有高技术难度或内化于企业整个组织体系、建立在系统学习经验基础上的专长，比建立在一般技术难度或个别技术骨干基础上的专长，具有更显著的独特性。

(二) 专注核心业务，建立核心竞争力

企业的人力、物力、财力有限，要在各行各业都取得较好的发展比较困难，因此，企业必须将有限的资源集中起来，专注于企业最擅长的领域，专注于核心业务，培养自己的核心竞争力。

企业管理层首先要对企业的现有业务进行分析，判断哪些是核心业务，哪些是非核心业务,从而确定哪些核心竞争力需要重点维护和强化,以使自己保持最大的竞争力。同时,我们必须明白,核心竞争力的培养过程是一个动态过程。企业的核心竞争力并非一成不变,或是永远存在的,就像企业的职工有走有来一样,核心竞争力也会新陈代谢。品牌知名度需要企业的实力来维护,技术需要不断创新。因此,我们应该认识到:核心竞争力的培养是一个动态的过程,企业要想永远维护核心竞争力,就必须构建一个学习型组织。在这样的组织中,成员具有充沛的学习能力,他们会不断更新现有的技术,开发更有竞争力的新技术。

二、企业业务外包的优势

供应链管理注重企业的核心竞争力,这必然要求将企业的非核心业务外包出去。

(一)业务外包的概念

业务外包是指企业把主要精力放在关键业务上,充分发挥企业优势,同时与全球范围内的合适企业建立战略合作伙伴关系,并将企业中的非核心业务交由合作企业完成。

需要特别注意的是,企业业务外包的前提是对合作的供应商有充分了解,真正将供应商整合到供应链之中,形成一损俱损、一荣俱荣的关系,从而确保核心产品的质量。

(二)业务外包的优势

1. 业务外包有助于降低企业经营风险

有效的外包可以降低企业经营风险。企业在经营过程中难以避免的会有各种各样的风险,比如生产风险、技术风险、财务风险、营销风险和投资风险等。通过业务外包,企业可以实现与外包企业的风险共担、资源共享。

2. 使企业提高资源利用率

实施业务外包,企业将资源集中到核心业务上,而外包专业公司拥有比本企业更有效、更经济的完成某项业务的技术和知识。业务外包最大限度地发挥了企业有限资源的作用,加速了企业对外部环境的反应能力,强化了组织的柔性和敏捷性,有效增强了企业的竞争优势,提高了企业的竞争水平。如世界最大的飞机制造公司——波音,却只生产座舱和翼尖;全球最大的运动鞋制造公司——耐克,却从未生产过一双鞋,等等。

3. 降低成本

由于企业不可能对所有领域全部精通,而专门提供这种服务的外包供应商则可以最大限度地提高工作效率,具有很高的成本优势。因此,企业要充分考虑自营的成本和外包之间的成本,做出合理的选择。

(三) 企业业务外包的影响因素

尽管业务外包有很多优势，但是仍然存在一定的问题，比如可能会损害到部分员工的利益，影响员工的工作积极性，此外知识产权问题、外包商选择问题、外包商的忠诚度等都直接影响供应链企业的发展，为企业的经营带来风险。因此，必须要充分考虑企业业务外包的影响因素。总体而言，需要考虑以下几点：

1. 合理选择和评估供应商

在选择外包服务供应商时，要立足长远，不仅要考察他们产品和服务的质量、财务状况和技术实力等，还要对其企业文化、以往的顾客满意度等进行全方位调查。在与外包供应商合作的过程中，企业要对供应商进行监控，保证他们产品和服务的质量达到企业的要求，同时建立完善的评估体系，确保对供应商的评估公正有效。

2. 专业人员的配备和相关人员的合理安排

企业将某一业务职能外包出去后，仍需要为这一业务职能配备专业人员，以便和相应的外包服务供应商进行沟通，降低信息不对称等问题的出现。同时对于那些因业务外包而引起职位变动的员工，要根据他们的情况做出合理安排，为其规划新的职业生涯道路，从而稳定人心，促进企业良性发展。

3. 非核心业务的外包要适应企业战略的发展

非核心业务外包的目的仍在于增强企业的核心竞争能力，这其中的关键是要有一个合理的外包策略。有些公司本末倒置，只关心成本的降低，而忽视了外包和质量之间的关系，将业务包给成本最低但与企业发展战略不一致的外包服务供应商。这样做，非但不能降低企业的综合成本，还会危及企业的正常运作。

(四) 供应链管理环境下企业非核心业务外包

随着市场竞争的日益加剧，传统"事必躬亲"式管理模式越来越不适应经济的发展，企业不可能在所有领域里都做得非常好，因此，把那些非核心业务外包出去就显示出极大的优势。很多企业正是通过非核心业务外包，把精力集中投入到核心业务中，为自己的发展代理带来极大的优势。比如运动品牌耐克，正是抓住了自己的核心竞争力——运动鞋的设计、应用和新技术的研发，而把非核心业务，即所有的制造业外包给世界各地合作伙伴。

1. 非核心业务外包的内涵

非核心业务是指企业将可用资源集中到企业最具有优势、最有发展前途的核心业务上，而把其他的非核心的业务交由第三方专业企业运作，以实现降低成本、精益求精和灵活多变为目标的一种经营方式和有效手段。

2. 非核心业务外包的分类

按照企业对外包业务的控制能力分类，可分为补充性人力资源引进、战略联盟、合资企业、选择性外包和完全外包。补充性人力资源引进，即企业雇佣临时工或者实习生。在企业的经营过程中，雇佣最好的员工，最有效地完成规定的日常工作量，在有特殊需要的时候，通过雇佣实习生和临时工去处理。战略联盟是指企业与一个或者多个合作伙伴形成战略联盟，共同分担风险、共享收益，但彼此收支保持独立。合资企业是指一个或者多个商业合作伙伴建立企业，共担风险、分享收益，同时合资企业保持财务上的独立。选择性外包，是指将业务流程的某一环节外包出去，并以合同的形式明确期望的结果。完全外包，是指将整个业务流程完全外包出去，并以合同的形式明确期望的结果。

表 3-1 各种业务外包形式对比表

外包形式	外包成本	控制力	外包风险	管理难度
补充性人力资源引进	高	强	低	低
战略联盟	中	中	中	较高
合资企业	中	中	中	较高
选择性外包	低	弱	高	高
完全外包	最低	最弱	最高	最高

按外包领域划分，主要分为生产外包，即企业非核心工艺的生产项目以外包的形式包给专业的服务提供商，企业本身专注于在核心技术上的发展；销售外包，即将自己的产品销售外包给承包公司去经营；人力资源管理外包，即将企业的人才管理、员工培训等外包给专业的人力资源公司；网络定制外包，即将企业的网络营销外包给专业的网络营销策划公司，随着互联网的普及，越来越多的企业开始重视网络渠道的开发，开展网络营销，企业自己建立网站，开展营销活动，需要较多的人力物力投入，而将网络营销外包给专业服务提供公司，则可以很好地解决这一问题，实现企业的效益最大化。

按供应商的地理分布位置划分为境内外包和离岸外包两种类型。境内外包，顾名思义，是指外包商与其外包供应商来自同一个国家，外包工作在国内完成。离岸外包，是指外包商与其外包供应商来自不同国家，外包工作跨国完成。

3. 非核心业务外包实施

明确界定企业外包的内容和顺序。企业确定了核心业务后，非核心业务也自然确定。但是，企业的核心业务外包并不是一蹴而就的，也不是长期不变的，需要一个长期有序的逐渐剥离的过程。同时，要保证非核心业务外包的成功实施，也要考虑那些对企业顺利发展有影响的业务，不能因其暂时处于非核心业务范畴而草率地将其外包出去，否则将会制约企业的长期发展。

任务二　供应链环境下的流程重组

一、供应链管理环境下业务流程重组的概念

1. 业务流程

要了解业务流程重组，首先要知道什么是业务流程。被誉为企业再造大师的迈克尔·哈默和詹姆斯·钱皮认为，业务流程是一系列活动的组合，这些活动具有一定的层次性，通过这些活动可以实现价值的创造。也有的学者认为，业务流程是在特定时间产生特定输出的一系列客户、供应商关系。

从广义来看，业务流程是为达到特定的价值目标而由不同的人分别共同完成的一系列活动。活动之间不仅有严格的先后顺序限定，而且活动的内容、方式、责任等也都必须有明确的安排和界定，以使不同活动在不同岗位角色之间进行转手交接成为可能。活动与活动之间在时间和空间上的转移可以有较大的跨度。

理清业务流程的概念，对于企业的发展具有重要意义，主要体现在以下几个方面：

首先，可以实现对企业关键业务的描述。

其次，对企业的业务运营有着指导意义，这种意义体现在对资源的优化、对企业组织机构的优化以及对管理制度的一系列改变。

再次，有利于降低企业的运营成本，提高对市场需求的响应速度，争取企业利润的最大化。

2. 业务流程重组

业务流程重组（Business Process Reengineering），简称BPR，又名企业流程再造，由1990年美国著名管理专家迈克尔·哈默教授首先提出，随后，众多学者对其进行了研究，许多企业如福特、柯达等通过业务流程重组获得新生。

关于BPR的定义有较多的提法，比如有的观点认为BPR就是对组织中及组织间的工作流程与程序的分析和设计；有的观点认为BPR是使用信息技术从根本上改变企业流程以达成主要企业目标的方法性程序；也有的观点认为BPR是对企业流程的基本分析与重新设计，以获取绩效上的重大改变。它的奠基人Michael Hammer和James Champy的定义："BPR是对企业的业务流程作根本性的思考和彻底重建，其目的是在成本、质量、服务和速度等方面取得显著的改善，使得企业能最大限度地适应以顾客（Customer）、竞争（Competition）、变化（Change）为特征的现代企业经

营环境"。

尽管观点的描述不尽相同,但它们的内涵是相似的,BPR的实质是一个全新的企业经营过程,这个过程要不受现有部门和工序分割的限制,以一种最简单、最直接的方式来设计企业经营过程,要面向经营过程设置企业的组织结构,以实现企业的重组。在这里本文引用如下定义:通过对企业战略、增值运营流程以及支撑它们的系统、政策、组织和结构的重组与优化,达到工作流程和生产力最优化的目的。

3. 业务流程重组理论的历史演进和发展趋势

自20世纪90年代哈默提出了业务流程重组的概念之后,业务流程重组研究经历了一个快速发展的阶段,具体可以概括为以下三个方面,如图3-1。

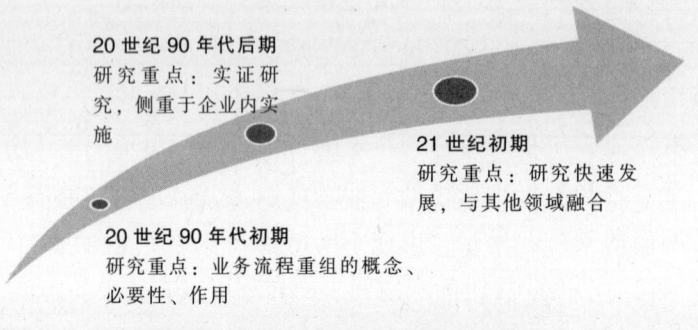

图 3-1 业务流程重组理论的演进历史

(1) 20世纪90年代初期

理论研究阶段。研究重点主要侧重于业务流程重组的概念、意义、作用等的研究,研究尚处于初步阶段,研究成果相对较少。

(2) 20世纪90年代后期

开始由理论研究阶段转向实证研究阶段。研究重点主要侧重于实证研究,开始注重企业实践研究。很多企业开始进行实践,并且一部分企业获得了新生。但是,这一阶段也出现很多问题,70%的企业在进行业务流程重组的过程中,并未达到预期的效果。

(3) 21世纪初期

进入21世纪,业务流程重组发展进入一个全新的发展态势,研究投入、研究成果都有一个爆发性的增长。在这一时期,对20世纪90年代末的失败原因进行了分析总结,进一步完善了相关的理论。

业务流程重组理论的发展动力,一方面来源于现实的需求,另一方面来源于现代信息技术的支持。从近年对业务流程重组的研究来看,业务流程重组理论的发展呈现出以下两个趋势:

一方面,对业务流程重组的研究有向着业务流程管理(BPM,Business Process

Management）方向发展的趋势。业务流程管理理论认为企业的业务流程具有生命周期，分为识别需求、设计流程、执行并优化流程、流程重组4个阶段。企业的业务流程重组并不是一劳永逸的，当顾客需求发生变化时，企业必须及时进行新的流程重组，以替代原有流程。

另一方面，业务流程重组理论的研究与组织变革理论研究相融合。为适应激烈和复杂的竞争，企业必须实行组织变革。企业实施业务流程重组必然涉及企业内部的组织变革，理解组织变革与流程重组之间的关系，正确认识组织变革对业务流程重组的作用，对于保证业务流程重组的成功具有重要作用。业务流程重组理论与组织变革理论的融合，使业务流程重组理论更加趋于完善。

二、供应链管理环境下业务流程重组的方法

1. 业务流程重组的注意事项

（1）BPR 要适应企业的发展战略

企业要成功实施 BPR，必须充分考虑企业的发展战略。企业根据未来发展的战略规划，对各项运作活动及细节进行重组、设定与阐述。

（2）BPR 是面向流程的企业重组

在传统的职能管理模式下，业务流程被分割为各种简单的任务，各职能部门只负责本部门相应的任务，造成职能经理们只关心本部门的局部效率，而忽视了流程的整体效率。面向流程就是着眼于整体及其供应链流程最优，打破部门甚至企业之间的界限，以流程的产出和顾客（包括内部顾客）为中心，协调、重组相关的资源和活动，提高效率和对顾客需求的响应速度。

（3）BPR 的核心是建立面向顾客满意度的业务流程

业务流程重组的重要依据是顾客需求。要更好地获取顾客的意见和需求，以顾客的需求为出发点，及时进行经营决策调整，以提高顾客满意度。

2. 业务流程重组的步骤

业务流程重组是一项复杂系统的工程，在重组过程中，会涉及方方面面的活动和工作。在整个业务流程重组的过程中，首先需要清楚由谁来进行业务流程重组，以及如何进行业务流程重组。结合图3-2，将具体内容阐述如下：

（1）总体规划

在这一环节，首先要了解企业存在的问题，确定要实现的目标，结合企业发展战略及实际情况，对业务流程重组提出一个总体规划。

（2）项目启动

根据总计规划，成立企业业务流程再造小组，正式启动项目。再造项目小组的成立应有一定的覆盖面，既要有企业高层领导亲自坐镇指挥，又要有中层管理人员

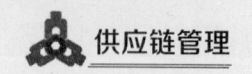

代表的支持。

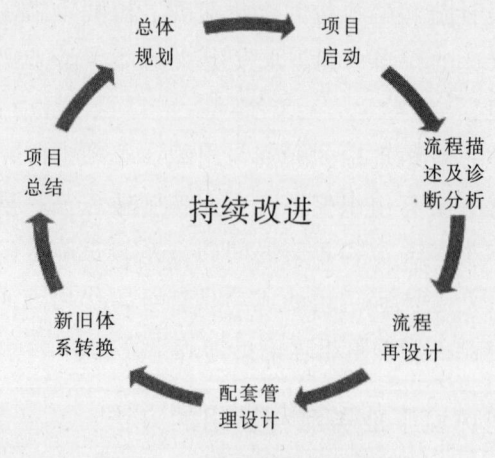

图 3-2 业务流程重组的步骤

（3）流程描述及诊断分析

再造小组要结合企业事迹，展开系统调研，深入一线工作人员进行访谈，对其进行细致、准确的流程分析，弄清楚现有流程的核心环节、优缺点等，了解企业经营所面临的问题，提出流程再造要求，确定流程重组后要达到的目标。

（4）流程再设计

流程再设计是业务流程重组的关键步骤，是决定业务流程重组能否成功实施的重要环节。流程再设计时，要根据设定的目标、现有流程的不足及重组的原则，重新设计新的流程，识别核心流程，简化或合并非增值流程，减少或剔除重复、不必要流程，从而构建新的业务流程模型。

（5）评价新的业务流程

新的业务流程建立之后，企业要组织相关人员进行评估，评价其是否可行，企业流程再造是否有足够的条件支持，企业的既定目标是否能够有效实现。

（6）实施、修正新的流程

新的业务流程评估通过后，可以按计划逐步开始实施新的流程，同时，在实施的过程中，针对出现的问题，及时进行调整。业务流程重组不是一蹴而就的，要在不断的实践中修正、完善。

（7）项目总结

新的业务流程实施了一段时间之后，要及时收集企业既定目标的实现情况、流程的实施情况等相关信息，及时地进行总结。

3. 业务流程重组的工具

要顺利地进行业务流程重组，还需要了解一些进行 BPR 的方法和工具。参加 BPR 的成员们如果能够有效地利用现代的 BPR 工具，就可以更有效地对企业中的问题流程进行改造，将 BPR 的各个阶段的工作有机地协调起来。

在 BPR 中可以用到的技术和方法有很多。下面介绍一些常用的手法。

(1) 头脑风暴法

头脑风暴法出自"头脑风暴"一词。所谓头脑风暴（Brain-storming），最早是精神病理学上的用语，指精神病患者的精神错乱状态而言的，如今转而为无限制的自由联想和讨论，其目的在于产生新观念或激发创新设想。运用头脑风暴法有助于我们发现现有企业流程中的弊病，提出根本性的改造设想。在运用头脑风暴法进行讨论时，鼓励与会者提出尽可能大胆的设想，同时不允许对别人提出的观点进行批评。头脑风暴法可用于讨论公司战略远景规划、决定企业再造时机。

(2) 德尔菲法

德尔菲法（Delphi Method），又称专家规定程序调查法。该方法主要是由调查者拟定调查表，按照既定程序，以函件的方式分别向专家组成员进行征询；而专家组成员又以匿名的方式（函件）提交意见。经过几次反复征询和反馈，专家组成员的意见逐步趋于集中，最后获得具有很高准确率的集体判断结果。

德尔菲法则经常用来论证企业再造方案的可行性。可以将初步的再造方案发给若干事先选定的信息系统专家，征求他们的意见。然后将各位专家的反馈意见经过整理和分析后，第二次再发给专家，让他们考虑其他专家的看法，对有分歧的地方进行更深入的思考。这样，经过几轮征集，最终可获得比较一致的意见。这对于减少 BPR 的风险、设置正确的信息化战略是十分有用的。

(3) 价值链分析方法

价值链分析方法视企业为一系列的输入、转换与输出的活动序列集合，每个活动都有可能相对于最终产品产生增值行为，从而增强企业的竞争地位。美国战略管理学家 Porter 第一次提出价值链分析的方法。波特认为，在一个企业中，可以将企业的活动分为主要活动与辅助活动两种，两种活动因企业或行业不同而具体形式各异，但所有的企业都是从这些活动的链接和价值的积累中产生了面向顾客的最终价值。将一个企业的活动分解开来，并分析每一个链条上的活动的价值，就可以发现究竟哪些活动是需要改造的，因此价值链分析法可用于对企业的流程进行分析和选择被改造流程。

(4) 标杆瞄准法

企业在进行业务流程重组时，可以参照行业内的标杆企业。每个行业都有一些领军企业，这些企业的做法具有一定可借鉴性。丰田汽车的投资回报率（ROI）曾被作为日本汽车行业的标杆。当日产公司发现自己的投资回报率还不到丰田的一半时，他们就意识到问题的严重性。标杆瞄准法可用在设立改革的目标和远景、确定流程再造的基准等方面。

上面介绍的这些方法和技术并不是互相独立的，它们适用于业务流程重组的不同环节，综合使用这些方法，可以为 BPR 团队提供有利的帮助。

三、供应链管理环境下业务流程重组的策略

1. 业务流程重组的时间压缩策略

随着经济的迅速发展，市场需求不断变化，产品的生命周期不断缩短，如何减少产品从原材料阶段到成品完成，直至交付给消费者的整个过程的时间，如何对顾客的需求做出快速有效的反应已成为供应链管理成败的关键。

提高用户服务水平和降低总的交易成本是企业长期追求的两个目标之一，但是这两个目标之间经常发生冲突。企业为了在客户要求的时间内交货，必然要大量存货，占用大量资金。企业要降低交易成本，就要降低存货水平，这必然对货物的准时交付产生影响。企业要摆脱这种矛盾，一个行之有效的办法就是通过压缩供应链的时间。

业务流程重组的时间压缩策略，是指在业务流程重组的过程中，突出考虑时间这一影响因素，基于时间的角度对业务流程进行分析，将企业增值能力低、耗时长的活动从整个业务流程中突出出来，在增值能力和时间消耗方面寻求平衡，进一步消除或简化这些流程。

下面着重从信息流的时间压缩和物流的时间压缩两个方面进行介绍。

（1）信息流时间压缩

信息流是指整个供应链上信息的流动。它是虚拟形态，包括了供应链上的供需信息和管理信息，它伴随着物流的运作而不断产生。因此有效的供应链信息流的管理主要在于及时在供应链中传递需求、供给信息，提供准确的管理信息，从而使供应链成员都能得到实时信息，以形成统一的计划，更好地为最终顾客服务。从信息流的角度来看，提高供应链管理绩效的有效方法就是消除供应链各成员之间信息传递的障碍，消除信息曲解问题，减少供应链的"内耗"。

信息流的时间压缩对企业而言，具有十分重要的意义。根据牛鞭效应，供应链上的信息流从最终客户向生产企业进行传递时，由于无法有效地实现信息的共享，使得信息扭曲而逐渐放大，导致了需求信息出现越来越大的波动，这给企业经营活动带来了较大的风险。在供应链业务流程重组的过程中，我们可以通过有效的方法压缩信息流的时间。

在业务流程重组的过程中，要对每一个过程和每一项活动进行分析，将花费在每一个过程和每一项活动中的时间按照是否能够创造顾客价值来进行区分，能够为顾客创造价值的时间为价值增值时间，花费在不必要的活动上的时间为非价值增值时间，取消此类活动可以压缩时间，同时不会导致顾客利益的损失。尽量减少非必

要活动的时间,在时间上压缩供应链,可以降低成本,提高供应链的增值能力。

(2) 物流时间压缩

物流是指从供应商到客户的过程中涉及的一切实物的流动。它是物理形态,包括了运输、库存、装卸、搬运、包装等活动。物流时间的压缩主要从两个方面考虑,分别是企业内部物流的时间压缩和企业外部物流的时间压缩。

企业内部物流是指一个生产企业从原材料进厂后,经过多道工序加工成零件,然后零件组装成部件,最后组装成成品出厂,这种企业内部物资的流动称为企业内部物流。对企业内部物流进行时间压缩的一个重要方面是要从产品设计的角度进行考虑。在设计产品时,不仅要考虑压缩单一产品的设计开发周期,还要在设计时兼顾多种产品在物流管理当中的优化问题,一个好的产品设计可以大幅度减少加工过程当中的改动,从而节省很多时间。除了产品设计之外,还可以压缩生产环节的时间,例如清楚物流中非增值的工序、压缩工序中冗余的时间、重组工序的连接过程、运用并行工程重组业务流程。

企业外部物流的时间压缩主要从内向物流和外向物流两个方向来考虑。内向物流是企业从生产资料供应商进货所引发的产品流动,即企业从市场采购的过程;外向物流是从企业到消费者之间的产品流动,即企业将产品送达市场并完成与消费者交换的过程。在考虑物流的时间压缩时,不能仅仅注意到企业内部,更要从整体上提高供应链绩效的角度来压缩物流时间。在缩短采购时间方面,在产品开发阶段,加强与供应商的关系,实施准时化采购,有利于降低产品成本、提高产品质量,更可以缩短产品开发周期。在缩短外向运输时间方面,通过加强与分销商以及其他合作伙伴的合作关系,减少库存,加快资金周转,缩短运输时间。

2. 业务流程重组的成本策略

成本是企业为生产商品和提供劳务等所耗费物化劳动、活劳动中必要劳动的价值的货币表现,是商品价值的重要组成部分。马克思曾科学地指出了成本的经济性质:"按照资本主义方式生产的每一个商品 W 的价值,用公式来表示是 $W=C+V+M$。如果我们从这个产品价值中减去剩余价值 M,那么,在商品剩下来的只是一个在生产要素上耗费的资本价值 $C+V$ 的等价物或补偿价值"。"商品价值的这个部分,即补偿所消耗的生产资料价格和所使用的劳动力价格的部分,只是补偿商品使资本家自身耗费的东西,所以对资本家来说,这就是商品的成本价格"。

加强成本管理对企业持续发展、竞争优势的提高具有十分重要的意义。加强成本管理,不仅有利于降低生产经营耗费,而且是扩大生产经营的重要条件;此外,加强成本管理有利于促使企业改善生产经营管理,提高经济效益。

业务流程重组的成本策略,是指在综合考虑成本高低和重组力度的两个因素的情况下,根据企业经营的实际情况,确定企业的业务流程重组的内容和策略。如图

3-3。

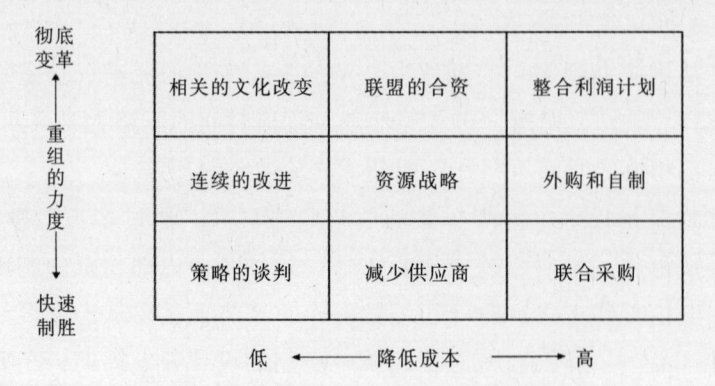

彻底变革	相关的文化改变	联盟的合资	整合利润计划
重组的力度	连续的改进	资源战略	外购和自制
快速制胜	策略的谈判	减少供应商	联合采购
	低 ←	降低成本	→ 高

图3-3 基于成本的业务流程重组策略矩阵图

任务三 供应链系统优化策略分析

一、供应链优化的基础

随着经济的发展和竞争的加剧，企业在生产经营过程中越来越重视供应链的整合优化问题。现代生产制造技术已经最大限度地压缩生产过程中的浪费，生产成本越来越低，许多企业将目标锁在流通成本中，如何能够最大限度地减少供应链中的成本，比如紧急空运费等，成为人们研究的重点问题。此外，供应链的建设和运行不是一劳永逸的，企业的生产经营环境在不断变化，供应链的运行也不断地面临新的问题，因此，对企业而言，继续进行供应链优化具有重要的意义。

供应链优化即"在有约束条件或资源有限的情况下，对企业战略、人员、业务过程和技术进行整合，提高供应链效率"，即通过资源整合，使供应链上各企业优势互补，从而增强整个供应链的核心竞争力。

供应链优化主要有整体优化和局部优化两种类型。整体优化是从大量方案中找出最优方案，然而，实际情况下可能没有最优方案或者没有方法来检测所得方案是否最优，因此有必要进行局部优化；局部优化是在大量类似方案中找出最优方案，此法取决于方案的最初解，最初方案不同，优化结果也不同。

二、供应链优化的方法

供应链管理水平的高低，对企业的经营发展具有十分重要的意义，因此持续开展供应链优化工作是企业的核心工作内容之一。供应链优化可以促进企业最大化地利用现有资源，提高资源利用效率，获得竞争优势；可以及时发现企业供应链管理中存在的问题，理顺各项流程，降低企业生产经营成本；可以及时对客户的意见进行收集和分析，真正将消费者整合到企业的生产经营中来，为企业各项决策提供依据。下面主要从供应链优化的思路和具体方法两个方面来进行介绍。

1. 供应链优化的思路

企业要转变观念，将供应链管理纳入到企业的核心任务中去。企业要在观念上加深对供应链管理的理解，主动培养供应链管理的意识，在培养自己核心竞争力的基础上，加强与贸易伙伴的合作。摒弃"小而全"的经营思想，主动与供应链中的优势企业建立合作伙伴关系。

根据时间的长短，我们可以从以下几个方面考虑供应链的优化问题。

（1）战略分析

将供应链的管理和优化纳入到企业的战略管理中去，结合企业的长期发展战略，分析获取资源，新设施的建立、新产品的开发等，进行供应链的整体设计和管理等。

（2）长期战术分析

根据企业一年内的整个供应链的供应、制造、配送、库存计划等情况，开展供应链管理和优化工作。

（3）短期战术分析

根据企业生产经营中存在的问题，随时进行物流优化、生产计划优化等。

2. 供应链优化的方法

根据以上供应链优化的思路，主要介绍以下几种供应链优化方法。

（1）网络图形法

以网络图形为主要工具，直观描述供应链，分析存在的结构性问题并予以改进，在优化时可借助计算机辅助设计。

网络图形法主要用于以下几种供应链的优化设计：

① 单纯从物流通道建设的角度设计供应链。

② 从供应链定位的角度设计供应链。

（2）数学模型法

数学模型法是研究经济问题普遍采用的方法。把供应链作为一个经济系统问题来描述，可以通过建立其数学模型来描述其经济数量特征。最常用的数学模型是系统动力学模型和经济控制论模型。特别是系统动力学模型更适合供应链问题的描述，它能很好地反映供应链的经济特征。

（3）计算机仿真分析法

利用计算机仿真软件，将实际供应链构建问题模型化，再按照仿真软件的要求进行仿真运行，最后对结果进行分析，找到影响供应链性能的主要问题，为供应链优化提供依据。

(4) CIMS-OSA 框架法

CIMS-OSA 是由联盟 ESPRIT 研制的 CIM 开放体系结构，它的建模框架基于一个继承模型的 4 个建模视图：功能视图、信息视图、资源视图和组织视图。CIMS-OSA 标准委员会建立了关于企业业务过程的框架，这个框架将企业的业务过程划分为三个方面：管理过程、生产过程和支持过程。可以利用这个框架建立基于供应链管理的企业参考模型，特别是组织视图和信息视图，对供应链的设立和优化都很有帮助。

三、供应链优化的应用

1. 准确诊断

每次到企业调研，都会从各个部门听到不少抱怨：生产部门埋怨采购部门缺货、销售部门需求变化快；采购部门埋怨销售部门不及时提供销售计划、生产计划调整频繁；销售部门埋怨生产部门不能满足销售计划；物流埋怨销售部门给客户承诺时间太短、难以应付，等等。企业总是存在各种各样的问题，且这些问题是相关联的，盘根错节。

企业在进行供应链的管理过程中，需要全面的审视和系统的诊断。找到影响供应链效率的核心问题：在诊断中，应该注意要抓住问题的本质，找出当前情况下可以解决的问题。

有很多问题是当前情况下无法解决的：比如，对于制鞋行业，原料采购与生产周期大约需要 30 天，而一双鞋的销售周期可能只有 30 天，由于生产周期相对长而销售周期短，无法根据销售情况及时补货生产，必须提前备货生产，这就导致高库存，并且可能出现产品积压。但是目前企业很难在短时间内把采购与生产周期缩短。比较可行的是考虑把采购生产环节中最长的采购时间缩短，这样就能比较显著地缩短订单反应时间。因此，供应链优化可以把缩短采购周期时间作为主要目标。这样，这个问题就是当前可以解决的问题了。

制订解决问题的目标、方法、资源需求及其对企业的价值：首先，企业要明确解决问题所要达到的目标，目标要清晰、可度量、无歧义；其次，分析问题解决思路、制定详细工作计划，确保计划的可分解、可执行；最后，估计资源需求，需要投入多少人、多少时间、多少资金等，人员怎么参与工作，这些都需要作出详细计划。当然，详细的具有高度可操作性的计划也更容易获得高层的认可和支持。

2. 项目实施

通过对供应链的诊断，对要解决什么问题、解决思路、改进计划都非常清楚了。接着就是执行改进计划，这一步的难点就在于供应链改进项目的过程控制。确保项目按照预定的目标前进。企业最好组建项目组来推进供应链优化工作，因为供应链的优化会跨越部门边界，需要更多的协调，需要高层授权，通过组建跨部门团队可以有效推进项目工作。

在项目推进过程中，要注意时刻关注项目对企业的价值，要以价值为导向来推进供应链优化。一个项目能够获得高层、项目组成员以及其他员工的支持，是因为其本身能够对企业产生价值，同时对于参与的成员来说，供应链管理也是一个新的领域，项目的成功对于他们来说，也是职业阅历上的重要部分。因此项目的推进还要考虑项目对相关人员的价值，确保项目成员的积极性。但是企业内部及外部环境都在不断变化，原来对企业有价值的事情，在新的环境下就可能没有价值，需要对原有的项目范围内容进行变更。为确保项目走在正确的轨道上，需要不断检查每一项项目工作对企业的价值，确保项目对企业价值的最大化。

3. 供应链优化投资方向

(1) 建设信息化系统：信息化建设可以提升数据基础，促进数据标准化，并为衡量指标提供数据支持，同时还可以提升内部人员的项目管理技能。此外，信息化建设能够促进供应链上下游的信息共享，加快整条供应链对市场需求的反应速度，有利于提高供应链的运作效率。

(2) 改进生产过程，实现延迟定制：延迟定制是供应链优化的一项基本优化策略，但是要实现延迟定制，一般需要在企业设备方面进行改进投入。在延迟定制方面的投入能够带来显著的供应链运作效率的改善，能够降低库存，提升供应链反应速度。

(3) 借用外部专业顾问公司解决供应链诊断所发现的核心问题。通过项目运作在较短时间内实现供应链的快速提升，迅速见到效益，借用外部资源培训内部员工，购买外部资料，如行业标杆的研究报告等。

4. 供应链持续优化

供应链优化没有终点，不能因为一个项目见到效果而止步不前。市场环境和客户需求是不断变化的，一个真正优秀的供应链不仅仅需要高效率，而且还要能够快速适应客户需求变化，一成不变只会导致快速落伍，高效的供应链不等于是一直优秀。因此，企业需要持续优化供应链，不断进行基础建设、诊断、优化的供应链优化过程。只有这样，才能不断提升整条供应链的竞争力。

同步测试

一、单选题

1. （　　）是指一个多元化经营的企业或企业集团中具有竞争优势并能够带来主要利润收入的业务。

　　A. 核心业务　　　B. 外包业务　　　C. 主营业务　　　D. 非主营业务

2. 对于企业来说，（　　）是企业某项业务运营的前提条件，是生存发展的基础，是进入竞争舞台的门票。

　　A. 能力　　　　　B. 核心竞争力　　C. 竞争力　　　　D. 以上均是

3. 企业的核心竞争力必须符合三个条件，以下不属于的是（　　）。

　　A. 顾客价值　　　B. 可持续发展　　C. 竞争差异化　　D. 延展性

4. 以下非核心业务外包类型中，不属于按外包领域分类的是（　　）。

　　A. 生产外包　　　B. 销售外包　　　C. 人力资源管理外包　　D. 离岸外包

5. 从广义来看，（　　）是为达到特定的价值目标而由不同的人分别共同完成的一系列活动。

　　A. 业务流程　　　B. 核心业务　　　C. 业务流程重组　　　D. 业务运营

6. （　　），是指在业务流程重组的过程中，突出考虑时间这一影响因素，基于时间的角度对业务流程进行分析，将企业增值能力低、耗时长的活动从整个业务流程中突出出来，在增值能力和时间消耗方面寻求平衡，进一步消除或简化这些流程。

　　A. 业务流程重组的时间压缩策略　　　B. 信息流时间压缩

　　C. 物流时间压缩　　　　　　　　　　D. 外向物流时间压缩策略

二、简答题

1. 企业业务外包的优势哪些？

2. BPR 中一些常用的方法和手段有哪些？

3. 供应链优化的方法都有哪些？

三、论述题

1. 试论业务流程重组的注意事项。

2. 试论供应链管理环境下业务流程重组的策略。

四、案例分析

利丰供应链管理

以客户需求为中心，根据产品的特性和交货期，进行最佳的资源组合，设计出最适宜的供应链来满足客户的需要。

在美国的任何一家商城里，都会有30%到40%的商家是利丰集团（Li&Fung）的客户。倘佯在商城里的顾客基本上不会注意到利丰，但在那些服装以及家庭用品的背后，利丰却扮演着举足轻重的角色。用该公司总裁 Bruce Rockowitz 的话来说，利丰集团是在一个"平"的世界里管理着供应链。

总部位于香港的利丰集团是一个标准的"百年老店"，成立于1906年的利丰如今拥有世界上最庞大的采购和生产网络，并为知名品牌及零售商提供全球供应链管理。历经全球商界之百年风云，利丰集团从传统的贸易商转型为一家供应链管理运作的现代跨国商贸及分销集团，其供应链管理已经成为商学院管理案例的经典。

"分散生产"先行者

利丰集团的供应链管理体系不是在一日之间建立起来的。直到20世纪70年代末期，利丰一直是一个采购代理商的角色。当现任集团主席冯国经于1976年进入集团管理层时，他的朋友曾提醒他采购代理是一个夕阳行业，4年之后就会消失。在这种情况下，利丰集团开始了一次重要的战略转型——从采购代理商转型为生产计划的管理者和实施者。

在采购代理模式阶段，某位经营布料的客户会对利丰说："我需要这种布料，请到最好的地方给我买来。"而在新的阶段，客户则对利丰说："下一季度我们需要这种外形、颜色和质量的布料，你能提出一个生产计划吗？"

从设计师提出的草案出发，利丰对市场进行调研，找到合适种类的纱并对样布染色以达到与其要求的颜色相一致。然后，利丰根据产品构思生产出样品。客户看到样品后说："我喜欢这种而不喜欢那种，你能生产出更多的这种产品吗？"接下来，利丰就具体说明产品的调配及方案，为下个季节的产品提出完整的生产计划并签订合同。然后，对工厂的生产进行计划和控制以确保质量和及时交付。

在整个20世纪80年代，利丰一直采用这种交付生产计划的战略。但接着利丰又遇到了新的挑战：亚洲四小龙的出现使香港的生产成本增加而丧失了竞争力。

好在祖国内地的开放政策使香港地区可以把生产的劳动密集型部分向祖国南方转移，这就解决了成本问题。比如说晶体管收音机，利丰只生产收音机的配套元件，然后运到祖国内地去装配。这一劳动密集型的工作完成后，成品再回到香港地区进行测试和检测。利丰将这种模式称之为"分散生产"。这种方式现在已经习以为常，但在当时，利丰可以说是这种模式的先行者。

过渡到供应链管理

与这种分散生产相伴随的是一种产业价值链的分解。利丰也因此而过渡到供应链管理者的角色。

比如说，利丰获得了一份来自欧洲的一个零售商10000件衣服的订单，这种衣服可以在韩国采购获得，但利丰不会简单地要求在韩国的分支机构直接从韩国进货。

可能的做法是从韩国买进纱运到中国台湾去纺织和染色；同时，由于日本的拉链和纽扣是最好的，并且大部分是在祖国内地生产，因此，利丰会从YKK（日本的一家大型拉链厂商）在祖国内地的分厂订购拉链，之后再把纱和拉链等运到泰国去生产服装，因为考虑到配额和劳动力条件，可能在泰国生产服装是最好的。又由于客户要求迅速交货，利丰会在泰国的5个工厂里同时生产，这样就有效地分解了价值链，以尽可能满足客户的需要。

5个星期后，10000件衣服就到了欧洲的货架上，它们看起来像是同一个工厂生产的。这是一种价值增值的新方式，结果是使产品具有真正意义上的全球性。利丰并不寻求哪一个国家可以生产出最好的产品，相反，他们对价值链（生产过程）进行分解，然后对每一步进行优化，并在全球范围内进行生产。这样做的好处超过了后勤和运输的成本，而且高的附加值增加了利润。

良好的供应链管理可以缩短产品交付周期并降低成本。还是以上面这个订单为例。利丰在获得100000件衣服的订单时，还不知道它需要何种款式或颜色。客户公司将在要求交货的5周前告诉利丰具体的要求。利丰则需要和供应网络建立相互的信任，这样才能使供应纱的厂商为他们保留未经染色的纱，还需要向负责纺织和染色的工厂作订货的承诺，以使它们保留生产能力，在交货的5周前，再告诉它们利丰需要的颜色。

同样，利丰还会告诉生产服装的工厂："现在，我们还不知道需要何种款式的产品。但是，在某个时候，纺好的纱在染好色后会交给你，你有3周的时间来生产100000件衣服。"

这样一种模式要求供应链各个环节之间的配合恰到好处，这对利丰管理供应链的精确度提出了很高的要求。如果一切由利丰自己来生产，在供应链管理方面的要求倒不会太高，但是，那样的话，整个订货过程要花3个月，而不是5个星期。

信息和关系的管理

从以上这个服装订单的运作过程可以看出，利丰公司所做的事情实质上是信息和关系的管理。《连线》杂志曾将利丰列入世界前40名IT公司的行列（利丰显然不是一家传统意义上的IT类企业），可能正是出于这个理由。利丰在其几百个客户和几千个供应商之间传递信息，在接到订单后立即将价值链进行分解，利用自己所掌握的关于商家的能力、资源、质量、产品特性、产品范围、业务专长等各方面的信息，对客户提出的要求在短时间内以较低的成本来满足，实施分散化制造。

用冯国经的话来说，利丰是一个"无烟工厂"。他们所做的工作是设计、购买并检查原材料，利丰的工厂管理人员提出生产计划并对整条价值链进行协调。他们还检查生产，但并不管理工人，利丰没有自己的工厂。

利丰要和26个以上国家或地区的大约7500家供应商打交道。如果每家工厂平均有200个工人，那么，实际上有100万以上的工人在为利丰的客户工作。正是这一点使利丰不想拥有价值链中任何有关管理工厂的部分，因为要对100万名工人进行管理是一项巨大的工作。那样，利丰有可能失去灵活性和协调能力。因此，利丰把管理工人的工作交给一个个的企业家来做，然后再与他们签订合同。

而利丰的核心竞争力在于其具备为许多类型的零售商寻求许多种类的产品方面的丰富经验。当接到客户的订单时，利丰所做的增值服务就是以客户需求为中心，根据产品的特性和交货期，进行最佳的资源组合，设计出最适宜的供应链来满足客户的需要，在此过程中，利丰还担当起了确保订单按期执行的协调者和管理者的角色。

思考与讨论：

1. 利丰的核心竞争力在哪里？结合案例，谈一下你对核心竞争力的理解。

2. 利丰的供应链管理模式可以复制吗？为什么？

第二篇 供应链管理与运营

项目四　供应链生产管理

内容提要

在供应链内部交易中，往往存在一个竞争优势明显、处于主导地位的企业，成为整条供应链的核心企业或主导企业。根据主导的企业类型，可以把供应链分成四种模式：制造商主导的供应链、零售商主导的供应链、批发商主导的供应链和物流商主导的供应链。本项目将着重介绍制造商主导的供应链的一系列特点以及制造商的生产管理内容、方法、管理策略等内容。

学习目标

学习完本项目后，你将能够：
1. 了解生产管理内涵的变迁。
2. 识别传统的生产管理和供应链环境下生产管理各自的特点及其差距。
3. 理解供应链环境下企业生产管理的类型和策略。
4. 理解供应链环境下生产系统的协调机制。
5. 掌握延迟策略和精益生产管理方式的核心思想。

导入案例

海尔集团的供应链管理

海尔集团从 1984 年开始创业，通过 30 多年的艰苦奋斗，把一个濒临破产的小厂发展成为全球大型家电第一品牌。在这 30 多年里，很多企业都遇到这样那样的困难而退出了历史舞台，海尔之所以发展得越来越好，与它的供应链管理模式有着密不可分的关系。

海尔在供应链管理上面，并不是像一些企业一样纸上谈兵。它有针对自身的情况，做到具体问题具体分析，而且还会随着周边环境的改变而随时调整自己的供应链管理模式。

1. 供应链管理的关键是核心业务和竞争力

正如张瑞敏所说，供应链管理最重要的理念就是企业的核心业务和竞争力。因为企业的资源有限，企业要在各行各业中都获得竞争优势很困难，企业要想发展，必须集中资源在某个所专长的领域即核心业务上。海尔之所以能够以自己为中心构建起高效的供应链，就在于它们有着不可替代的核心竞争力，并且仰仗这种竞争力把上下游的企业串在一起，形成一个为顾客创造价值的有机链条。而供应链中的各个伙伴之所以愿意与海尔结成盟友，也正是看中了它不可替代的竞争力。

2. 强化创新能力

要在供应链管理中取胜，就要强化创新能力，满足市场的需求。海尔内部有一个理念，就是先有市场后有工厂。要使自己的产品有市场，最重要的就是围绕顾客需要，生产他们需要的产品。海尔的科研人员很欣赏这样一句话："想出商品来"。想出商品，就是想出新市场，也就是要创造新市场。企业通过创造市场引导消费来领先市场。而做大市场蛋糕的前提是产品要有个性化，不断保持创新的活力。

3. 以供应链为基础的业务流程再造

业务流程是企业以输入各种原料和顾客需求为起点，到企业创造出对顾客有价值的产品或服务为终点的一系列活动。一个企业的业务流程决定着组织的运行效率，是企业的竞争力所在。以客户需求为切入点，对原来的业务流程进行重新思考和重新设计，它强调以首尾相接的、完整连贯的业务流程来代替过去的被各职能部门割裂的破碎性流程，使企业产品质量、成本和各种绩效目标取得显著的改善。

4. 注重供应链管理中的信息技术

供应链管理中的信息流程是企业员工、客户和供货商的沟通过程，以前只能以电话、传真甚至见面达成信息交流的目的，现在利用电子商务、电子邮件甚至互联网进行信息交流，虽然手段不同，但内容并没有改变。而计算机信息系统的优势在于其自动化操作和处理大量数据的能力，令信息流通速度加快，同时减少失误。

——摘自《世界华商经济年鉴》09年2期　宋扬

思考与讨论：

1. 海尔的供应链管理有哪些独特的方式？

2. 海尔的供应链管理模式对其他制造企业来说是否也一样实用？

任务一　供应链生产管理基础认知

一、生产管理环境的转变

在消费需求旺盛、商品相对供应不足的时代，企业生产的产品品种单一，通过大批量生产就可达到降低成本的目的。一旦成本得到降低，企业就可以进一步扩大生产规模，形成"大批量—低成本"的循环模式。因此，传统生产方式实际上是一种"以量取胜"的生产方式。

在商品紧缺的年代，传统的生产方式获得了巨大的成功。但是，随着商品经济的发展，顾客不再满足于使用单一的商品，开始追求与众不同的多样化产品。由于少品种、大批量的传统生产方式忽视了顾客的个性化需求，因而越来越不能适应市场的需求。

此外，当前的工业产品具有一个显著特征：价格越来越便宜。在这种情况下，传统生产方式本来具备的优点变成了缺陷：在传统生产方式下，企业制造出的产品形成大量的库存。由于产品价格不断降低，这些库存处于持续贬值的过程中。这给企业带来了巨大的损失。

这种完全按照 MRP（Material Requirement Planning，物料需求计划）的计算逻辑，各个部门按照公司规定的生产计划进行生产的方式被称为推动式生产。推动式生产过程中上工序无需为下工序负责，生产出产品后按照计划把产品送达后工序即可。

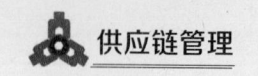

在推动式生产方式下，生产控制就是要保证按生产作业计划的要求按时、按质、按量完成任务，每一工序的员工注重的是自己所在工序的生产效率。在推动式系统中，各个工序之间相互独立，在制品存货量较大。传统上企业一般采用的都是推动式生产系统。计划部门根据市场需求，对于最终产品的生产进行分解，将相应的生产任务和提前期传达给各个生产部门，最后细化为每个零部件的投入产出计划和相应的订购计划。而对于各个部门而言，需要按照计划组织生产，生产结束后将实际完成情况汇报给计划部门，同时将完成品送往工序上的下一个生产部门。因此，总体的生产是一种从工序上最初的生产部门向工序最终生产部门的一个"推动"的过程。

20世纪后半期，兼备手工生产及大量生产两者的优点，又能克服两者缺点的一种高质量、低成本并富有柔性的新的生产方式在战后崛起的日本丰田公司应运而生，即 JIT（just in time）生产方式，也被称为"丰田生产方式"，在国内被译为"精益生产方式"。

丰田的"精益生产方式"也被称为拉动式生产。所谓"拉动"方式，就是指一切从市场需求出发，根据市场需求来组装产品，借此拉动前面工序的零部件加工。每个生产部门、工序都根据后向部门以及工序的需求来完成生产制造，同时向前向部门和工序发出生产指令。在"拉动"方式中计划部门只制定最终产品计划，其他部门和工序的生产是按照后向部门和工序的生产指令来进行的。根据"拉动"方式组织生产，可以保证生产在"适当的时间"进行，并且由于只根据后向指令进行，因此生产的量也是"适当"的量，从而保证企业不会为了满足交货的需求而保持高水平库存产生浪费。

二、制造型企业在供应链环境下表现出的特征

处于供应链环境中的制造型企业在生产管理方面与传统企业有很大差距，主要体现在以下几方面：

1. 管理范畴扩大

传统的生产计划与控制只涉及单个企业；而在供应链管理环境下，企业的生产计划不再只是围绕企业内部，而是扩展开来，涉及上下游企业，如供应商、分销商、零售商等。

2. 管理对象不同

传统的生产计划与控制针对企业内部资源的优化配置；而在新的环境中，企业的生产计划与控制不能再只着眼企业内部资源的有效利用，而要将其他上下游相关企业的资源包括进来。

3. 信息共享程度提高

传统的生产计划与控制对于信息的共享程度非常低，先前企业的信息主要涉及企业内部，各个信息都是分散的，企业与企业之间往往是一个个"信息孤岛"，没有将信息资源充分利用；而在如今激烈的竞争环境下，这种情况是非常危险的，企业不但要将内部的信息共享，甚至要将整个供应链上的企业实现信息资源全方位共享。

4. 约束条件增加

在供应链中，企业生产计划的约束条件比传统的放宽，除了能力约束、物料的约束、需求的约束、运输资源的约束、财务资金的约束外，还要考虑供应商资源约束、分销资源的约束。

5. 牛鞭效应减弱

传统的生产计划与客户需求的偏离较大，信息传递的牛鞭效应（Bullwhip Effect）使企业的生产计划与客户需求之间存在了较大的差异，常常呈现很大的波动性。而在供应链环境下，各环节的企业通过信息共享，有效降低了各个环节企业的偏差。

6. 决策方式转变

传统的生产计划是一种基于"控制权"的集中式决策，是在单一企业内进行的生产决策，决策的方案以及相应的计划是带有指令性的，是必须按照执行的；而在供应链环境下，各个企业是相互独立的，是不能直接控制的，而企业之间需要更多的协商机制来进行企业的生产计划。

7. 信息反馈方式不同

传统的生产计划与控制的信息反馈机制是一种线性反馈机制，信息是由一个部门到另一个部门的反馈传递，由底层向高层的反馈；供应链管理是一种网络化管理，生产计划信息的传递不只是沿着企业内部传递，而且还沿着供应链上的不同节点传递。

任务二　供应链环境下的生产管理实施

一、供应链生产管理概述

供应链是一个跨越多厂家、多部门的网络化组织，一个有效的供应链企业计划系统必须保证企业能快速响应市场需求。有效的供应链计划系统集成企业所有的计划和决策业务，包括需求预测、库存计划、资源配置、设备管理、渠道优化、生产作业计划、物料需求与采购计划等。供应链是由不同的企业组成的企业网络，有紧密型的联合体成员，有协作型的伙伴企业，有动态联盟型的战略伙伴。作为供应链的整体，以核心企业为龙头，把各个参与供应链的企业有效地组织起来，优化整个供应链的资源，以最低的成本和最快的速度生产最好的产品，最快地满足用户需求，以达到快速响应市场和用户需求的目的，这是供应链企业计划的最根本的目的和要求。

供应链企业计划工作需要考虑如下几个方面的问题：

（1）供应链企业计划的方法与工具。供应链企业计划的方法与工具主要有：MRPII、JIT、DRP/LRP。

（2）供应链企业计划的优化方法。供应链企业计划的优化方法可以采用：TOC（Theory of Constraint）理论；线性规划、非线性及混合规划方法；随机库存理论与网络计划模型。

（3）供应链企业的计划类型。根据供应链企业计划对象和优化状态空间，有全局供应链计划和局部供应链计划。

（4）供应链企业计划层次性：根据供应链企业计划的决策空间，分为战略供应链计划、战术供应链计划和运作供应链计划三个层次。

二、供应链管理环境下的生产计划特征

供应链管理环境下的生产计划与传统生产计划有显著不同，是因为在供应链管理下，与企业具有战略伙伴关系的企业的资源通过物资流、信息流和资金流的紧密合作而成为企业制造资源的拓展。在制定生产计划的过程中，主要面临以下三方面的问题。

1. 柔性约束

柔性实际上是对承诺的一种完善。承诺是企业对合作伙伴的保证，只有在这基础上企业间才能具有基本的信任，合作伙伴也因此获得了相对稳定的需求信息。然而，由于承诺的下达在时间上超前于承诺本身付诸实施的时间，因此，尽管承诺方一般来讲都尽力使承诺与未来的实际情况接近，误差却是难以避免。柔性的提出为承诺方缓解了这一矛盾，使承诺方有可能修正原有的承诺。可见，承诺与柔性是供应合同签订的关键要素。

对生产计划而言，柔性具有多重含义：

（1）显而易见，如果仅仅根据承诺的数量来制定计划是容易的。但是，柔性的存在使这一过程变得复杂了。柔性是双方共同制定的一个合同要素，对于需方而言，它代表着对未来变化的预期；而对供方而言，它是对自身所能承受的需求波动的估计。本质上供应合同使用有限的可预知的需求波动代替了可以预测但不可控制的需求波动。

(2) 下游企业的柔性对企业的计划产量造成的影响在于：企业必须选择一个在已知的需求波动下最为合理的产量。企业的产量不可能覆盖整个需求的变化区域，否则会造成不可避免的库存费用。在库存费用与缺货费用之间取得一个均衡点是确定产量的一个标准。

(3) 供应链是首尾相通的，企业在确定生产计划时还必须考虑上游企业的利益。在与上游企业的供应合同之中，上游企业表达的含义除了对自身所能承受的需求波动的估计外，还表达了对自身生产能力的权衡。可以认为，上游企业合同中反映的是相对于该下游企业的最优产量。之所以提出是相对于该下游企业，上游企业可能同时为多家企业提供产品。因此，下游企业在制定生产计划时应该尽量使需求与合同的承诺量接近，帮助供应企业达到最优产量。

2. 生产进度

生产进度信息是企业检查生产计划执行状况的重要依据，也是滚动制定生产计划过程中用于修正原有计划和制定新计划的重要信息。在供应链管理环境下，生产进度计划属于可共享的信息。这一信息的作用在于：

(1) 供应链上游企业通过了解对方的生产进度情况实现准时供应。企业的生产计划是在对未来需求做出预测的基础上制定的，它与生产过程的实际进度一般是不同的，生产计划信息不可能实时反映物流的运动状态。供应链企业可以借助现代网络技术，使实时的生产进度信息能为合作方所共享。上游企业可以通过网络和双方通用的软件了解下游企业真实需求信息，并准时提供物资。在这种情况下，下游企业可以避免不必要的库存，而上游企业可以灵活主动地安排生产和调拨物资。

(2) 原材料和零部件的供应是企业进行生产的首要条件之一，供应链上游企业修正原有计划时应该考虑到下游企业的生产状况。在供应链管理下，企业可以了解到上游企业的生产进度，然后适当调整生产计划，使供应链上的各个环节紧密地衔接在一起。其意义在于可以避免企业与企业之间出现供需脱节的现象，从而保证了供应链上的整体利益。

3. 生产能力

企业完成一份订单不能脱离上游企业的支持，因此，在编制生产计划时尽可能借助外部资源，有必要考虑如何利用上游企业的生产能力。任何企业在现有的技术水平和组织条件下都具有一个最大的生产能力，但最大的生产能力并不等于最优生产负荷。在上下游企业间稳定的供应关系形成后，上游企业从自身利益出发，更希望所有与之相关的下游企业在同一时期的总需求与自身的生产能力相匹配。上游企业的这种对生产负荷量的期望可以通过合同、协议等形式反映出来，即上游企业提供给每一个相关下游企业一定的生产能力，并允许一定程度上的浮动。这样，在下游企业编制生产计划时就必须考虑到上游企业的这一能力上的约束。

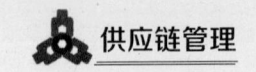

三、供应链管理环境下生产计划的制定

在供应链管理下,企业的生产计划编制过程有了较大的变动,在原有的生产计划制定过程的基础上增添了新的特点。

(一) 具有纵向和横向的信息集成过程

这里的纵向是指供应链由下游向上游的信息集成,而横向是指生产相同或类似产品的企业之间的信息共享。

在生产计划过程中上游企业的生产能力信息在生产计划的能力分析中独立发挥作用。通过在主生产计划和投入出产计划中分别进行的粗细能力平衡,上游企业承接订单的能力和意愿都反映到了下游企业的生产计划中。同时,上游企业的生产进度信息也和下游企业的生产进度信息一起作为滚动编制计划的依据,其目的在于保持上下游企业间生产活动的同步。

外包决策和外包生产进度分析是集中体现供应链横向集成的环节。在外包中所涉及的企业都能够生产相同或类似的产品,或者说在供应链网络上是属于同一产品级别的企业。企业在编制主生产计划时所面临的订单,在两种情况下可能转向外包:一是企业本身或其上游企业的生产能力无法承受需求波动所带来的负荷;二是所承接的订单通过外包所获得利润大于企业自己进行生产的利润。无论在何种情况下,都需要承接外包的企业的基本数据来支持企业的获利分析,以确定是否外包。同时,由于企业对该订单的客户有着直接的责任,因此也需要承接外包的企业的生产进度信息来确保对客户的供应。

(二) 丰富了能力平衡在计划中的作用

在通常的概念中,能力平衡只是一种分析生产任务与生产能力之间差距的手段,再根据能力平衡的结果对计划进行修正。在供应链管理下制定生产计划的过程中,能力平衡发挥了以下作用:

(1) 为修正主生产计划和投入出产计划提供依据,这也是能力平衡的传统作用;

(2) 能力平衡是进行外包决策和零部件(原材料)急件外购的决策依据;

(3) 在主生产计划和投入出产计划中所使用的上游企业能力数据,反映了其在合作中所愿意承担的生产负荷,可以为供应链管理的高效运作提供保证。

(4) 在信息技术的支持下,对本企业和上游企业的能力状态的实时更新使生产计划具有较高的可行性。

(三) 计划的循环过程突破了企业的限制

在企业独立运行生产计划系统时,一般有三个信息流的闭环,而且都在企业内部:

(1) 主生产计划—粗能力平衡—主生产计划

(2) 投入出产计划—能力需求分析（细能力平衡）—投入出产计划

(3) 投入出产计划—车间作业计划—生产进度状态—投入出产计划

在供应链管理下生产计划的信息流跨越了企业，从而增添了新的内容：

(1) 主生产计划—供应链企业粗能力平衡—主生产计划

(2) 主生产计划—外包工程计划—外包工程进度—主生产计划

(3) 外包工程计划—主生产计划—供应链企业生产能力平衡—外包工程计划

(4) 投入出产计划—供应链企业能力需求分析（细能力平衡）—投入出产计划

(5) 投入出产计划—上游企业生产进度分析—投入出产计划

(6) 投入出产计划—车间作业计划—生产进度状态—投入出产计划

需要说明的是，以上各循环中的信息流都只是各自循环所必需的信息流的一部分，但可对计划的某个方面起决定性的作用。

案例链接

Bay 网络公司的供应链管理方案

Maynard Webb，这家网络设备制造商的 CIO 说道："很多年以来，我们一直希望每天都能得到我们分销商当天的情况。"有了这些信息后，公司就可以更好地按需生产。

Bay 网络公司的外部网叫 Partner Net，通过这个网，Bay 网络公司可以及时地向它的分销商们发布它们需要的销售情况信息。它们还要调整各分销商反馈销售信息的时间间隔，因为对于某些分销商，只要了解它们每周的销售点情况就可以了，不必每天都了解。以前每天提供一次销售报告，现在则是每周提供一次，这要求分销商们对它们的订单系统作一些改进。开始分销商们并不乐意做这种额外的工作，但 Webb 指出，Partner Net 可以给分销商们提供许多关键性信息，如 Bay 公司的产品性能、库存情况等，为了获得这些信息，分销商们对自己的系统作一些改动是值得的。

Webb 说，如果你允许外界访问你的一些敏感数据，如产品规划等，那么安全性是主要考虑的问题。为了解决这个问题，Bay 公司给每个分销商和原材料供应商都分配了唯一的账号和口令，使它们只能获得与自己业务有关的信息。例如，一个分销商可以了解自己未交付订单的情况，但是不能了解别人的。

为了获得 Bay 公司的 ERP 数据，大多数原材料供应商都利用它们的浏览器，从 Partner Net 上把 Bay 的产品规划信息下载到一个电子表格程序中，然后把这些数据导入到自己的数据库系统中。

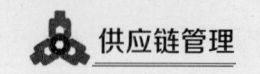

四、供应链管理环境下的生产控制新特点

供应链环境下的企业生产控制和传统的企业生产控制模式不同。前者需要更多的协调机制（企业内部和企业之间的协调），体现了供应链的战略伙伴关系原则。供应链环境下的生产协调控制包括如下几个方面的内容。

1. 生产进度控制

生产进度控制的目的在于依据生产作业计划，检查零部件的投入和出产数量、出产时间和配套性，保证产品能准时装配出厂。供应链环境下的进度控制与传统生产模式的进度控制不同，因为许多产品是协作生产和转包的业务，和传统的企业内部的进度控制比较来说，其控制的难度更大，必须建立一种有效的跟踪机制进行生产进度信息的跟踪和反馈。生产进度控制在供应链管理中有重要作用，因此必须研究解决供应链企业之间的信息跟踪机制和快速反应机制。

2. 供应链的生产节奏控制

供应链的同步化计划需要解决供应链企业之间的生产同步化问题，只有各供应链企业之间以及企业内部各部门之间保持步调一致时，供应链的同步化才能实现。供应链形成的准时生产系统，要求上游企业准时为下游企业提供必需的零部件。如果供应链中任何一个企业不能准时交货，都会导致供应链不稳定或中断，导致供应链对用户的响应性下降，因此严格控制供应链的生产节奏对供应链的敏捷性是十分重要的。

3. 提前期管理

基于时间的竞争是 90 年代一种新的竞争策略，具体到企业的运作层，主要体现为提前期的管理，这是实现 QCR、ECR 策略的重要内容。供应链环境下的生产控制中，提前期管理是实现快速响应用户需求的有效途径。缩小提前期、提高交货期的准时性是保证供应链获得柔性和敏捷性的关键。缺乏对供应商不确定性的有效控制是供应链提前期管理中一大难点，因此，建立有效的供应提前期的管理模式和交货期的设置系统是供应链提前期管理中值得研究的问题。

4. 库存控制和在制品管理

库存在应付需求不确定性时有其积极的作用，但是库存又是一种资源浪费。在供应链管理模式下，实施多级、多点、多方管理库存的策略，对提高供应链环境下的库存管理水平、降低制造成本有着重要意义。这种库存管理模式涉及的部门不仅仅是企业内部。基于 JIT 的供应与采购、供应商管理库存（Vendor Managed Inventory，VMI）、联合库存（pooling）管理等是供应链库存管理的新方法，对降低库存都有重要作用。因此，建立供应链管理环境下的库存控制体系和运作模式，对提高供应链的库存管理水平有重要作用，是供应链企业生产控制的重要手段。

任务三　供应链环境下生产管理策略分析

当代市场竞争已经不是企业和企业之间的竞争，而是供应链和供应链之间的竞争，因此一切生产管理方式的应用都要以提高供应链反应速度和竞争效率为前提。

目前应用比较广泛的面向供应链的生产管理方式主要有延迟策略、精益生产、敏捷制造等。

一、延迟策略

在全球市场中，由于不同国家和地区客户的偏好、语言、环境以及所遵行的政府法规的不同，单一产品常常需要有多个型号和版本来各自满足特定地区客户的特定要求。即使在同一地区，由于产品的不同功能和能力，一个产品族也会有多个产品型号。这些不同型号的产品反映了不同市场细分的不同需求，如商务、教育、个人或政府部门的不同需求。因此，在一个产品族里产品数量极其众多并不少见。此外，随着技术更新速度的加快，企业必须生产多个版本以应对不同的升级需求，这些因素都促成了对大规模定制的迫切需要。

市场全球化、多样化的客户需求和技术更新加速是产品种类激增的根本原因。这种"激增"带来了多重消极影响。首先，对预测者而言，预测多个版本的需求简直就是天方夜谭。其次，在保持一定的客户服务水平的高压之下，许多运作管理人员仅仅选择了一种简单方法予以应对——尽其所能多存储产成品以备不时之需。由于技术更新相当迅猛，每年由于陈旧过时而核销作废的库存常以千万甚至亿元计。此外，由产品种类激增带给运作的另一负面影响是，由于企业必须管理大量的产品供货，需要有高额的行政管理开支。产品供货的高复杂度也意味着较高的制造成本，这是由于需要有较专业化的工艺、物料、准备转换手段和质量保证方法。同时，由于不同的产品需要有不同的现场支持物料和技术，因而要保持有效的总体产品支持或高水准的客户现场服务将更加困难。

为了解决上述运作问题，企业投入大量资源以提高供应链效率。这些投资包括：建立可减少订单处理信息延误的信息网络；使用包括特殊运载工具的快速运输手段；重新设厂以更接近客户；使用更尖端的预测技术；建立复杂供应链库存管理系统；使用各种高效的物料转运和加工的工厂自动化设备。这些措施取得了不同程度的成功。

在这种大背景下，一种"重新设计产品和工艺以使流程中形成多个产品的差异

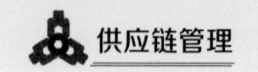

点尽可能向后延迟"的策略,即所谓"延迟"策略应运而生。换言之,"延迟"就是在流程下游的某一点(差异点)之前,将不采用特定工艺使在制品转变成具体的产成品。

(一) 实施延迟差异的途径

1. 工艺重构(或重新排序)

即对产品的生产工艺或步骤进行修改和调整,使成为具体产品的差异化生产工序尽可能往后延迟。

2. 通用化

是指采用通用零部件或工艺以减少产品和工艺的复杂性,提高在制品库存的柔性。

3. 模块化

是指将一个完整的产品分解为一些便于组装在一起的模块,而在设计阶段,将各种功能放进各个模块。

4. 标准化

即用标准产品替代一个产品系列,实现标准化的方法之一是建立特定顾客可能需要的几个备选方案。

(二) 延迟策略的类型

在产品种类激增的背景之下,延迟作为推迟产品差异的策略有两种形式:物流延迟(或称时间延迟)和生产延迟(或称成型延迟)。

1. 物流延迟

物流延迟又称时间延迟,是指推迟产品的运动时刻,表现在地理上的延迟,在未收到客户订单时,将物品采用集中库存方式,而不是将物品存放在消费地点。一旦接到客户订单,就立即从若干中心仓库或配送中心实施最优调度程序,将物品直接送到客户所在地仓库或直接快运给客户。物流延迟的基本观念是在一个或多个中心仓库或配送中心对全部货物进行预估,而将进一步库存(即消费地库存)部署延迟到收到客户的订单时进行,采用集中库存策略减少为满足所有市场区域高水平使用而要求的存货数量。

物流延迟关注的焦点是时间,一件成品从形成使用价值到发挥使用价值的"空隙时间"内是不会创造任何价值的,反而还会占用一定的空间成本与维护费用。物流延迟不仅通过降低库存成本来创造价值,更主要的是通过压缩每件产品的"空隙时间",加速资本周转,提高流动资本在一定时间内创造价值的次数。

我国南方地区分布着许多大型跨国连锁零售集团的分店,其中许多零售店的进货、补仓、上架的作息时间不是 12 小时,而是 18 小时甚至 24 小时制的。如此"Just in time"式的物流运作,使零售店对顾客的需求时刻表现出最敏感的供货反应。以此保证货架上所有商品最快速的流转和更新,其流动资金的周转速度可想而知。据统计,沃尔玛、家乐福流动资金的周转速度每年可达20~30次。

2. 生产延迟

生产延迟又称成型延迟,是指推迟最终产成品的形成作业直到获得确切的客户需求,生产延迟的目标在于尽量使产品保持中性及非委托状态。理想的生产延迟应用是制造相当数量的标准产品或基础产品以实现规模化经济,而将最后的特点,诸如产品颜色等推迟到收到客户的委托以后,生产延迟将产品差异化的任务,包括制造、集成、定制、本地化和包装尽可能向后推迟。生产延迟只要求供应商对一个产品系列的基本产品进行预估,而不是对一个系列的多个款式进行预估,避免了因预估偏差而产生的各种特别款式的库存和积压。生产延迟不仅更好地满足了消费者的个性化需求,而且能降低库存、加速资金周转。

产品供应商的延迟生产有时会延续到物流供应商,很多物流供应商都提供产品的终端加工与包装等延伸服务,物流公司的配送中心在地理上更接近顾客,也更能了解与把握顾客的需求。因此,一些供应商将延迟加工委托给物流供应商完成,以降低运输成本并及时满足特定顾客的要求。此外,生产延迟必须以快速的物流服务为前提,缺乏即时的定单确认与传递系统和迅捷的成品配送服务的配合,即使是局部的生产延迟,也会造成交货延迟,影响服务的准确性与可靠性。有精准物流服务保证的情况下,供应商利用生产延迟,能及时满足客户对独特产品的需求,独特产品能创造价值,为生产商带来"溢价"收益。

案例链接

通用和吉列的生产延迟

上海通用汽车公司的客户对汽车的车身颜色有严格的要求,该公司对车身的喷漆工序严格按照定单加工,即把生产延迟到接到客户定单后才开始,其余工序批量生产中性产品,最后配上客户指定颜色的车身。在其他行业中,加工和储存大量的产品而将最后的包装延迟直至到客户的订单,这样的生产实践已是十分普遍。在某些情况下,产品被处理并包装在"裸桶"里,商标则直到客户愿意才被最后贴上去。吉列公司在其剃刀刀片业务中就充分应用了生产延迟策略,刀片的基础样式继续在它目前的两个高技术工厂进行生产,但是,包装作业转移到地区配送中心,包装(那是一条装配线)将按订单进行,这使标签特征能够针对每个零售商定制。而且,吉列公司可以正确地满足零售商所希望的每个包装的刀片数量,而不会出现不恰当的数量而造成多余包装的浪费。

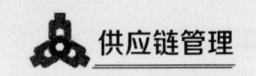

3. 供应链管理中实施延迟策略的条件分析

延迟策略能将供应链上的产品生产过程分为"不变"与"变"两个阶段。将不变的通用化生产过程最大化,生产具有通用性的标准部件,当接到客户订单时,企业便能以最快的速度完成产品的差异化过程与交付过程,以不变应万变,从而缩短产品的交货提前期,并降低供应链运作的不确定性,可谓竞争优势明显。这是对供应链业务流程的一种创新。

(三) 延迟策略的条件限制

并非所有的产品生产过程都可以采用延迟策略,即延迟策略的实施必须具备以下几个条件:

1. 产品可模块化生产

产品在设计时,可分解为几个较大的模块,这几个模块经过组合或加工便能形成多样化的最终产品,这是延迟策略实施的重要前提。

2. 零部件可标准化、通用化

产品可模块化只是一个先决条件,更重要的是零部件具有标准化与通用化的特性,这样才能彻底从时间上与空间上将产品的生产过程分解为通用化阶段和差异化阶段,并保证最终产品的完整。

3. 经济上具有可行性

实施延迟策略一般会增加产品的制造成本,除非它的收益大于成本,否则延迟策略没有必要执行。如果最终产品的制造在重量、体积和品种上的变化很大,推迟最终的产品加工成型工作,能节省大量的运输成本和减少库存产品的成本,并简化管理工作,那么延期策略的实施便会带来巨大的经济利益。

4. 适当的交货提前期

通常来说,过短的提前期不利于延迟策略的实施,因为它要求给最终的生产与加工过程留有一定的时间余地,过长的提前期则无需延迟策略。

二、精益生产

在 20 世纪后半期,整个汽车市场进入了一个市场需求多样化的新阶段,而且对质量的要求也越来越高,随之给制造业提出的新课题即是如何有效地组织多品种小批量生产,否则的话,生产过剩所引起的只是设备、人员、非必须费用等一系列的浪费,从而影响到企业的竞争能力乃至生存。在这种历史背景下,1953 年,日本丰田公司的副总裁大野耐一综合了单件生产和批量生产的特点和优点,创造了一种在多品种小批量混合生产条件下高质量、低消耗的生产方式,即准时制生产(Just In Time, 简称 JIT)。准时制指的是将必要的零件以必要的数量在必要的时间送到生产线,并且只将所需要的零件、只以所需要的数量、只在正好需要的时间送到生产。

这是为适应 20 世纪 60 年代消费需要变得多样化、个性化而建立的一种生产体系及为此生产体系服务的物流体系。所以，准时生产制的出发点就是不断消除浪费，进行永无休止的改进。

（一）JIT 的基本思想

在准时制生产方式倡导以前，世界汽车生产企业包括丰田公司均采取福特式的"总动员生产方式"，即一半时间人员和设备、流水线等待零件，另一半时间等零件一运到，全体人员总动员，紧急生产产品。这种方式造成了生产过程中的物流不合理现象，尤以库存积压和短缺为特征，生产线或者不开机，或者开机后就大量生产，这种模式导致了严重的资源浪费。丰田公司的准时制采取的是多品种少批量、短周期的生产方式，实现了消除库存、优化生产物流、减少浪费的目的。

准时制生产方式的基本思想可概括为"在需要的时候，按需要的量生产所需的产品"，也就是通过生产的计划和控制及库存的管理，追求一种无库存或库存达到最小的生产系统。准时生产方式的核心是追求一种无库存的生产系统，或使库存达到最小的生产系统，为此而开发了包括"看板"在内的一系列具体方法，并逐渐形成了一套独具特色的生产经营体系。

（二）JIT 的目标

JIT 的最终目标是建立一个平衡系统，也就是说，一个贯穿整个系统的平滑、迅速的物料流。总目标实现程度取决于几个特定配套子目标的完成程度。这些子目标是：

● 零库存；

● 高柔性（多品种）；

● 无缺陷。

1. 零库存

一个充满库存的生产系统会掩盖系统中存在的各种问题。例如，设备故障造成停机，工作质量低而造成废品或返修，横向扯皮造成工期延误，计划不周造成生产脱节等，都可以动用各种库存，使矛盾钝化、问题被淹没。表面上看，生产仍在平衡进行，实际上整个生产系统可能已千疮百孔，更可怕的是，如果对生产系统存在的各种问题熟视无睹、麻木不仁，长此以往，紧迫感和进取心将丧失殆尽。因此，日本人称库存是"万恶之源"，是生产系统设计不合理、生产过程不协调、生产操作不良的证明，并提出"向零库存进军"的口号。所以，"零库存"就成为准时制生产 JIT 追求的主要目标之一。

2. 高柔性

高柔性是指企业的生产组织形式灵活多变，能适应市场需求多样化的要求，及时组织多品种生产，以提高企业的竞争能力。面临市场多变这一新问题，准时制生产JIT必须以高柔性为目标，实现高柔性与高生产率的统一。为实现柔性和生产率的统一，准时制生产JIT必须在组织、劳动力、设备三方面表现出较高的柔性。

3. 零缺陷

传统的生产管理很少提出零缺陷的目标，一般企业只提出可允许的不合格百分比和可接受的质量水平。其观念是：不合格品达到一定数量是不可避免的。而准时制生产JIT的目标是消除各种产生不合格品的原因，在加工过程中每一工序都要求达到最好水平，追求零缺陷。

（三）JIT的支持手段

JIT有三种手段来达到其目标。如图4-1。图上说明JIT生产方式的基本目标以及实施这些目标的三个手段和方法，也包括这些目标与各种手段方法之间的相互内在联系。

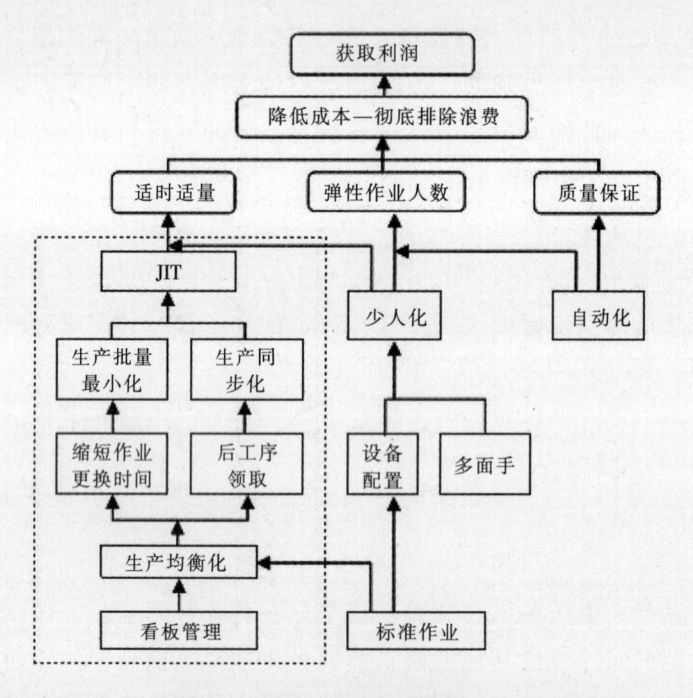

图 4-1 JIT 的三种支持手段

1. 适时适量生产

适时适量生产的方法包括生产同步化和生产均衡化。

生产同步化，即工序间不设置仓库，前一工序的加工结束后，使半产品立即转到下一工序去，装配线与机械加工几乎平行进行。

生产均衡化是指总装配线在向前工序领取零部件时应均衡地使用各种零部件，生产各种产品。为此在制定生产计划时就必须全面考虑，然后将其体现在产品生产顺序计划之中。

2. 弹性配置作业人数

根据生产量的变动,弹性地增减各生产线的作业人数,以及尽量用较少的人力完成较多的生产。

3. 质量保证方法

在 JIT 生产方式中,通过将质量管理贯穿于每一工序之中来实现提高质量与降低成本的一致性,具体方法是自动化。自动化是指融入生产组织中的这样两种机制:第一,使设备或生产线能够自动检测不良产品;第二,生产第一线的设备操作人员发现产品或设备的问题时,有权自行停止生产的管理机制。

三、敏捷制造

1988 年美国通用汽车公司和里海(lehigh)大学一起提出了敏捷制造(AM)的概念。1991 年由里海大学的 Dr.Roger 和 Dr.Rich Dove 为首的百余名专家,向美国国会提交了题为《21 世纪制造企业战略》的报告,报告提出了通过实施敏捷制造战略夺回美国在制造业的领先地位。1992 年,美国成立了敏捷制造企业协会(AMEF),该协会每年均要召开有关敏捷制造的国际会议。目前,美国在该领域处于领先地位,美国已有上百个公司在进行敏捷制造的实践。我国也有一些单位在研究敏捷制造技术。1993 年我国 863/CIMS 主题专家组就开始跟踪研究敏捷制造技术,并结合我国制造企业的实际情况,布置了一系列的研究开发项目。

(一)敏捷制造的概念

敏捷制造是制造业发展战略的一个新的概念,目前世界有不少国家在研究 AM,但尚无公认的定义。美国敏捷制造的提出者认为:AM 被定义为能在不可预测的持续变化的竞争环境中使企业繁荣和成长,并且具有面对由顾客需求的产品和服务驱动的市场作出迅速响应的能力。

敏捷制造是作为替代大量生产的一种新型制造模式,是人们寻求的一种新的制造策略。敏捷制造的目标是建立一种对用户需求作出灵敏快速反应的市场竞争力强的制造组织和活动。敏捷制造有丰富的内涵:

(1)AM 的出发点是多样化,个性化的市场需求和瞬息万变的经营机遇,是一种"订单式"的制造方式。

(2)AM 反映的是制造企业驾驭变化,把握机遇和发动创新的能力。

(3)AM 强调人的积极因素,强调有知识、精技能、善合作、能应变的高素质的员工,充分弘扬人机系统中人的主观能动性。

(4)AM 推行面向产品过程的小组工作方式,企业间有机驱动而形成的动态联盟。

敏捷制造的基本特征是智能和快捷。智能是指利用人的智力、知识、经验和技艺等内在的能力，同时也利用人工智能技术。快捷是指对顾客驱动的市场的响应灵活而快捷。敏捷制造就是根据市场的变化，通过信息交换网络将不同地域、不同企业的制造资源进行组合，以快捷的方式生产市场所需要的产品。

（二）AM 的关键技术

在《21 世纪制造企业战略》中，所描述的 2006 年美国敏捷制造企业模式中，含有 20 多项技能技术。其中最为重要的有：

（1）基础技术——CIM 技术。计算机集成制造（CIM）是敏捷制造的基础技术，CIM 技术是一种组织、管理与运行企业生产的技术，它利用计算机硬件、软件，综合运用现代管理技术、制造技术、信息技术、自动化技术、系统工程技术，将企业生产全过程中有关人、技术、经营管理三要素及其信息流与物流有机地集成并优化运行，以实现产品高质、低耗、快速上市，从而使企业赢得市场竞争。

（2）环境技术——网络通讯技术。企业实施敏捷制造，必须逐步建立企业内部网和企业外部网。利用内部网实现企业内部工作组之间的交流和并行工作，利用外部网实现资源共享、异地设计和异地制造，及时地、最佳地建立动态联盟。

（3）统一技术——标准化技术。标准化技术是实现集成、网络通讯的重要技术之一，首先要作企业内部的产品设计、制造、管理的标准化和规范化，还要充分利用电子技术的有关国际标准，以便进入国际合作大环境，参加国际动态联盟。

（4）虚拟技术——建模和仿真技术。这一部分的关键技术在虚拟制造中已有详述。

（5）协同技术——并行工程技术。并行工程技术是对产品及相关过程（包括制造过程和支持过程）进行并行、一体化设计的系统化技术。

案例链接

思科公司是运用因特网实现虚拟供应链的典范。思科公司通过公司外部网连接零部件供应商、分销商和合同制造商，以此形成一个虚拟的、适时的供应链。当客户通过思科的网站订购一种典型的思科产品如路由器时，所下的订单将触发一系列的消息给其生产印刷电路板的合同厂商，同时分销商也会被通知提供路由器的通用部件，如电源。

同步测试

一、单选题

1. 哪种产品类型最适合流水作业？（　　）
   A. 许多种类的不同的产品　　B. 有限品种的同类产品

C. 少量的同类产品　　　　　D. 大量的不同产品

2. 在根据库存生产的环境下，客户订单通常通过什么去满足？（　　）

A. 可用的产能　　B. 在制品库存　　C. 成品库存　　D. 原材料库存

3. 某厂家在接到客户订单之前，做了很多半成品的库存，等接到客户订单，马上把半成品装配成成品，这是什么生产模式？（　　）

A. 按库存生产　　B. 按定单生产　　C. 按定单组装　　D. 按定单设计

4. 从最初的原材料到成品的最终消费，从始至终相互联结的各环节被称为：（　　）

A. 供应商衡量　　B. 价值链　　　C. 供应商日程安排　　D. 供应链

二、简答题

1. 传统的生产计划与控制模式和供应链管理模式的差距有哪些体现？

2. 供应链管理环境下生产控制的特点有哪些？

三、论述题

目前应用比较广泛的供应链生产管理方式有哪几种？应如何理解这几种管理方式？

四、案例分析

福特和戴尔的供应链区别

福特汽车：

如果你想要买福特某款红色某种规格的车，且希望发动机马力更大一些，但这是不可能的，同顾客一样，经销商也没有办法选择他们要什么车——他们所要做的只是把福特已经设计好并生产出来停放在经销商的停车场的车卖出去——至于顾客真的需要什么，他们一无所知。

戴尔电脑：

与传统的供应链相比，戴尔的供应链主要有两点不同：用户通过戴尔的因特网，根据自己的需求对机器进行在线配置并下订单。

戴尔的供应链中没有分销商、批发商和零售商，而是直接由公司把产品卖给顾客，这样做的好处在于一次性准确快速地获取了订单信息——由于是在网上支付，还解决了现金流问题——戴尔拿到客户支付的现金后再进行生产——无须用自有现金来支持其运转。另外，因为去掉了零售商所赚取的利润，也降低了成本。

其次，戴尔公司采取把服务外包的办法，又降低了一部分运营成本。这样，供应商、戴尔和服务商三者共同形成了一个完整链条。

依靠今天的制造能力，福特也完全可以做到像戴尔一样根据客户需求定制，但他们的供应链管理不一样，更主要的工作也许是在生产之前对市场作长期的预测。

思考与讨论：

1. 为什么福特不能实施基于网络的个性化定制生产？

2. 戴尔供应链管理方式最大的优势是什么？

3. 福特和戴尔就产品特性来说两者之间有什么区别？

项目五　供应链采购管理

内容提要

采购管理在企业经营管理和生产运作管理中是一个十分重要的问题。统计资料显示，在一般制造企业的经营中，物料采购成本占产品总成本的 60%~70%。因此，对一般制造企业采购成本控制的研究尤其重要。通过采购管理降低物料成本是企业增加利润的一个极有潜力的途径。

在供应链运营当中，采购管理的重要性同样十分突出。

本项目重点讨论供应链环境下采购的程序、准时制采购策略、供应商选择的步骤及管理措施等内容。

学习目标

学习完本章后，你将能够：

1. 了解采购的重要性和目标。
2. 理解并掌握供应链采购管理的原理和特点。
3. 掌握供应链管理的采购程序及采购决策。
4. 掌握供应链管理下的准时制采购策略。
5. 理解并掌握选择供应商的步骤及其管理措施

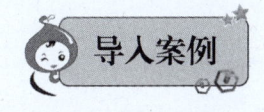

导入案例

沃尔玛的采购管理

沃尔玛是全球最大的零售企业，在 2016 年世界 500 强排名中居于榜首。从 1962 年，山姆瓦顿及其兄弟在阿肯色州的罗杰斯开办第一家沃尔玛（Wal-Mart）折扣店时所提出的极具特色的经营理念"以低廉的价格、热情的服务招徕小城镇的美国人"就已深入沃尔玛灵魂。随着沃尔玛规模的扩大，沃尔玛的经营理念和营销策略得到进一步完善。沃尔玛能取得如此巨大的成功，与其科学的采购管理密不可分，下面，就沃尔玛的采购管理做专门的介绍。

一、商品采购哲学

1. 一站式购物

沃尔玛的采购重点就是尽量给顾客提供一个一次性购足商品的地方。那么公司的采购员是负责将顾客最需要的商品采购到店里来。

2. 商品采购重点

（1）寻找最畅销的商品。采购员采购商品时必须寻找他采购的商品品类中最好、最畅销的产品。

（2）寻找新颖、有"创意"、令人动心的商品。采购员要与供应商合作，寻找具有"创意"、令人动心的商品放到店里来，造成一种令人高兴、开心和动心的效果。

（3）寻找能创造"价值"的商品。要积极去寻找、去发现高质量的商品，而这些商品必须提供一种最好的价格，这种价格要反映商品的最大价值。只有这样顾客才能信任我们。

3. 高素质的人能够造就优秀的商人

沃尔玛的创始人老沃尔顿说过，高素质的人能够造就优秀的商人，因此要积极寻找高素质的人，去培养他们，使他们成为好的商人，而好的商人才能够把好的商品采购到店里来。沃尔玛公司经营哲学和政策之一就是寻找高素质的人，给他们提供机会、培养他们，使他们将好的商品采购到商店里来，为公司创造利润。

二、采购部门主要工作职责

（一）采购总监的工作职责

采购总监负责几个部门的采购。

1. 监管所有的采购决定
2. 负责制定销售计划和毛利预算，对商场的毛利、销售额预算负全面责任
3. 指导部门采购经理，并依靠部门采购经理完成预算

（二）部门采购经理工作职责

1. 负责本部门的毛利率和销售额的预算
2. 指导采购员并依靠采购员完成每年的毛利和销售额的任务
3. 发展与供应商的业务关系

（三）采购员的工作职责

1. 建立商品种类的计划

采购员负责把商品采购进来并出售，一旦商品进来就成为一种义务，因此采购

员采购商品时一定要小心、慎重、有选择性，不能掉以轻心。

2. 负责季节性商品的促销活动

作为采购员应该仔细制定计划，在节假日或一些促销季节应该拿出促销方案。作为促销商品，使用什么方式、如何进行都要充分进行考虑，和供应商商议出一个好的促销方式、促销价格和最佳时间。

3. 负责库存管理

作为采购员，一是要了解、观察自己采购商品的库存情况；二是要尽力提高商品的周转速度和资金的流通率。

4. 负责竞争对手（同行）的调查

采购员应该牢记一点是竞争对手是自己最好的老师。不仅要知道自己采购商品的销售情况，而且要了解对手采购同一商品的销售情况及价格等，做到"知己知彼"。

5. 负责商品的综合分析

采购员对自己采购商品的销售情况要负责分析，哪些好卖，哪些不好卖，不好卖的原因是什么，采取什么措施解决，等等。

（四）采购助理的工作职责

采购助理是协作采购员进行正常营运性的工作、处理一些书面文字，并协助采购员做一些必要的采购决定。他们是采购员的后备力量，也是培养采购员的一种方式，工作需要时他们可以提升为采购员。

总之，采购部门的工作职责是层层负责，采购员要对部门采购经理负责，部门采购经理要对采购总监负责。

三、采购部门的工作内容

1. 深圳沃尔玛购物广场采购部门按商品种类分为三个部门

（1）非食品部：主要有五金、电器等。

（2）成衣部：主要有服装、床上用品类等。

（3）食品部：所有的食品、包括生鲜商品等。

三个部门各自负责自己采购商品的销售和毛利。

在作出商品采购决定前，每一位采购经理和采购员都要认真分析、研究哪些商品在店里是最好销售的，在考虑畅销的同时还要考虑毛利率。毛利率和销售额二者都要兼顾。

2. 选择性商品的采购决定

根据我们的经验发现一个有趣的原则就是80/20原则，就是说80%的销售额是由20%的商品创造的，为此我们要做的事情就是分析这20%的商品是什么，并如何提高这20%商品的销售额。

3. 最低价位

在沃尔玛公司，最低价位是常用的概念。作为采购员应该去发现他所负责的商品从价格角度来讲哪一种是最便宜的、最具竞争力的，并使顾客了解他想买的商品在沃尔玛都有。

4. 让供应商帮助选择商品组合

让供应商帮助选择商品组合，这是沃尔玛常用的方式。将有关信息提供给供应商并与之分享，利用他们对某一类商品熟悉了解的优势，帮助我们进行商品组合。

经过分析研究决定哪些商品要从货架上拿下来，而使别的商品上来。这样也与供应商建立了一种坚实、良好的合作关系。

任务一　供应链采购管理基础认知

采购管理在企业经营管理和生产运作管理中是一个十分重要的问题。通过采购管理来降低物料成本是企业增加利润的一个极有潜力的途径。此外，采购与库存之间有密切的关系，采购管理不当，会造成大量库存积压，导致企业大量资金被占用，相应的管理成本也会增加。同时，采购管理本身的好坏还影响到供货的价格、质量和及时性，进而影响到企业最终产品的价格、质量和销售的及时性。由此可见，采购管理是企业降低成本的重要环节。

一、采购的重要性及目标

（一）采购的重要性

在制造业快速发展的今天，采购作为一个独立的功能要素进入市场平台。高效的采购对于企业优化运作、控制成本、提高质量以及持续性盈利等方面至关重要。随着全球化发展和信息时代的到来，商品更新换代速度加快，生产企业的生产周期缩短，采购逐渐成为企业中常态化的一个工作，"如何降低采购成本"成为每个企业都在探索的问题。这一系列的变化使得采购及其管理的作用上升到一个新的高度。采购对于企业的重要性源于两个方面：费用效益和作业效力。具有采购谈判技巧和良好供应商关系的经理会为他们的组织节省大量的资金。良好的采购实践也避免了作业中出现的问题。

采购管理是供应链企业之间原材料和半成品生产合作交流方面的一座桥梁，它能沟通生产需求与物料供应的联系。在供应链管理模式下，企业外部的价值通过采购环节向企业内部传递，最终传到客户手中。因此，从供应的角度来讲，采购是整个供应链系统中上游的主导控制力量。采购工作要做到即时化，即做到五个恰当：以恰当的时间、在恰当的地点、用恰当的价格、从恰当的来源购买恰当数量的物品。为使供应链系统能够实现无缝连接，并提高供应链企业的同步化运作效率，就必须加强采购管理。

（二）采购的目标

1. 为各部门运营提供支持

传统的采购是通过购买原材料、零部件、配件及服务等满足内部各种工作的运营需求。

2. 采购中应考虑组织的战略目标

高级管理人员在采购中应考虑长远的利益，而不仅仅是减少费用。采购与组织的战略目标息息相关，否则客户服务水平就可能下降。

3. 采购的九项细化目标

其分别为：提供一个不中断的原料流、供给流和服务流；使库存投资和损失达到最小；维持适当的质量标准；发现或培养合格的供应商；无论何时何地，只要可能，对购买的东西要求标准化；以最低的价格购买必要的物品和服务；改进组织的竞争地位；采购工作应该与组织的其他部门相协调；以尽可能低的管理费用实现采购的目标。

二、采购管理的内容、类型及原则

（一）采购管理的内容

采购是企业从外部市场获取资源的过程。企业采购管理主要针对有形产品即原料、辅助材料、半成品、零部件、成品、设备及无形产品（如咨询服务、技术等）采购过程进行计划、组织、协调、监督和控制等过程。其主要任务体现在：确保企业所需物料和服务的供应，使整个组织正常运转；使库存投资和损失保持最低限度，保持并提高质量；能够从市场上获得进行物资采购和生产经营决策的相关信息；与供应商建立长期友好的战略合作伙伴关系，建立稳定的资源供应关系，使得采购物资标准化。采购管理涉及市场、制度、组织、价格、合同、战略、流程和质量等几方面的内容。

1. 采购市场研究

系统收集、分类和分析所有影响企业获取相关原材料及服务的相关因素，它是企业获取资源必不可少的活动，是制定采购策略的重要因素。

2. 采购策略制定

采购策略的制定是采购工作得以顺利进行的前提，通过制定策略来规范采购程

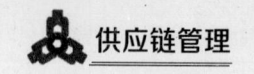

序、采购人员行为，使采购运行机制更为科学化、合理化。其采购制度主要包括采购工作管理目标、供应商选择制度、价格管理制度、采购作业制度等。

3. 采购组织管理

采购部门是企业为了完成其采购任务，保证生产经营活动的顺利进行而组建的团队。采购组织的形式应根据采购策略及采购方法进行灵活的变通，这是采购组织管理的重要内容。

4. 采购价格管理

采购价格管理作为采购管理最核心的部分之一，它通过各项准备工作最终选取一个最优的采购价格，然后根据这个价格进行谈判，签订合同，最后达成交易。

5. 采购合同管理

采购合同是需求方向供货厂商采购货物时，按双方达成的协议所签订的具体法律效力的书面文件，它确认了供需双方之间的购销关系和权利与义务。

6. 采购战略管理

采购战略是指采购管理部门在现有采购理念的指导下，为实现企业的战略目标，提供供应环境分析，对采购管理工作进行长期谋划和决策，主要包括采购品种战略决策、供应商战略决策、采购方式及选择、跨国采购战略等。

7. 采购流程管理

为了使采购流程科学化、合理化、透明化，必须对采购流程实施全面监控管理。

8. 采购质量管理

采购质量主要是指采购部门或人员在进行产品的采购时，满足企业生产运作要求的特征和特性的总和。实际上，采购的工作质量贯穿于采购的整个过程，它表现为保证采购产品质量的稳定和提高采购产品质量的保证程度。

9. 供应商管理

选择供应商是采购中至关重要的一环。选择和评价现有供应商、挖掘潜在供应商、是否与供应商发展长期合作关系等这些问题应该在企业供应商管理中找到标准和答案。

（二）采购的类型

1. 按照采购主体的不同，可分为企业采购和政府采购

（1）政府采购是指各级国家机关、事业单位或团体组织，使用财政性资金采购依法制定的集中采购目录以内的或者采购限额标准以内的货物、工程和服务的行为。

（2）企业采购的主体是企业，企业采购通常采购数量较多，采购市场范围较宽，对于采购活动的要求也较为严格。企业采购首先需要对供应商进行评价与选择，再按照企业所需采购的原材料的品种、质量及需求规律进行采购各个环节的深入研究与科学操作，确保采购的顺利进行。

2. 按照采购对象的不同,可分为物品采购、工程采购和服务采购

采购的对象既包括各个实体对象,如产品、设备等各种物品,以及房屋、建筑物、市政及环境改造等工程,还包括各种非实体对象,如各类服务等。

3. 按照采购的地域市场不同,可分为国内采购和国际采购

(1) 国内采购是将采购市场选择在国内,在国内寻找供应商、寻求采购对象及相应物流系统。掌握国内采购流程和业务是采购工作的基础。

(2) 国际采购又称跨国采购、全球采购,是指利用全球资源,在全球范围内寻找供应商、寻找质量好、价格合理的产品、工程和服务。全球采购是企业采购的重要发展趋势,企业应着眼于全球市场,以最低的成本达到最高的质量和效益。

4. 按采购的模式不同,可分为招标采购、询价采购、电子采购、准时制采购等

(1) 招标采购是指采购方作为招标方,事先提出采购的条件和要求,邀请众多企业参加投标,然后由采购方按照规定的程序和标准一次性的从中择优选择交易对象,并与最有利条件的投标方签订协议的过程。

(2) 询价采购是指询价小组(由采购人的代表和有关专家共 3 人以上的单数组成,其中专家的人数不得少于成员总数的三分之二)根据采购需求,从符合相应资格条件的供应商名单中确定不少于三家的供应商向其发出询价单让其报价,由供应商一次报出不得更改的报价,然后询价小组在报价的基础上进行比较,并确定最优供应商的一种采购方式。

(3) 电子采购是在电子商务环境下的采购模式,主要有网上招标、网上采购和网上招标、网下采购两种模式。

(4) 准时采购又叫 JIT 采购,其基本思想是在恰当的时间、恰当的地点、以恰当的数量、恰当的质量采购恰当的物品。

5. 根据采购组织形式的不同,分为集中化采购、分散化采购和混合化采购

(1) 集中化采购是指由企业的采购部门全权负责采购企业生产和经营中所需的物料和产品,其他部门均无采购权。

(2) 分散化采购是指由各单位自行设立采购部门负责采购工作,以满足生产需要。分散化采购针对性强,决策效率高,权责分明,有较强的激励作用。特别适用于市场资源有保证、易于送达、物流费用较少的物品。但是,如果管理失控,将会造成供应中断,加大采购成本,影响生产活动的正常进行。

(3) 混合化采购是指将集中化采购和分散化采购组合成的一种新型采购制度。

(三) 采购管理的原则

企业采购过程是生产者市场营销过程,涉及产品/服务和人员很多,其中至少涉及五类人员:采购的发起者,起鼓动购买作用;物品的使用者,起推荐选型作用;实际购买者,起实施购买行为、完成购买过程等作用;采购的决策者,对采购项目、采购方案、采购程序等起决策拍板作用；采购的影响者，起影响采购决策、采购行为、采购结果的作用。在企业采购过程中，在注重"确保质量，降低成本，提高效率"三大主题的基础上，做到注重市场环境的基础研究，做到企业战略和目标先于采购行为；要将个人关系同企业采购关系严格区分开来，量化采购指标，避免不清晰的决策；要能运用采购推动企业技术创新工作。

1. 质量第一原则

所采购的原材料、零部件等的质量、性能既能满足企业的使用要求，又能达到国内外产品市场竞争的质量水准，以采购原材料、零部件的质量性能保障企业产品的质量与性能。一个企业采购部门先要做的是建立质量控制体系，让每个人都为质量负起责任。一旦质量体系建立并运作起来，还要在运输过程中加强管理。例如，在装船前进行商品检验，可以亲自检验，也可通过独立的第三方进行检验。如果产品有安全方面的要求，比如任何与电有关的产品，都应请第三方做试验，等拿到了检验报告后再决定是否装船启运。

2. 成本底线原则

一个企业应当在追求提高公司所购买的产品和服务的性能价格比的基础上，满足用户的要求，向其提出有益的、可获利的建议。为了达到这一目标，采购部门应当提出现有产品设计、所使用原料或部件的备选方案和备选的供应商，从而改善企业的采购成本的底线。

3. 价格最优原则

在保证质量性能的前提下，通过比价、限价、招标采购等方式确定价格最优惠的供应商，综合其他因素确定最优采购方案。

4. 程序科学原则

采购程序科学合理，能够体现增值服务的需要，又能对采购行为实施相关监督。供应商要具备完善的增值服务体系，能提供准时、方便、周到、快捷的物流增值服务，能够满足企业市场竞争的需要。采购者要按照采购程序、规程进行，接受采购过程的监督，避免违法违纪情况发生。

5. 信誉最佳原则

通过信誉准则考察供应商，力争与信誉良好的供应商建立和保持长期稳定的合作关系。

6. 集中采购原则

对企业采购量大、价格高的物品，可以采用集中一人主体进行采购，这样一次采购的量大，可获得采购规模经济和范围经济的益处，从而争得采购战略优势。

面对全球化物流发展，企业应树立全球化采购的思想，在保质量、降成本的前提下，提高企业市场竞争力。

三、供应链管理环境下采购特点

(一) 传统采购管理

传统采购是企业一种常规的业务活动过程,采购方与供应商经过洽谈后,下达采购订单,供应商将采购订单转换成客户订单,制定相关计划安排生产。在此过程中,采购方需要对供应商的生产制造活动进行跟踪监督,甚至派出驻厂代表。供应商生产完工后进行质量检查,先储存在自己的仓库,到达交货时间后将货物交至采购方。采购方接收货物,检查后入库,待到有合适的生产活动再将货送至生产部门。

传统采购存在市场信息不灵、库存量大、资金占用多、库存风险大的不足,经常可能出现供不应求的情况,影响企业生产经营活动正常进行,或着库存积压、成本居高不下,影响企业的经济效益。

在传统的采购管理中,常见的问题主要有以下六种:

(1) 没有将采购管理上升到战略高度。例如没有将采购策略和合作伙伴的选择的评估标准作为企业整体战略中的一部分,不与供应商(战略合作伙伴)共同进行新产品的开发。

(2) 没有明确的采购战略,缺乏对采购需求的分析、供应商管理和采购布局等。

(3) 只关注低价,而忽视战略伙伴关系和互赢与激励的合作机制的建立。

(4) 集团企业处于分散采购中,而忽略了整体利益的最大化。

(5) 缺乏有效的工具和信息平台进行采购的跟踪、评估、分析和智能化决策。

(6) 传统采购只注意了组织内部的作业,而忽略了外部资源,这在日益意识到外部资源重要性的今天,显得尤为落后。

(二) 供应链采购管理

供应链采购是指供应链内部企业之间的采购。供应链内部的需求企业向供应商企业采购订货,供应商企业将货物供应给需求企业。

供应链采购与传统采购相比,物资供需关系没变,采购的概念没变。但是,由于供应链各个企业之间是一种战略伙伴关系,采购是在一种非常友好合作的环境中进行,所以采购的观念和采购的操作都发生了很大变化。

(1) 库存问题:在传统管理下的采购模式中,各级企业都无法共享库存信息,不可避免地产生需求信息的扭曲现象;在供应链管理模式下,供应与需求双方可以共享库存数据,采购决策过程变得透明,减少了需求信息的失真现象。

(2) 风险问题:供需双方通过战略性合作关系,双方可以降低由于不可预测的需求变化带来的风险,比如运输过程的风险、信用的风险和产品质量的风险等。

(3) 合作伙伴关系问题:通过合作伙伴关系,双方可以为制定战略性的采购供应计划共同协商,不必为日常琐事消耗时间与精力。

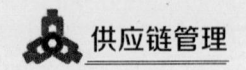

(4) 降低采购成本问题：由于避免了许多不必要的手续和谈判过程，信息的共享避免了因信息不对称决策可能造成的成本损失。

(5) 准时采购问题：战略协作伙伴关系消除了供应过程的组织障碍，为实现准时化采购创造了条件。

表 5-1 供应链采购与传统采购的区别

项目	传统采购	供应链采购
基本性质	基于库存的采购	基于需求的采购
	需求方主动型、需求方全采购操作的采购方式	供应方主动型、需求方无采购操作的采购方式
	对抗型采购	合作型采购
采购环境	对抗竞争环境	友好合作环境
信息关系	信息不通、信息保密	信息传输、信息共享
库存关系	需求方掌握库存	供应商掌握库存
	需求方设立仓库、高库存	需求方可以不设仓库、零库存
送货关系	大批量少频次进货	供应商小批量多频次连续补充货物
双方关系	供需双方关系敌对	供需双方关系友好
	责任自责、利益独享、互斥性竞争	责任共担、利益共享、协调性配合
货检工作	严格检查	免检

供应链管理下采购的特点：

(1) 从采购管理转变为外部资源管理。

在供应链管理模式下，采购管理不但加强内部资源的管理，还转向对外部资源的管理，加强了与供应商在信息沟通、市场应变能力、产品设计、产品质量、交货期等方面的合作，真正实现零库存，达到双赢的目的。

(2) 从为库存而采购转变为为订单而采购。

在供应链管理的模式下，采购活动是以订单拉动生产的方式进行的。即生产订单是在用户需求订单的拉动下产生，生产订单拉动采购订单，采购订单再拉动供应商。这种准时化的订单拉式控制策略，使物流系统得以快速响应用户的需求，从而提高了物流的速度和库存的周转率，降低了库存成本。

(3) 从一般买卖关系发展成战略协作伙伴关系。

在供应链环境下，供应商与生产企业从一般的短期买卖关系发展成长期合作伙伴关系直至战略协作伙伴关系，采购决策变得透明，双方为达成长远的战略性采购供应计划而共同协商，从而避免了因信息不对称造成的成本损失。

（4）采购管理注重整体性和动态性。供应链上的各节点企业及企业内部各功能部门都是供应链上的重要环节。只有将各节点看成一个整体，共同努力才能实现供应链效率最优化和供应链总成本最低化。采购作为供应链上游重要控制环节，根据企业内外环境的变化，通过信息共享，将企业与供应商对接，优化采购流程，实现企业对物流、信息流、资金流的集中管理。

四、现代采购模式

（一）现代采购模式的种类

企业的采购方式是多种多样的，目前广泛应用并具有极大发展空间的现代采购模式包括集中化采购、分散化采购、电子采购、JIT 采购、MRP 采购和应急采购等。

1. MRP 采购

MRP 称为物料需求计划，它根据主生产计划、产品结构文件和库存文件推算出企业所需采购的原材料和零部件，从而制定采购计划；它以需求分析为基础、以满足生产需要为目的。

2. 应急采购

应急采购是一种新兴的采购模式，通常是指在救灾抢险、战时动员等紧急状态下，为完成紧迫任务而进行的采购活动。应急采购具有采购任务的不确定性、采购程序的高效性、采购管理的规范性等特点。

（二）现代采购模式的特点

现代采购模式集成了电子采购技术、供应链管理思想并与物流业务紧密结合在一起。现代采购模式的特点有以下几方面：

（1）采购目标服务于供应链管理需要，能够满足订单需求，形成拉式供应链管理。

（2）采购手段基于电子信息商务技术，能够准确响应供应链要求，形成供应商管理库存等供应链管理模式。

（3）采购过程规范、透明和制度化，便于进行监督。

（4）采购内容与业务量化，能够支持并满足企业 ERP 采购、JIT 采购等要求。

（5）采购管理延伸到外部资源管理，对多级供应商进行监控。

（6）供应链管理信息共享。在库存信息共享、供应采购信息共享条件下，可以提高采购效率、质量并降低成本。

五、基于供应链的采购管理模型

图 5-1 为基于供应链的采购管理模型。

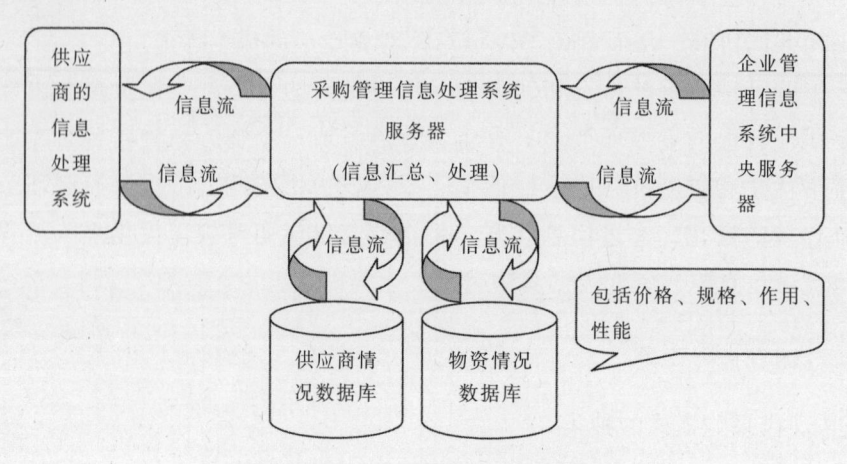

图 5-1 基于供应链的采购管理模型

在该模型中，采购部门负责对整个采购过程进行组织、控制、协调，它是企业与供应商联系的纽带。生产和技术部门通过企业内部的管理信息系统根据订单编制生产计划和物资需求计划。供应商通过信息交流，处理来自企业的信息，预测企业需求以便备货，当订单到达时按时发货，货物质量由供应商自己控制。这个模型的要点是以信息交流来实现降低库存，以降低库存来推动管理优化，畅通的信息流是实现这个模型的必要条件。

（一）采购管理中的信息交流

设计一个适合于企业的信息处理系统是实现畅通的信息交流的关键，一般将此系统分成信息交流系统和对外信息传递系统。

1. 内部信息交流系统

关于信息处理系统的解决方案有很多，但它们对采购管理的关注却很少，有的系统甚至不支持采购管理信息的处理。现有的 MRP 或 MRP II 以及现在流行的 ERP 系统都不能很好地支持基于供应链的采购管理，甚至缺乏专门为采购管理设置的数据库。因为，它们只考虑如何合理地应用企业内部的资源来提高效率、降低成本，而没有考虑应用企业外部资源来创造价值。也有一些专用的采购管理信息处理系统，但它们多是独立于其他系统之外的一个独立系统，没有很好地和企业的其他系统集成起来。

采购信息处理系统与企业管理信息系统的中央服务器连接。中央服务器为采购管理子系统提供物资需求信息和库存信息（在实现零库存后此信息将不被提供）。采购管理子系统将对信息进行汇总、加工、分析、处理，根据物资情况数据库和供应商情况数据库，生成对供应商的联系单（"联系单"是一种供应商与企业协商制订的信息交流标准）。联系单中包含有物资需求情况、参考价格、供货要求等信息。供应商将处理此联系单，并回复一个联系单。回复联系单中包含预备供货信息、供货价格等信息。回复联系单中内容被确认后，将传送到中央服务器再转送到各相关部门，再由相关部门提出意见。意见被汇总到中央服务器，传送至采购管理信息处理系统，系统生成联系单发给供应商。如此往复，直至采购过程完成为止。当采购完成时，系统将把采购过程中供应商的有关信息汇总储存于供应商情况数据库中，同时根据交易物资情况更新物资情况数据库。

2. 对外信息传递系统

信息技术的发展为企业与外界的信息交流提供了很多平台，Internet 和传真已被广泛应用到商业信息传递中，也产生了不少模式，EDI 是一种应用较为广泛的模式。EDI 是一种电子数据交换规范，联系双方使用同一种规范进行数据编辑和传递，利用企业之间的计算机网络来传递信息。它的特点是传递信息快、种类多、保密性好。但其费用昂贵，不适合中小型企业使用。所以，提倡使用 E-mail 来与供应商传递信息。因为从效果来看，这种途径可以满足信息传递的需要，而价格要比 EDI 低很多。应注意的是，为防止商业秘密外泄，邮件在传递过程中有必要加密。

为供应商提供信息技术的支持是必要的，因为信息平台的使用是要双方同时进行才可实现的，而且平台的兼容性是不得不考虑的内容。因此，要为供应商提供良好的信息技术支持，并保持在此领域的交流，以求整个系统的稳定。

(二) 供应链中核心企业的建立

供应链中的核心企业是供应链得以维持的核心力量，它是供应链中各种"游戏"规则的制定者和执行者。因此供应链的核心企业是此供应链的"领航员"，是领导者。多数情况下最终产品的制造商一般都会成为供应链的核心企业，但也有例外的情况。当最终产品的制造商的实力比较小，不足以对供应商形成约束，供应商就会成为供应链的领导者。当供应商所处的行业是受政府保护的行业时，往往由于政策导向的影响，供应商也会在供应量中处于领导地位。这两种情况在现实中是普遍存在的，特别是前一种情况，常常出现于新生行业中。新生行业中企业普遍实力较小，但却要依靠一些已经成熟的行业中的企业来提供原材料，而那些成熟行业多已处于寡头垄断的地位，企业实力强，市场份额分配较为稳定，一两家小型企业的行为不足以影响市场格局。因此成熟行业中的"大"企业往往会要求其他"小"企业遵守它的规则行事，因此这种情况下，供应链会被供应商所控制，采购行为的主动权也掌握在供应商的手中。这也是为什么大型企业在建立基于供应量的采购管理是容易取得成功的主要原因，所以要建立基于供应链的采购管理必须考虑自己企业所处的行业现实情况。但不是说中小企业不能建立供应链，不能成为供应链的领导者。

(三) 与供应商的长期契约的制订

传统采购管理的过程控制是以企业监督、以合同为考核标准来进行控制的。这种控制过程需要在每次采购之前签订一个购销合同，此合同必须尽量考虑到过程中会发生的任何情况，这是很难做到的。

基于供应链的采购管理中的过程控制是基于长期契约来进行的。这种长期契约与传统合同所起的那种约束功能不同，它是维持供应链的一条"纽带"，是企业与供应商合作的基础。它提供一个行为规范，这个规范不但供应商应该遵守，企业自己也必须遵守。它应该包含以下内容：

1. 损害双方合作的行为的判定标准，以及此行为要受到的惩罚

企业与供应商的长期合作是实现基于供应链的采购管理的基础。任何有损于合作的行为都是有害的，不管此行为是供应商引起的还是企业自己引起的。因此，对这种行为的判定和惩罚是契约的必要组成部分。

2. 激励条款

对供应商的激励是能否使供应商参与此供应链的一个重要条件。为供应商提供只有参与此供应链才能得到的利益是激励条款必须表现的。此外激励条款应包含激励供应商提高包括质量控制水平、供货准时水平和供货成本水平等业务水平的内容，因为供应商业务水平的提高意味着采购过程更加稳定可靠，而且费用也随之降低。

3. 与质量控制的相关条款

在基于供应链的采购管理中，质量控制主要是由供应商进行的，企业只在必要时对质量进行抽查。因此，关于质量控制的条款应明确质量职责，还应激励供应商提高其质量控制水平。对供应商实行免检，是对供应商质量控制水平的最高评价。契约中应指出实行免检的标准，和对免检供应商的额外奖励，以激励供应商提高其质量控制水平。

4. 对信息交流的规定

供应链企业之间任何有意隐瞒信息的行为都是有害的，充分的信息交流是基于供应链的采购管理良好运作的保证。因此，契约应对信息交流提出保障措施，例如规定双方互派通信员和规定每月举行信息交流会议等，防止信息交流出现问题。

此外还应该强调的是，契约应是合作双方共同制定的，双方在制定契约时处于相互平等的地位。契约在实行一段时间后应考虑进行修改，因为实际环境会不断变化，而且契约在制定初期也会有不合适的地方，一定的修改和增减是必要的。

这个基于供应链的采购管理模型利用现代信息技术的成果解决了供应链中核心企业与供应商之间的联系问题。通过契约的约束企业和供应商之间的合作也有了保障。此模型适合于大多数企业，但要指出的是企业在实施这种采购管理模式时要根据自身的情况灵活实施。

任务二 采购程序与采购决策分析

一个企业要保持竞争力，就不得不和其供应链上的合作伙伴相互合作来提高供应链整体绩效。随着全球化和企业间相互依赖的增加，零部件和服务的外部采购有着稳定的增长，这将导致企业越发重视采购功能和其相关决策过程。

一、采购程序分析

由于企业类型不同、采购产品不同，采购的具体流程也不尽相同，有6个主要的采购流程步骤（参见图5-2）：

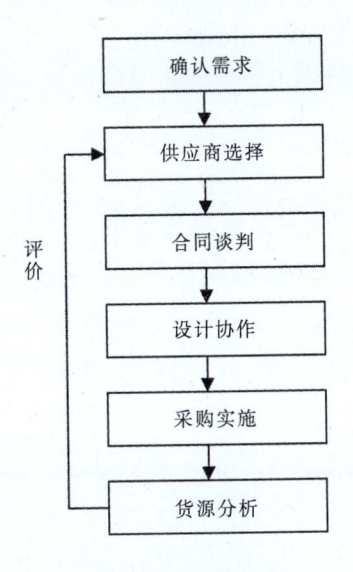

```
        确认需求
           ↓
    ┌→  供应商选择
    │      ↓
  评价   合同谈判
  价      ↓
    │   设计协作
    │      ↓
    │   采购实施
    │      ↓
    └─  货源分析
```

图 5-2 采购作业流程

1. 确认需求

确认需求可能是物料需求计划系统提出的设备订购要求，也可能是通过 EDI（电子数据交换）系统签订的，并经过了供需系统的评价。一旦启动了采购需求，其他步骤则紧随其后。主要决策包括是自制还是外购，依据所采购的物料是否是完成品或半成品，一个公司将决定应该是内部生产或外部采购；品种决策，即确定采购物品的品种规格以及功能要求；采购量决策，即确定计划期内的采购总量；订购批量决策，即确定一次订购的数量和批次；采购时间决策，即确定订购周期，即两次订购的时间间隔和进货时间。

2. 供应商选择

供应商的选择是采购决策的一项重要内容，任何一个企业的产品制造都需要供应商为其提供原材料或零部件。鉴别供应商的复杂性依赖于采购的类型即新的购买、简单的重新购买或者部分重新购买，也依赖于购买的产品和服务。供应商数量的选择分为两种：一种是无约束供应商选择，即所有的候选伙伴都能满足买方在数量、质量和交付等方面的要求，买方只需确定哪一个供应商是最优的，这就是所谓的单方采购。另一种是有约束供应商的选择，即任何一个供应商都无法独立完成所有要求，因此不仅要确定哪些供应商是最优的，而且要确定对这些入选供应商的采购订单数量分配，这就是多方采购。许多企业对某些重要材料过于依赖同一家供应商，这种情况导致供应商常常能左右采购价格，对采购方施加极大的影响。这时采购方已落入供应商垄断供货的控制之中，企业只有唯一的一家供应商；此时，采购方处在进退两难境地，因为更换供应商的转换成本太高。对于采购商而言，要尽可能避免出现这种情况的发生。这就要求采购商在采购同种商品时，尽可能选择多家供应商。

3. 合同谈判

为制定协议做准备和实施与供应商的谈判，包括采购合同的期间，是长期合同还是短期合同；进货方式谈判，即确定物流配送还是自行提货等；采购价格谈判，即确定合理的价位，并考虑折扣等优惠条件。一般来讲，采购商根据需求提出最佳采购数量，供应商为了使采购商采购更多的数量和基于运输等方面的考虑，制定出各种类型的数量打折。所以，采购商要根据供应商提供的数量打折政策重新优化采购数量。概括起来讲有三种类型的打折，即全额数量折扣、超额数量折扣、总价值折扣。全额数量折扣是一种累加型价格打折，即指当定货数量超过一定的数量，所有产品全部打折；超额数量折扣是指当定货量超过一定的数量，超额部分打折；总价值折扣是近几年发展起来的一种根据订货的总价值进行综合打折的一种办法。

4. 设计协作

合同签订是买卖双方谈判实现双赢的结果，以符合法律规范的书面形式确定下来，明确双方的权利、义务以及违规的处理。合同签订之后，采购商和供应商还要紧密的协作及时沟通，使所采购的产品满足质量标准和要求规格。设计协作指供需双方，采购部门与供应部门内部，以及与其他生产、研发、财务销售等部门的各业务环节都要建立良好的协作关系，相互协调、密切合作才能保证供应质量，保证企业生产的顺利进行。为此，采购部门在与供应商的关系处理中要重合同、守信用。注意双方的经济利益，在双赢中建立长期的合作关系在企业内部则应想生产之所想，急生产之所急，用全心全意生产服务的观念来处理部门之间的关系。

5. 采购实施

这个过程主要包括确定采购的人员决策。企业规模大小不同，参与采购的人员构成差异很大，一般的企业都有采购部门，将所需采购的物品分成若干大类，如五金、化工、金属、非金属、办公用品等，由各组分工把关采购。但购买生产装备，涉及技术问题和大额投资时，除了专业采购人员外还需要技术人员、管理人员、使用人员，乃至最高主管的参与，以做出投资上的重大决策。签约订货之后，根据合约规定，督促厂商按规定交运，并予以严格检验入库；供应商交货验收合格之后，即开具发票。要求付清货款之时，对于发票的内容是否正确，应先经采购部门核对，然后由财务部门办理付款；凡厂商所交货品与合约规定不符而验收不合格者，应根据合约规定退货。采购部门要加强与供应商的联系，督促按期交货，对出现的质量、数量、到货时间等问题要及时交涉，同时要与企业内部的其他部门密切配合，为顺利执行合同做好准备。

6. 货源分析

采购原料投入使用后，采购部门要与使用部门保持联系，掌握使用情况、使用效果以及服务水平，并考察各供应商的履约情况，以对供应商进行绩效评价。公司要努力评定其全部采购过程的有效性，是从一个供应商处订购一批零部件或服务，还是在多于一个供应商处的订货，这时就要考虑供应商绩效评价问题了。

7. 评价采购活动和供应商

当一次交易完成后采购者应该与供应商协商以避免以后出现同样的问题。当多次交易不能满足要求时，采购者应该寻求新的供应商。

一般情况下，只有采购流程2、5、6与采购部门的主要职责一致，由采购部门完全负责。至于其他过程，至少要有一个以上其他部门参与。市场部门和战略规划部门要参与确定需求决策过程；战略规划部门和供应商的销售部门参与合同谈判过程；买卖双方的技术部门要参与到设计协作过程。采购过程的有效管理对于工业企业来说是极其重要的，它的外部采购成本构成了它们的运作成本的重要部分，例如高科技企业，采购的服务和产品成本占据了最终产品总成本的80%以上。

采购决策是供应链管理中一项重要决策。现在一种新的采购模式——电子采购不仅可以更好地完成上述步骤，而且还使采购流程更有效率、更方便、更加规范，进一步降低采购成本。

二、采购决策分析

采购决策是指根据企业经营目标的要求，提出各种可行采购方案，对方案进行评价和比较，按照满意性原则，对可行方案进行抉择并加以实施和执行采购方案的管理过程。采购决策是企业经营管理的一项重要内容，其关键问题是如何制订最佳

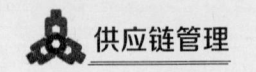

的采购方案，确定合理的商品采购数量，为企业创造最大的经济效益。

（一）采购决策的特点

采购决策是企业决策中的重要组成部分，它具有以下特点：

1. 预测性

指对未来的采购工作做出推测，应建立在对市场预测的基础之上。

2. 目的性

任何采购决策的目的都是为了达到一定的采购目标，如降低采购成本等。

3. 可行性

指选择的决策方案应是切实可行的，否则就会失去决策的意义。

4. 评价性

评价性是指通过对各种可行方案进行分析评价，选择满意方案。

（二）采购决策的作用

企业在生产经营活动中面临着大量的决策问题，决策是管理者花费时间和精力最多的工作之一。科学的决策可以把握正确的经营方向，趋利避害、扬长避短，对于提高企业的生存和竞争能力具有积极的作用。采购决策除了具有规避风险、增强活力等一般作用之外，还可以发挥以下重要作用。

1. 优化采购活动

采购活动对生产经营工程、产品成本和质量等产生重要影响，为了保证企业各项目标的实现，必须推进采购活动的优化，实现采购方式、采购渠道、采购过程的最优化，提高采购资源的最佳配置。

2. 实现准时化采购

为了满足即时生产的需要，应实行准时化采购，而合理的采购决策则使准时化采购成为可能。

3. 提高经济效益

在产品的规格、质量、服务等一定的情况下，准确采购可降低进价、减少库存、降低各种费用的支出，使企业获得更大的利润，提高企业的竞争力。采购活动受到诸多因素的影响，它们之间存在特定的关系，任何一种因素处理不好，都可能影响经济效益的提高。

（三）采购决策的程序

采购决策关系到采购工作的质量，是一项复杂的工作，必须按照一定的程序来进行，基本程序如下所述。

1. 确定采购目标

根据企业的总体经营目标，确定企业的采购目标。企业采购的总目标是实现及时准确的采购，满足经营的需要，降低采购费用，提高经济效益。根据采购总目标，可制定采购的具体目标,如订购批量目标、订购时间目标、供应商目标、价格目标、交货期目标等。

2. 收集有关的信息

信息是采购决策的依据,信息的可靠性决定采购决策的正确性。信息按来源不同分为外部信息和内部信息。

(1) 企业外部信息包括以下内容:

① 宏观的法律、经济政策;

② 货源的信息;

③ 科技信息;

④ 运输方面的信息;

⑤ 有相同需求的同行情况。同行从哪里采购、进价多少、是否有更经济的材料、能否联合采购以降低进价等。

(2) 企业内部信息包括以下内容:

① 物资需求情况。根据销售计划、生产计划制定需求计划,再结合库存情况,制定采购计划;

② 库存情况。如企业库存能力如何、库存费用多少、现有商品库存状况;

③ 财务情况。如是否有充足的采购资金、采购资金的周转速度和筹集状况;

④ 本企业采购队伍情况。包括采购人员的敬业精神、综合素质、合作精神等。

3. 拟定实现目标的多个可行性方案

结合企业内外部信息,拟定出多个备选方案。

4. 选择满意的方案

针对以上各种方案,综合分析,选择满意方案。方案的选择问题是一个对各种可行方案进行分析评价的过程。具体的评价标准因企业不同以及企业外部环境不同而异。实际工作中,即使市场行情一定,不同类型的企业也会根据自身条件,采用不同的评判标准。满意的方案不一定是赢利最大的方案,而是对企业最有利、最可行的方案。

采购决策的内容很多,包括供应商的选择、采购渠道的选择、采购商品的品种、规格和质量的选择。不同的决策内容如采购时机、采购批量、采购价格等的决策,有不同的决策方法。采购决策的方法很多,有定量决策的方法,也有定性决策的方法。主要有采购人员估计法、期望值决策法、经理人员意见法、数学模型法和直接观察法。

(1) 采购人员估计法。这种方法是召集一些采购经验较丰富的采购人员,征求他们对某一决策问题的看法,然后将他们的意见综合起来,形成决策结果。

(2) 期望值决策法。这种方法是根据历史资料来进行决策。

（3）经理人员意见法。这种方法先征求部门经理的意见，再做出决策。如果企业要选择合适的供应商，可采用经理人员意见法。具体步骤是：①征求采购、生产、技术、销售、财务等各部门经理人员意见，各经理按自己的标准给予不同评分。②汇总，按评分淘汰一部分供应商。③让各经理对剩下的供应商打分。④经多次反复，直到选择合适的供应商。此种方法需多次反复，耗费时间，可行性差。

（4）数学模型法。如果企业为了达到采购存储总费用最低的目的，就必须用经济批量模型计算最佳采购批量。值得注意的是，采用数学模型一定要注意使用条件。

（5）直接观察法。采购部门的决策者在对简单问题决策时，按一定的标准或按关键采购标准，淘汰不符合标准的方案，对符合标准的方案按优劣顺序及可行性排列，选择满意方案。

总之，根据决策问题的特点，选择一种方法或几种方法结合起来，能提高采购决策的正确性，减少采购风险。

5. 实施与反馈

有了采购目标和满意的采购方案，还要制定具体的实施细则，以使采购方案得以实施。同时，还应注意收集、整理方案在实施过程中出现的新情况和新问题，进行必要的调整，以保证采购目标的实现。

最后，对采购方案的实施进行检查和分析。在实施与反馈过程中，应将实际执行情况与原定决策目标进行比较。

任务三 供应链管理环境下准时采购策略分析

一、准时采购的基本思想及意义

（一）准时采购的基本思想

准时采购又称为 JIT 采购法，它是从为了消除库存和不必要的浪费而进行持续性改进的准时生产发展而来的。其基本思想是：彻底杜绝浪费，在恰当的时间（Right Time）、恰当的地点（Right Place），从恰当的来源（Right Source），以恰当的价格（Right Price）购买恰当数量（Right Quantity）、恰当质量（Right Quality）的恰当物品（Right Goods）。要进行准时化生产必须有准时的供应，因此准时化采购是准时化生产管理模式的必然要求，它和传统的采购方法在质量控制、供需关系、供应商的数目、交货期的管理等方面有许多不同，其中关于供应商的选择（数量与关系）、关于质量控制是其核心内容。这种采购方式追求"零库存"的需求拉动模式，降低了库存成本，提高了物流的速度和库存周转率。

（二）准时采购对供应链管理的意义

准时采购对于供应链管理思想的贯彻实施有着重要的意义。供应链环境下的采购模式和传统采购模式的不同之处在于采用订单驱动的方式。订单驱动使供应与需求双方都围绕订单运作，也实现了准时化、同步化运作。要实现同步化运作，采购方式就必须是并行的，当采购部门产生一个订单时，供应商即开始着手物品的准备工作。与此同时，采购部门编制详细采购计划，制造部门也进行生产的准备过程，当采购部门把详细的采购单提供给供应商时，供应商就能很快地将物资在较短的时间内交给用户。当用户需求发生改变时，制造订单又驱动采购订单发生改变，这样一种快速的改变过程，如果没有准时的采购方法，供应链企业将很难适应，因此，准时化采购增加了供应链的柔性和敏捷性。

综上所述，准时化采购体现了供应链管理的协调性、同步性和集成性，供应链管理需要准时化采购来保证供应链的整体同步化运作。

二、准时采购的特点

准时采购与传统的采购方式有许多不同之处，其主要表现在如下几个方面，见表 5-2。

表 5-2 准时化采购与传统采购的区别

项目	准时化采购	传统采购
采购批量	小批量、送货频率高	大批量、送货频率低
供应商选择	长期合作、单源供应	短期合作、多源供应
供应商衡量	质量、交货期、价格	质量、价格、交货期
续表检查工作	逐渐减少、最后消除	收货、点货、质量验收
协商内容	长期合作关系、质量和合理价格	获得最低价格
运输	准时送货、买方负责	较低的成本、卖方负责
文书工作	文书工作少、需要有能力改变交货时间和质量	文书工作大、改变交货期和质量的采购单多
产品说明	供应商革新、强调产品性能	买方关心设计、供应商没有创新
包装	小、标准化容器包装	普通包装、没有特别说明
信息交流	快速、可靠	一般要求

（一）采用较少的供应商，甚至单源供应

传统的采购模式一般是多头采购，供应商的数目相对较多。从理论上讲，采用

单供应源比多供应源好，一方面，管理供应商比较方便，也有利于降低采购成本；另一方面，有利于供需之间建立长期稳定的合作关系，质量上比较有保证。但是，采用单一的供应源也有风险，比如供应商可能因意外原因中断交货，以及供应商缺乏竞争意识等。

在实际工作中，许多企业也不是很愿意成为单一供应商的。原因很简单，一方面供应商是具有独立性较强的商业竞争者，不愿意把自己的成本数据披露给用户；另一个原因是供应商不愿意成为用户的一个产品库存点。实施准时化采购，需要减少库存，但库存成本原先是在用户一边，现在转移到了供应商。因此用户必须意识到供应商的这种忧虑。

（二）对供应商的选择标准不同

在传统的采购模式中，供应商是通过价格竞争而选择的，供应商与用户的关系是短期的合作关系，当发现供应商不合适时，可以通过市场竞标的方式重新选择供应商。但在准时化采购模式中，由于供应商和用户是长期的合作关系，供应商的合作能力将影响企业的长期经济利益，因此对供应商的要求就比较高。在选择供应商时，需要对供应商进行综合的评估，在评价供应商时价格不是主要的因素，质量是最重要的标准，这种质量不单指产品的质量，还包括工作质量、交货质量、技术质量等多方面内容。高质量的供应商有利于建立长期的合作关系。

（三）对交货准时性的要求不同

准时采购的一个重要特点是要求交货准时，这是实施精细生产的前提条件。交货准时取决于供应商的生产与运输条件。作为供应商来说，要使交货准时，可从以下几个方面着手：一是不断改进企业的生产条件，提高生产的可靠性和稳定性，减少延迟交货或误点现象。作为准时化供应链管理的一部分，供应商同样应该采用准时化的生产管理模式，以提高生产过程的准时性。另一方面，为了提高交货准时性，运输问题不可忽视。在物流管理中，运输问题是一个很重要的问题，它决定准时交货的可能性。特别是全球的供应链系统，运输过程长，而且可能要先后经过不同的运输工具，需要中转运输等，因此要进行有效的运输计划与管理，使运输过程准确无误。

（四）从根源上保障采购质量

实施准时化采购后，企业的原材料和外购件的库存数量很少甚至为零。因此，为了保证企业生产经营的顺利进行，采购物资的质量必须从根源上抓起。也就是说，购买的原材料和外购件的质量保证应由供应商负责，而不是企业的物资部门。准时化采购就是要把质量责任还给供应商，从根源上保证采购质量。为此，供应商必须参与制造商的产品设计过程，制造商也应帮助供应商提高技术能力和管理水平。

（五）对信息交流的需求不同

准时化采购要求供应与需求双方信息高度共享，保证供应与需求信息的准确性和实时性。由于双方的战略合作关系，企业在生产计划、库存、质量等各方面的信息都可以及时进行交流，以便出现问题时能够及时处理。

（六）采购批量小

小批量采购是准时化采购的一个基本特征。准时化采购和传统采购模式的重要不同之处在于，准时化生产需要减少生产批量，直至实现"一个流生产"，因此采购的物资也应采用小批量办法。当然，小批量采购自然增加运输次数和成本，对供应商来说，这是很为难的事情，特别是供应商在国外等远距离的情形下，实施准时化采购的难度就更大。解决的办法可以通过混合运输、代理运输等方式，或尽量使供应商靠近用户等。

（七）可靠的送货和特定的包装要求

由于准时化采购消除了原材料和外购件的缓冲库存，供应商交货的失误和送货的延迟必将导致企业生产线的停工待料。因此，可靠的送货是实施准时化采购的前提条件。而送货的可靠性常取决于供应商的生产能力和运输条件；一些不可预料的因素，如恶劣的气候条件、交通堵塞、运输工具的故障等，都可能引起送货的延迟。当然，最理想的送货是直接将货送到生产线上。

准时化采购对原材料和外购件的包装也提出了特定的要求。良好的包装不仅可以减少装货、卸货对人力的需求，而且使原材料和外购件的运输和接收更为便利。最理想的情况是，对每一种原材料和外购件，采用标准规格而且可以重复使用的容器，既可提高运输效率，又能保证交货的准确性。

三、准时采购的方法

前面分析了准时化采购法的特点，从中我们看到准时化采购方法和传统的采购方法的一些显著差别。要实施准时化采购法，以下三点是十分重要的：

（1）选择最佳的供应商，并对供应商进行有效的管理是准时化采购成功的基石。

（2）供应商与用户的紧密合作是准时化采购成功的钥匙。

（3）卓有成效的采购过程质量控制是准时化采购成功的保证。

供应链管理环境下准时采购的实施方法如下：

（1）创建准时化采购班组。世界一流企业的专业采购人员有三个责任：寻找货源、商定价格、发展与供应商的协作关系并不断改进。因此，专业化的高素质采购队伍对实施准时化采购至关重要。为此，首先应成立两个班组，一个是专门处理供应商事务的班组，该班组的任务是认定和评估供应商的信誉、能力，或与供应商谈判签订准时化订货合同，向供应商发放免检签证等，同时要负责供应商的培训与教育。另外一个班组是专门从事消除采购过程中浪费的班组。这些班组人员对准时化采购的方法应有充分的了解和认识，必要时要进行培训，如果这些人员本身对准时化采购的认识和了解都不彻底，就不可能指望供应商的合作了。

（2）制定计划，确保准时化采购策略有计划、有步骤地实施。要制定采购策略，改进当前的采购方式，减少供应商的数量、正确评价供应商、向供应商发放签证等内容。在这个过程中，要与供应商一起商定准时化采购的目标和有关措施，保持经常性的信息沟通。

（3）精选少数供应商，建立伙伴关系。选择供应商应从这几个方面考虑：产品质量、供货情况、应变能力、地理位置、企业规模、财务状况、技术能力、价格、与其他供应商的可替代性等。

（4）进行试点工作。先从某种产品或某条生产线试点开始，进行零部件或原材料的准时化供应试点。在试点过程中，取得企业各个部门的支持是很重要的，特别是生产部门的支持。通过试点，总结经验，为正式实施准时化采购打下基础。

（5）搞好供应商的培训，确定共同目标。准时化采购是供需双方共同的业务活动，单靠采购部门的努力是不够的，需要供应商的配合。只有供应商也对准时化采购的策略和运作方法有了认识和理解，才能获得供应商的支持和配合，因此需要对供应商进行教育培训。通过培训，大家取得一致的目标，相互之间就能够很好地协调，做好采购的准时化工作。

（6）向供应商颁发产品免检合格证书。准时化采购和传统的采购方式的不同之处在于买方不需要对采购产品进行比较多的检验手续。要做到这一点，需要供应商做到提供百分之百的合格产品，当其做到这一要求时，即发给免检手续的免检证书。

（7）实现配合准时化生产的交货方式。准时化采购的最终目标是实现企业的生产准时化，为此，要实现从预测的交货方式向准时化适时交货方式转变。

（8）继续改进，扩大成果。准时化采购是一个不断完善和改进的过程，需要在实施过程中不断总结经验教训，从降低运输成本、提高交货的准确性和产品的质量、降低供应商库存等各个方面进行改进，不断提高准时化采购的运作绩效。

四、准时化采购实践分析

为了对准时化采购的目的、意义和影响准时化采购的相关因素有一个初步的了解，美国加利弗尼亚州立大学的研究生做了一次对汽车、电子、机械等企业的经营者准时化采购的效果问卷调查，共调查了67家美国公司。这些公司有大有小，其中包括著名的3COM公司、惠普公司、苹果计算机公司等。这些公司有的是制造商，有的是分销商，有的是服务业，调查的对象为公司的采购与物料管理经理。调查的有关内容见表5-3至表5-6。

表 5-3 准时化采购成功的关键因素

问题	肯定回答（%）
和供应商的相互关系	51.5
管理措施	31.8
适当的计划	30.3
部门协调	25.8
进货质量	19.7
长期的合同协议	16.7
采购的物品类型	13.6
特殊的政策与惯例	10.6

表 5-4 准时化采购解决的问题

问题	肯定回答（%）
空间减少	44.8
成本减少	34.5
改进用户服务	34.5
及时交货	34.5
缺货问题	17.2
改进资金流	17.2
提前期减少	10.3

表 5-5 实施准时化采购困难的原因

问题	肯定回答（%）
缺乏供应商的支持	23.6
部门之间协调性差	20.0
缺乏对供应商的激励	18.2
采购物品的类型	16.4
进货物品质量差	12.7
特殊政策与惯例	7.1

表 5-6　与供应商有关的准时化采购问题

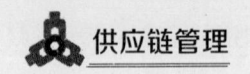

问题	肯定回答（%）
很难找到好的供应商	35.6
供应商不可靠	31.1
供应商太远	26.7
供应商太多	24.4
供应商不想频繁交货	17.8

从以上调查报告，我们不难得出以下几个方面的结论：

（1）准时化采购成功的关键是与供应商的关系，而最困难的问题也是缺乏供应商的合作。供应链管理所倡导的战略伙伴关系为实施准时化采购提供了基础性条件，因此在供应链环境下实施准时化采购比传统管理模式下实施准时化采购更加有现实意义和可能性。

（2）难找到"好"的合作伙伴是影响准时化采购的第二个重要因素，如何选择合适的供应商、选择得是否合适就成了影响准时化采购的重要条件。在传统的采购模式下，企业之间的关系不稳定，具有风险性，影响了合作目标的实现。供应链管理模式下的企业是协作性战略伙伴，因此为准时化采购奠定了基础。

（3）缺乏对供应商的激励是准时化采购的另外一个影响因素。要成功地实施准时化采购，必须建立一套有效的供应商激励机制，使供应商和用户一起分享准时化采购的好处。

（4）准时化采购不单是采购部门的事情，企业的各部门都应为实施准时化采购创造有利的条件，为实施准时化采购共同努力。

这是国外企业实施准时化采购的情况，而据相关调查数据显示，我国大部分企业对供应商的供货准时情况反映较好，只有少数企业认为供应商供货不准时。

虽然我国企业从交货准时情况评价还不错，但从总体来看，我国企业实施准时化采购的基础性条件比较差，特别是企业的合作方面有待加强。

案例链接

丰田公司的准时制采购模式

一、丰田公司准时采购的特点

1. 建立金字塔结构式供应链，丰田与直接供应商关系密切，信任各级供应商之间关系紧密，各级别供应商对其上游供应商具有一定的决策话语权，下游供应商对上游供应商是垂直供需关系。

2. 对供应商实施分级管理，采用合作、合资等采购策略与核心和特色供应商建立紧密的资产关系，在技术、管理方面提供支持，由此提升供应商忠诚度和生产率都有极大的促进作用。

3. 对物料的购进时间、数量依靠 JIT 准时制生产模式，杜绝一切浪费和提高生产率。

二、丰田准时采购的策略

1. 减少供货商的数量
2. 小批量采购
3. 保证采购的质量
4. 合理选择供方
5. 可靠地送货和特定的包装要求

三、丰田公司采购模式供应链的动作

下图为丰田汽车公司零部件采购体系。

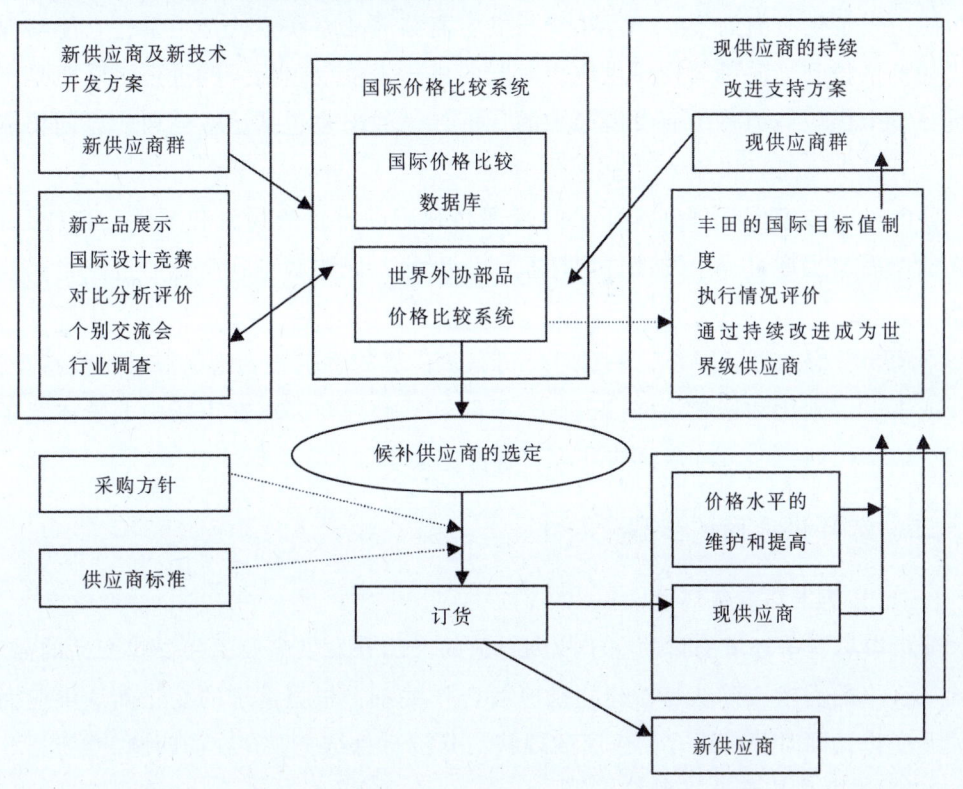

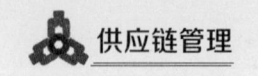

任务四　供应商管理

供应商管理是供应链采购管理中一个很重要方面。企业要在采购管理中体现供应链管理的先进思想，必须充分重视供应商的管理，对供应商的管理重点应该集中在如何和供应商建立合作伙伴的双赢关系和保持并发展这种关系。

一、选择好的供应商的重要性

许多成功的公司已认识到采购在供应链管理中所担任的角色，与供应商的关系是成功的采购策略的关键。"好的供应商不是天生的"，是采购专业人员经常引用的一句格言。当公司减少供应商的数量，并使用全面质量管理（TQM）程序、零库存生产和库存系统相结合时，这一格言尤为真实。

使用较少供应商的策略，意味着与供应商结成战略联盟伙伴关系，它能够保以最优的价格得到高质量的物料供应。联盟的概念不仅仅包括采购过程，联盟是由公司贯穿整个供应链为目的而发展起来的。例如，战略也包括运输公司、合同物流公司（第三方供应商）和各种销售渠道。

目前采购专家们认识到高质量的管理必须有高质量的物料和零件，也就是说，最终的产品与生产过程中的部件同样重要，因此，使顾客得到满意的过程自采购就开始了。

采购要考虑的另一因素是采购对公司竞争优势的贡献，无论优势（用波特理论）是低成本、区别化和聚集策略。因此，采购管理必须与公司在市场中的总体竞争优势相一致，比如，丰田与奔驰的采购策略肯定会不同。

二、选择供应商的步骤

（一）分析市场竞争环境

分析市场竞争环境的目的在于找到合适的产品开发供应商，并寻找产品的需求，以确认客户的需求；确认是否建立供应商合作关系，根据需求的变化确认供应商合作关系变化；同时分析现有供应商的现状，分析、总结企业存在的问题。

（二）建立供应商选择目标

企业必须确定供应商评价流程，明确实施的环节、信息流程以及各个环节的负责人。供应商评价、选择的过程也是一次业务流程重组过程，可以为企业带来一系列利益。

（三）建立供应商评价标准

评价标准涉及供应商的业绩、设备管理、人力资源开发、质量控制、成本控制、技术开发、风险管理和客户满意度等可能影响供应商合作关系的内容。

（四）成立评价小组

评价小组的成员主要来自采购、质量、生产、工程等与供应商密切合作的部门；每位成员必须具有团队合作精神，具有一定的专业技能；组建的评价小组必须能够同时获得制造商和供应商企业最高领导层的支持。

（五）供应商参与评价

企业应尽早让关键的供应商参与到评价程序的设计过程中来，保持紧密的合作关系。

（六）评价供应商

评价供应商主要是调查、收集有关供应商的生产运营等方面的信息，然后进行选择决策，从而与合格的供应商建立伙伴关系。

（七）实施供应商合作关系

在实施供应商合作关系的过程中，根据实际需要及时修改或重新开始供应商评价标准。

三、供应商管理的措施

（一）制定供应商达标手册，实施标准化和程序化管理

制定供应商达标手册的思想基础是"把质量问题消灭在别人的工厂里"。管理、控制好与采购相关的文件及信息，如程序性文件、作用指导书、供应商调研报告、供应商考核及认可报告、图纸及样品、合同与订单、供应商发票等。避免买卖双方对于需求的误解，避免企业内部采购管理出现不必要的麻烦，对外包和采购需求进行严格的标准化和程序化管理。很多国内企业对采购品的标准化工作做得非常好，但是在实际运行中，经常会因为技术部门和采购部门的交流不通畅而导致执行不力，规格标准被束之高阁，变成一纸空文。标准化和程序化管理不仅在解决质量问题方面事半功倍，而且能够促进厂家和供应商之间的双赢。

（二）与供应商建立定期会晤机制，建设供应商数据库

企业与供应商的关系是一个不断磨合、逐渐增进相互信任的过程。国内企业在与供应商的交往过程中，往往就事论事，常常等出了问题才与供应商进行个案交流，这是远远不够的。一般可以半年为单位与主要的供应商进行定期的交流，回顾合作关系，制订改进计划，并配有详细的改进时间表。及时建立供应商数据库，把有关供应商的相关情况进行整合管理。这项工作不仅是为未来的电子商务提供资料积淀，也为了避免因采购部门人员的变更而导致工作断层出现。

（三）取消中间商，缩短采购渠道

在很多行业分销系统中，在买主和供应商之间存在着形形色色的中间商。一般在市场形成的早期，中间商促进了市场的繁荣，但随着市场的成熟，很多跨国公司认识到，直接从生产商进货会节省20%左右的采购费用。所以，大多数在中国开展业务的跨国公司除了在进入中国的早期通过中间商进行外部采购，现在已经避免和中间商打交道了。

（四）建立可靠、优化的供应配套体系

为了建立准时、可靠、优化的供应配套体系，一般可以从两方面考虑：一是对表现不合格的供应商实施淘汰制，以优化供应配套体系、减少供应商的数量，使采购活动尽量集中，以发展伙伴型的供应商合作关系；二是避免依赖独家供应商，防止垄断供应的风险。

（五）控制、减少采购成本

通过供应商会议、质量小组等方式组织实施供应商改进，提高供应商质量，改善供应水平，控制、减少所有与采购相关的成本，包括直接采购成本和间接采购成本。直接采购成本的控制与降低，可采取提高采购工作效率、定期谈判、优化供应商、实施本地化、与供应商共同开展改进项目等多种途径。间接采购成本控制与降低包括缩短供应周期、增加送货频次、减少原材料库存、实施来料免检、循环使用原材料包装、合理利用相关的政府有利政策、避免汇率风险、供应商参与产品开发或过程开发等。

（六）加强供应商管理，定期跟踪采购及供应商工作与改进绩效

企业应制定合理的采购方针、策略、目标及改进计划，对采购及供应商进行绩效测量，建立供应商审核及认可、考核与评估体系，开展采购系统自我评估，同其他单位的采购进行行业水平比较。采购方针、策略及改进目标应符合企业的经营战略，由采购经理同高层领导共同确定，并分解到相关人员，制定相应的跟踪计划和表现策略指标定期报告。供应商管理从采购物品分类开始，按照物品的价值及重要性确定不同的采购策略，并进行供应市场研究与风险分析，初步选择供应商并组织相关人员进行审核，针对不同的供应商采取不同的管理办法进行管理和改进，以质量、交货、价格和服务等项目为指标每月对供应商进行考核，定期跟进供应商改进结果，实施优秀供应商奖励办法等。

同步测试

一、简答题

1. 简述采购的重要性和目标。

2. 简述传统采购管理与供应链采购管理的主要区别。

3. 论述我国供应链管理环境下的采购策略。

4. 简述准时采购的意义和特点是什么？准时采购的方法有哪些？

5. 简述供应商选择一般有哪些标准？在采购过程中，应该如何选择供应商？

二、案例分析

宜家全球采购与供应链管理

宜家（IKEA）是由创始人英格伦·康拉德（Ingvar Kamprad）先生的姓氏及名字的首写字母（IK）和他所在的农场（Elmtaryd）以及村庄（Agunnaryd）的第一个字母组合而成。宜家公司的家居产品的设计、生产和销售已经形成一整套严密的流程，分别由不同的公司加以管理。

1. 宜家公司的全球采购

为了协调原材料采购市场和销售市场的空间矛盾，保证宜家公司全球业务的正常运作和发展，保持宜家在全球市场廉价而时尚的品牌形象，宜家公司努力构建高效、敏捷、低成本的全球供应链，以培育自身的竞争优势。宜家在全球的5个最大的采购地分别是：中国第一（18%）、波兰第二（12%）、瑞典第三（8%）、意大利第四（7%）、德国第五（6%）。但销量最大的国家分别是：德国第一（19%）、英国第二（11%）、美国第三（10%）、法国第四（9%）、瑞典第五（8%）。目前宜家在俄罗斯的市场拓展速度也非常快。

为了便于进行全球采购管理，宜家将全球采购范围划分为17个采购区域，这17个采购区域的管理者根据本地区的独特优势，建设总部采购本地物品，如硬木等原材料或产品。总部根据每个区域管理者的汇报权衡利弊，确定哪种产品在哪些区域具有较强的竞争力，然后分配区域。某一产品或原材料可能只由一个国家来供应，也可能同一种商品由不同的国家供应。例如，在瑞典的宜家家居零售店里，能经常看到一种小碗，标价4美元。而在上海宜家，该类型小碗的标价只有2美元。不同之处在于，瑞典宜家出售的小碗上著有"Made in Poland"的标识，而上海宜家的小碗上则刻有"Made in China"的标识。正常情况下，我国的劳动力和原材料都比波兰低很多，为什么瑞典宜家没有选择我国供应厂商，而是选择波兰的厂商作为供应商呢？其原因在于，从波兰到瑞典要比我国到瑞典的距离近很多，综合考虑产品的价格和运费，加以权衡后发现，波兰生产的这种小碗运抵瑞典的成本要比我国生产并运抵瑞典的成本低很多。

产品成本较低是相对于销售地区而言的，与产品的采购区域有关，在采购时必须综合考虑产品从采购区域运抵销售区域的各种费用，毕竟不同运输方式产生的运输费用不同，采购时各地支付的货币不同，关税也不尽相同，这会导致产品的最终售价不同。宜家会将各种成本因素列成一个矩阵，通过矩阵方式来确定和选择采购区域。

2. 严格的供应商选择与管理

尽管所有的产品设计工作由IKEA自己进行，但为了最大限度地降低制造成本，IKEA在全球范围内实施生产外包，每年会有2000多家供应商会为获得宜家的外包活动而展开激烈的竞争，只有在保证质量的同时能达到成本最低的供应商才有可能得到大额订单，而且这些供应商在接到订单之后也并非可以"高枕无忧"和"一劳永逸"，因为IKEA会时常去考核供应商的供货及时性与质量水平以及经营理念的吻合性。不仅如此，IKEA每年都会重新评估其供应商的供应绩效。另外，IKEA每年会对其供应商提出固定的降低生产成本的指标，使得其制造成本能够进入持续下降的良性循环。

供应价格水平仅仅是宜家选择供应商的众多指标之一，要成为宜家的供应商必须首先通过宜家制定的2000多条考核条目，包括价格、环保、质量、物流、环境、发货准时性、员工工作条件、劳动时间和强度、安全性因素和供应商管理方式等方面。

宜家选择供应商的基本标准是全球统一的。同时，由于各国发展水平不一样，宜家会综合考虑各个地区的特点，根据其优势选择供应商。宜家和经过严格筛选的供应商之间实施的都是长期供货政策。在达成供货协议以前，宜家会对供货商非常严格的进行选择，在达成协议后就会采取相互谅解的态度。供货商在开始阶段有可能会达不到宜家的要求，但是宜家会继续给其一些机会，帮助其弥补不足以达到应有的生产水平，或者找寻原因进行协调，以设法找到可以平衡的方法。

针对同一种产品，宜家倾向于只选择一家供应商，当需要供应的数量很多时，宜家会考虑选择第二家供应商。由于开发新的供应商的成本非常高，宜家在选择第二家供应商时，会倾向于发展现有供货商。在选择好了供应商之后，宜家会根据每种产品在每个地区的历史销售量，为供货商提供一份该产品的需求预测，让供货商依据需求预测生产该产品，以保证宜家具有安全存货量。由于每种产品的需求预测数量有所不同，通常宜家是按照产品的价格进行区分，价格相对高的产品，需求数量会少一些；价格相对低的产品，需求数量会多一些。对于新产品，宜家通常是按照价格水平相类似产品的销售情况进行预测；对于那些没有可参照商品的新产品，宜家通常是按照零售商方面提供回来的预测结果进行需求预测。

3. 宜家的绿色采购与供应理念

尽管宜家每年都要消耗大量的木材，但宜家从来没有受到环保组织的谴责。这是因为宜家一直倡导自然和节俭的生活方式。宜家的绿色采购与供应理念首先表现在原材料使用、能源消耗和其他资源的利用上厉行节约、减少浪费和减低损耗。

宜家曾经生产过一种名为OGLA的座椅。20世纪60年代，OGLA是由榉木材经过热模加工制成；1983年，为了便于运输和仓储，座椅被改装成易组装的组装件，顾客可以自行组装；后来，制作座椅的榉木又被换成可以循环使用的塑料，于是，OGLA不但比以前更坚固而且可以在户外使用了；1994年，公司开始用酸奶杯的下脚料来生产这种座椅；1999年，宜家又用塑料管来代替实心塑料，这种新技术在使用后又可以节约30%的原料。

宜家并不仅仅对自己的运营工作力求环保，还将环保意识贯彻到对市场的所有产品都严格遵照相关环保和安全规定，并将此定为所有市场的宜家标准。

作为原料，木材因其所具备的再生性、再循环性及生物上的可降解性而成为宜家的首选。每年宜家的生产都需要供应大量木材。但是过度开采木材，会导致森林的严重匮乏，破坏地球上本来就很有限的森林资源。于是宜家规定供应商供应的木材必须产自那些得到良好管理的林场，必须是来自存活 5 年以上的再生林，很多供应商在给宜家供应木材的同时，经常顺便也自己开始种植经营林场，以满足宜家庞大数量的木材供应。

总之，宜家凭借其全球采购模式和贯穿于经营过程的绿色环保理念确保宜家能够在家居产业中独领风骚。我国以及世界上其他国家的家居企业应该取其精华，实现自我发展和不断壮大。

思考与讨论：

1. 宜家在选择供应商时的评估标准有哪些？宜家如何对供应商进行评估？

2. 你认为宜家的竞争优势在哪里？为什么？

3. 宜家是如何将其运营管理与绿色环保结合在一起的？环保理念为宜家竞争优势的构建起到了什么作用。

项目六　供应链物流管理

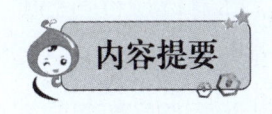

内容提要

近几年来，我国物流业发展成为社会热点，专业化物流企业开始涌现，多样化物流服务有一定程度的发展，第三方物流企业发展迅猛，现代物流技术的应用开始加强。然而，物流在我国的发展尚处于起步阶段，传统观念和管理粗放的问题比较突出，物流业的发展呈现出观念滞后性、分布不均衡性、供需矛盾性、技术落后性等特点。与发达国家相比，我国物流业存在一定的差距，尤其是在对物流的理论研究及应用方面。因此，我国要加快供应链管理发展的步伐，首先要推动物流产业的形成与发展，积极发展第三方物流、第四方物流，加快物流信息化建设。其次企业应从战略的角度进行物流链管理，形成区域、甚至是更大范围的经济圈。

本项目主要阐述了供应链管理环境下的物流管理概念和物流管理策略，介绍了信息技术在供应链管理中的使用方法和作用。

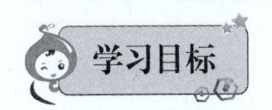

学习目标

学习完本章后，你将能够：
1. 了解供应链物流管理的基本知识。
2. 掌握供应链管理下物流管理的特征与战略。
3. 熟悉第三方物流与第四方物流的相关知识。
4. 了解信息技术在供应链管理中的运用。
5. 理解供应链信息系统集成。

导入案例

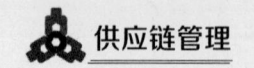

松下两年物流整合　管理劣势变优势

自2000年起，日本的流通业开始剧烈变动，企业竞争环境严酷，母公司为了切实削减成本、突出经营责任、强化竞争力，对物流体制进行改造。各大公司（集团）的物流子公司不断合并和重组。

物流子公司实现独立经营，把过去按领域或地区分立的子公司统一起来，将各个分割的作业过程有机地连接起来，不仅能改善自身成本结构，还能通过构筑全国性流通网络，扩大对集团外的服务。其具体的做法是，各制造业集团开始放弃"大而全、小而全"的子公司经营方针，开展跨行业、跨企业的合作，在节约经营资源上下功夫。松下的物流体系也经历这一浪潮，松下物流的整合之路带来很多启示。

管理与执行脱节，被迫整合配送中心。

松下物流负责日本松下的整个配送体系，包括从松下工厂到中心仓库，到8个区域仓库，乃至配送给客户整个物流过程。2000年10月，松下物流开始整合松下电器的9个配送中心，目标是实现松下体系以外10%至30%的外部销售目标。我们都知道，从一个企业物流系统向一个真正的第三方物流转变是很难的，失败的比比皆是。如何从服务内部转向为外部服务，自身的核心竞争力建设如何进行，是松下物流首要考虑的问题。松下电器的9个配送中心全都有自己的信息系统。松下物流需要支持松下体系的商业运作，包括从原材料采购到成品配送，也要适应各种业务模式：从货物处理到信息/流程外包。

对于一个第三方物流公司来说，既要满足不同客户的需求，又要保证内部业务运作的一致性，这是一个难题。因为跨领域、跨行业的物流具有不同的特点，比如电子消费品的入场物流与销售物流就差别巨大。

松下电器在使用信息系统、降低库存方面是先驱，包括使用ERP（企业资源计划）和SCP（供应链计划）工具提高需求预测的准确度。然而以ERP系统为核心的上位系统，其物流模块在功能上是缺失的。因此，松下电器的业务信息在商业管理和现场物流执行之间中断，造成很多问题。

管理与现场执行之间的脱节是多数企业的通病，对于信息系统更是这样。ERP来源于财务系统，它的核心在于从财务的角度来核算企业经营的整体成本，对于物流作业的细节控制力度不够；SCP来自于供应链的整体计划，它需要对物流细节整体掌控才能实现目标。

因此，下位系统即物流系统的缺失，对ERP尤其是SCP的影响巨大。打个比方，SCP是一辆车的方向盘，而物流系统就是一辆车的轮子，方向盘再好，但是没有物流系统这个轮子，车是跑不起来的。

面对以上挑战，松下物流的董事长决定从根本上再造商业流程，使9个配送中心实现真正的整合。

舍ERP取WMS 不同流程统一成最佳实践

如何实现真正的整合？整合的标准是什么？这是整合首先要面对的问题。要把整合落到实处，首先就要制定整合的目标与标准，就如一个项目，事前要明晰目标，事后可以审核。

松下电器推动了这个仓库管理革新项目，它这样介绍该项目："要想实现有效的管理，必须实现物流现场运作的可视化，形象地说是数字化。用数字来量化每个营业点的生产力和品质，使之可以相互比较，这对有效管理物流过程是非常重要的。"

管理的两个先决条件：量化，只有量化才能实现优化；固化，对流程的固化，对管理的固化，只有固化才能持续改进。这是企业管理的不二法门，可是在国内众多的企业并没有深刻认识到这一点。

众多管理者在好高骛远地说优化，殊不知没有量化与固化，哪儿来的优化。我们常常看到某企业做优化的项目，但是这些优化往往没有数据支持。没有数据的支持，优化就没有根据，优化的结果也难于衡量。

建立包含配送中心基层运作的所有信息的综合数据库，及实时的库存可视化的物流信息系统，对松下物流来说十分必要。WMS（物流管理系统），包含从采购物流到销售物流，逐步展开。

随后，来自项目组的关键用户宣布了蓝图设计，十二个关键任务点被提出，依照松下物流公司层面的职能流程，打破原有的区域组织职能结构。例如运输关键任务点，改进运输网络；货物管理关键任务点，改善仓库管理；订单/数据关键任务点，提高订单收入/库存管理；质量控制关键任务点，收据检查/质量管理，等等。

思考与讨论：

松下是如何整合物流企业，以实现"有效服务内部、扩展外部客户"这一目标的呢？

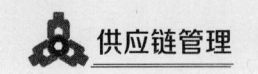

任务一　供应链物流管理基础认知

在全球制造和全球经济一体化浪潮的推动下，供应链管理得到了广泛应用。它使企业不仅能够面对激烈的国际市场竞争，而且能够承受市场需求不确定性和技术迅速革新等因素的影响，充分挖掘自身的潜力，构筑企业不可复制的核心竞争力。它的目的是在企业间的资源共享和信息集成的基础上，通过对动态联盟企业的资源进行统一的管理和调度，达到企业间资源优化利用，并最终实现链上企业共赢的目的。随着世界经济的快速发展和现代科学技术的进步，被喻为促进经济发展的"加速器"的物流业正在全球范围内迅猛发展。物流业在国民经济中具有十分重要的地位，并在国民经济和社会发展中发挥着重要作用。

一、物流管理的内涵

很多人认为供应链管理是物流一体化管理的一部分或代名词，实际上二者是不能混为一谈的。虽然供应链管理是从物流管理发展而来的，但是经过不断的研究和发展，供应链管理已经远远超出了物流管理的范畴。

（一）物流的发展历史及物流的概念

物流的概念最早是在美国形成的，当初被称为 Physical Distribution（即 PD），译成汉语是"实物分配"或"货物配送"。1935 年，美国销售协会阐述了"实物分配"的概念："实物分配是包含于销售之中的物质资料和服务在从生产场所到消费场所的流动过程中所伴随的种种经济活动"。1963 年，物流的概念被引入日本，当时的物流被理解为："在连接生产和消费间对物资履行保管、运输、装卸、包装、加工等功能，以及作为控制这类功能后援的信息功能，它在物资销售中起了桥梁作用"。而我国是在 80 年代才接触"物流"这个概念的，此时的物流已被称为 Logistics，已经不是过去 PD 的概念了。

Logistics 的原意为"后勤"，它是为维持战争需要的一种后勤保障系统。后来把 Logistics 一词转用于物资的流通中，这时，物流就不单纯是考虑从生产者到消费者的货物配送问题，而且还要考虑从供应商到生产者对原材料的采购，以及生产者本身在产品制造过程中的运输、保管和信息等各个方面，全面地、综合性地提高经济效益和效率的问题。因此，现代物流是以满足消费者的需求为目标，把制造、运输、销售等市场情况统一起来考虑的一种战略措施，这与传统物流把它仅看作是"后勤保障系统"和"销售活动中起桥梁作用"的概念相比，在深度和广度上又有了进一步的含义。

中国国家标准《物流术语》将物流定义为：物品从供应地向接收地的实体流动过程中，根据实际需要，将运输、储存、装卸搬运、包装、流通加工、配送、信息处理等功能有机结合起来实现用户要求的过程。

(二) 物流管理

物流管理是指在社会再生产过程中，根据社会物质实体流动的一般规律，应用管理的基本原理和科学方法，对物流进行计划、组织、指挥、协调和控制的活动过程。物流管理的基本目的就是实现物流活动的优化与协调，以降低物流成本，提高物流效率和经济效益，满足顾客的需求。用系统论的观点，物流管理是对物流企业的物流系统进行分析、设计及对物流系统运作进行的管理。

物流管理有广义和狭义两方面的含义：狭义的物流管理是指物资的采购、运输、配送、储备等活动，是企业之间的一种物资流通活动；广义的物流管理包括了生产过程中的物料转化过程，即供应链的管理，所以国外有人认为供应链管理实际就是物流管理的延伸和扩展。而狭义的物流管理和供应链管理的区别在于：物流涉及的是原材料、零部件在企业之间的流动，而不涉及生产制造过程的活动。供应链管理包括了物流活动和制造活动。

二、供应链物流管理基本概念

(一) 供应链物流管理基本概念

供应链物流管理（Supply Chain Logistics Management，简称 SCLM），是指以供应链核心产品或者核心业务为中心的物流管理体系。

前者主要是指以核心产品的制造、分销和原材料供应为体系而组织起来的供应链的物流管理，例如汽车制造、分销和原材料的供应链的物流管理，就是以汽车产品为中心的物流管理体系。后者主要是指以核心物流业务为体系而组织起来的供应链的物流管理，例如第三方物流、或者配送、或者仓储、或者运输供应链的物流管理。

(二) 物流管理与供应链管理的区别

一直以来，物流与供应链这两个名词一直被大家讨论并争论着，目前国际上对两者的理解存在着基本的三种观点：

(1) 供应链概念是物流概念的扩展。

(2) 物流与供应链是一回事。

(3) 相关企业业务、资源的集成与一体化。

以上观点都在一定方面反映了人们对供应链的认识，从特定角度看都有其道理。但是，目前学者们更倾向于认为：供应链与物流是不同的两个概念，供应链也不仅仅只是对物流概念进行扩展，供应链与企业的业务集成息息相关。因此，这里我们更倾向于第三种观点。

供应链管理实际上应该包括供应链组织内部各功能部门之间的集成和在供应链上下游组织之间的集成，集成的内容包括商流、物流、信息流等，集成的对象有资源、组织、业务、流程等，因而供应链的概念比物流的概念更加广泛，**物流**包括在供应链的概念之中。

综上所述，我们不难发现，物流管理很自然地成为了供应链管理体系的一个重要组成部分。那么，供应链管理与物流管理的区别又在哪里呢？一般而言，供应链管理涉及制造问题和物流问题两个方面，物流涉及的是企业的非制造领域问题。这两者的主要区别表现在：

（1）物流涉及原材料、零部件在企业之间的流动，而不涉及生产制造过程的活动。

（2）供应链管理包括物流活动和制造活动。

（3）供应链管理涉及从原材料到产品交付给最终用户的整个物流增值过程，物流涉及企业之间的价值流过程，是企业之间的衔接管理活动。

供应链从一种运作性的竞争工具上升为一种新的管理性的方法体系和模式，强调快速反映市场需求、战略管理、高柔性、低风险、成本效益等思想，使企业适应了全球竞争的需要。由此物流管理必然向着供应链管理的思想和模式过渡和发展。

（一）物流管理在供应链中的地位

英国著名供应链专家马丁·克里斯多夫在书中写道："市场上只有供应链而没有企业"，"21世纪的竞争不是企业和企业之间的竞争，而是供应链和供应链之间的竞争"。SCM无疑将成为企业的核心竞争力，而被誉为"第三利润源泉"的物流是核心能力的重要组成部分。然而，随着供应链在企业中应用的逐渐推广，其电子化层面的巨大进展与实物层面的发展产生了不协调的局面。因此，供应链管理是否有效很大程度上取决于采购、运输、仓储、配送等物流作业环节的管理和运作状况，物流管理是供应链管理发挥整体效益的前提和基础。

另一方面，物流贯穿于整个供应链，它连接供应链的各个企业，是企业间相互合作的纽带。有关学者通过考察发现，如表6-1所示，在供应链的价值分布上，物流价值（采购和分销之和）在各种类型的产品和行业中都占到整个供应链价值的一半以上，制造价值不到一半。在易耗消费品和一般工业品中，物流价值的比例高达80%以上，这些数据无不充分证明了物流的价值意义。供应链是一个价值增值链过程，有效地管理好物流过程，对于提高供应链的价值增值水平，有着举足轻重的作用。

表 6-1 供应链上的价值分布

产品	采购（%）	制造（%）	分销（%）
易耗品	30~50	5~10	30~50
耐用消费品	50~60	10~15	20~30
重工业	30~50	30~50	5~10

从传统的观点看，物流对制造企业的生产是一种支持作用，被视为辅助的功能部门。但是，由于现代企业的生产方式的转变（即从大批量生产转向精细的准时化生产），这时的物流包括采购与供应，都需要跟着转变其运作方式，实行准时供应和准时采购等。另一方面，顾客需求的瞬时化，要求企业能以最快的速度把产品送到用户的手中，以提高企业的快速响应市场的能力。所有的这一切都要求企业的物流系统具有和制造系统协调运作的能力，以提高供应链的敏捷性和适应性。因此，物流管理不再是传统的保证生产过程连续性的问题，而是要在供应链管理中发挥重要作用，包括：

(1) 创造用户价值，降低用户成本。
(2) 协调制造活动，提高企业敏捷性。
(3) 提供用户服务，塑造企业形象。
(4) 提供信息反馈，协调供需矛盾。

要实现以上几个目标，物流系统必须做到准时交货、提高交货可靠性、提高响应性、降低库存费用等。现代市场环境的变化，要求企业加速资金周转、快速传递与反馈市场信息、不断沟通生产与消费的联系、提供低成本的优质产品，生产出满足顾客需求的顾客化的产品，提高用户满意度。因此，只有建立敏捷而高效的供应链物流系统才能达到提高企业竞争力的要求。供应链管理将成为 21 世纪企业的核心竞争力，而物流管理又将成为供应链管理的核心能力的主要构成部分。

三、供应链物流管理的发展阶段

供应链管理从概念的提出到实践的操作，都与物流管理紧密联系。从时间上看，物流管理的产生早于供应链管理，主要提供后勤保障、货运配载、仓库出租、仓储配送、包装流通等服务。而随着商贸活动的发展和信息技术的进步，物流管理也呈现出一体化的趋势，在纵向上要求企业将提供产品或运输服务等供货商和用户纳入管理范围，并作为物流管理的一项中心内容；在横向上通过同一行业中多个企业在物流方面的合作而获得规模经济效益和物流效率；同时，在网络技术的支持下与生产企业和物流企业之间形成多方位、互相渗透的协作有机体，即实现垂直一体化、水平一体化和网络化。而供应链管理正是物流垂直一体化管理的扩展和延伸。因而，从物流管理的角度来看，SCM 源于物流管理，但已超出物流管理的范围。

供应链物流管理的演化可以分为 4 个阶段：第一阶段是仓储和运输；第二阶段是总成本管理；第三阶段是物流一体化管理；第四阶段是供应链管理。这 4 个阶段的发展过程可以用表 6-2 来表示。

表 6-2 供应链管理发展四个阶段

阶段一	阶段二	阶段三	阶段四
1960 年以前	1970~1980 年	1980~1990 年	1990 年以后
仓储和运输	总成本管理	物流一体化管理	供应链管理
管理关注焦点为：动作性能	管理关注焦点为：优化动作成本和顾客服务	管理关注焦点为：战术/战略物流计划	管理关注焦点为：整个供应链的伙伴关系
功能分散	功能集合	物流功能集成	虚拟组织

四、供应链管理环境下物流管理的特点

1. 快捷性

通过快捷的交通运输以及科学的物流事前管理和事中管理来实现快捷的物流。在供应链管理中，快捷的物流是供应链的基本要求，是保证高效的供应链的基础。

2. 信息共享

和传统的纵向一体化物流模型相比，供应链一体化的物流信息的流量大大增加。需求信息和反馈信息传递不是逐级传递，而是网络式的，企业通过因特网可以很快掌握供应链上不同环节的供求信息和市场信息，达到信息共享和协调一致。共享信息的增加和先进技术的应用，使供应链上任何节点的企业都能及时地掌握到市场的需求信息和整个供应链上的运行情况，每个环节的物流信息都能透明地与其他环节进行交流与共享，从而避免了需求信息的失真现象。同时，通过消除不增加价值的过程和时间，使供应链的物流系统进一步降低成本，为实现供应链的敏捷性、精细化运作提供了基础性保障。

3. 多样性

在物流管理供应链中，物流的多样性体现在物流形式的多样性和物流物品的多样性。物流形式的多样性主要是指物流运输方式、托盘等的多样性。

4. 人性化

物流是根据用户的要求，以多样化产品、可靠的质量来实现对客户的亲和式服务。在供应链管理中，物流既需要科学的方法进行管理，同时又要实时适应客户需求变化，体现人性化需求的特点。

五、供应链管理环境下的物流管理的策略

1. 有效配置资源

供应链管理的目的是要通过合作与协调达到资源的共享和最佳资源搭配，使各成员企业的资源得到最充分的利用。而这一目的需要物流管理通过有效的资源配置来实现。有效地配置资源可以使供应链中各企业之间的物料得到最充分的利用，保证供应链实时的物料供应、同步化的运作。

2. 全球后勤系统

全球化已成为新时期企业竞争的一个显著特点。企业需要建立完善的全球后勤保障体系，使企业适应全球竞争的要求。包括：建立完备的全球售后服务体系，保证物流畅通和树立良好的企业形象；建立全球供应链需求信息网络，维护全球供应信息的一致性，进而实现全球供应链同步运营；建立全球化合作关系网，加强和当地物流部门的合作，提高物流系统的效率。

3. 延迟化策略

延迟化策略是一种为适应大规模定制生产而采用的策略，通过这种策略使企业能够实现产品多样化的顾客需求。

4. 第三方物流系统

第三方物流系统是一种实现物流供应链集成的有效方法和策略，它通过协调企业之间的物流运输和提供后勤服务，把企业的物流业务外包给专门的物流企业来承担，特别是一些特殊的物流运输业务，通过外包给第三方物流承包者，企业能够把时间和精力放在自己的核心业务上，从而提高供应链管理和运作的效率。

任务二　第三方物流与第四方物流介绍

随着信息技术的发展和经济全球化趋势，越来越多的产品在世界范围内流通、生产、销售和消费，物流活动日益庞大和复杂，而第一、二方物流的组织和经营方式已不能完全满足社会需要；同时，为参与世界性竞争，企业必须确立核心竞争力，加强供应链管理，降低物流成本，把不属于核心业务的物流活动外包出去。于是，第三方物流、第四方物流应运而生。

一、第三方物流

第三方物流是指生产经营企业为集中精力搞好主业，把原来属于自己处理的物

流活动，以合同方式委托给专业物流服务企业，同时通过信息系统与物流企业保持密切联系，以达到对物流全程管理控制的一种物流运作与管理方式。

（一）基本定义

第三方物流，英文表达为Third-Party Logistics，简称3PL，也简称TPL，是相对"第一方"发货人和"第二方"收货人而言的，是由第三方专业企业来承担企业物流活动的一种物流形态。

3PL既不属于第一方，也不属于第二方，而是通过与第一方或第二方的合作来提供其专业化的物流服务，它不拥有商品，不参与商品的买卖，而是为客户提供以合同为约束、以结盟为基础的系列化、个性化、信息化的物流代理服务。

我国最早的理论研究之一是第三方物流：模式与运作。最常见的3PL服务包括设计物流系统、EDI能力、报表管理、货物集运、选择承运人、货代人、海关代理、信息管理、仓储、咨询、运费支付、运费谈判等。由于服务业的方式一般是与企业签订一定期限的物流服务合同，所以有人称第三方物流为"合同契约物流（Contract Logistics）"。

（二）主要特征

从发达国家物流业的状况看，第三方物流在发展中已逐渐形成鲜明特征，突出表现在五个方面：

1. 关系合同化

首先，第三方物流是通过契约形式来规范物流经营者与物流消费者之间关系的。物流经营者根据契约规定的要求，提供多功能直至全方位一体化物流服务，并以契约来管理所有提供的物流服务活动及其过程。其次，第三方物流发展物流联盟也是通过契约的形式来明确各物流联盟参加者之间权责利相互关系的。

2. 服务个性化

首先，不同的物流消费者存在不同的物流服务要求，第三方物流需要根据不同物流消费者在企业形象、业务流程、产品特征、顾客需求特征、竞争需要等方面的不同要求，提供针对性强的个性化物流服务和增值服务。其次，从事第三方物流的物流经营者也因为市场竞争、物流资源、物流能力的影响需要形成核心业务，不断强化所提供物流服务的个性化和特色化，以增强物流市场竞争能力。

3. 功能专业化

第三方物流所提供的是专业的物流服务。从物流设计、物流操作过程、物流技术工具、物流设施到物流管理必须体现专门化和专业水平，这既是物流消费者的需要，也是第三方物流自身发展的基本要求。

4. 管理系统化

第三方物流应具有系统的物流功能，是第三方物流产生和发展的基本要求，第三方物流需要建立现代管理系统才能满足运行和发展的基本要求。

5. 信息网络化

信息技术是第三方物流发展的基础。物流服务过程中，信息技术的发展实现了信息实时共享，促进了物流管理的科学化，极大地提高了物流效率和物流效益。

（三）相关分类

第三方物流内部的构成一般可分为两类：资产基础供应商和非资产基础供应商。对于资产基础供应商而言，他们有自己的运输工具和仓库，他们通常实实在在地进行物流操作。而非资产基础供应商则是管理公司，不拥有或租赁资产，他们提供人力资源和先进的物流管理系统，专门管理顾客的物流功能。

广义的第三方物流可定义为两者结合。第三方物流因其所具有的专业化、规模化等优势在分担企业风险、降低经营成本、提高企业竞争力、加快物流产业的形成和再造等方面所发挥的巨大作用，已成为21世纪物流发展的主流。

狭义的第三方物流是指能够提供现代化的、系统的物流服务的第三方物流活动。

二、第四方物流

（一）基本定义

第四方物流是1998年美国埃森哲咨询公司率先提出的，是专门为第一方、第二方和第三方提供物流规划、咨询、物流信息系统、供应链管理等活动。第四方物流并不实际承担具体的物流运作活动。

第四方物流（Fourth Party Logistics）是一个供应链的集成商，一般情况下政府为促进地区物流产业发展领头搭建第四方物流平台提供共享及发布信息服务，是供需双方及第三方物流的领导力量。它通过拥有的信息技术、整合能力以及其他资源提供一套完整的供应链解决方案，以此获取一定的利润。它是帮助企业实现降低成本和有效整合资源，并且依靠优秀的第三方物流供应商、技术供应商、管理咨询以及其他增值服务商，为客户提供独特的和广泛的供应链解决方案。

（二）发展历程

21世纪是国际物流业大发展的时代，资讯化、网络化、智慧化、柔性化、标准化和社会化将是其特点。

第四方物流负责第三方物流安排之外的功能整合，因为全球性供应链管理单靠第三方物流来组织、整合，不可能做到包罗万象，除了要保持速度及有效运作，它必须围绕本身性质和重整来经营，采用合作而不是直接控制的方法来获得能力。为此，需将单个组织以外的知识与资源纳入第四方物流。

（三）主要特点

与第三方物流注重实际操作相比，第四方物流更多地关注整个供应链的物流活

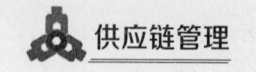

动,这种差别主要体现在以下几个方面,并形成第四方物流独有的特点:

1. 4PL供应链解决方案

第四方物流有能力提供一整套完善的供应链解决方案,是集成管理咨询和第三方物流服务的集成商。第四方物流和第三方物流不同,不是简单地为企业客户的物流活动提供管理服务,而是通过对企业客户所处供应链的整个系统或行业物流的整个系统进行详细分析后提出具有中观指导意义的解决方案。第四方物流服务供应商本身并不能单独地完成这个方案,而是要通过物流公司、技术公司等多类公司的协助才能将方案得以实施。

第三方物流服务供应商能够为企业客户提供相对于企业的全局最优,却不能提供相对于行业或供应链的全局最优,因此第四方物流服务供应商就需要先对现有资源和物流运作流程进行整合和再造,从而达到解决方案所预期的目标。第四方物流服务供应商整个管理过程大概设计四个层次,即再造、变革、实施和执行。

2. 产生影响增加价值

第四方物流是通过对供应链产生影响的能力来增加价值,在向客户提供持续更新和优化的技术方案的同时,满足客户特殊需求。第四方物流服务供应商可以通过物流运作的流程再造,使整个物流系统的流程更合理、效率更高,从而将产生的利益在供应链的各个环节之间进行平衡,使每个环节的企业客户都可以受益。如果第四方物流服务供应商只是提出一个解决方案,但是没有能力来控制这些物流运作环节,那么第四方物流服务供应商所能创造价值的潜力也无法被挖掘出来。因此,第四方物流服务供应商对整个供应链所具有的影响能力直接决定了其经营的好坏,也就是说第四方物流除了具有强有力的人才、资金和技术以外,还应该具有与一系列服务供应商建立合作关系的能力。

3. 需具备一定的条件

如能够制定供应链策略、设计业务流程再造、具备技术集成和人力资源管理的能力;如在集成供应链技术和外包能力方面处于领先地位,并具有较雄厚的专业人才;如能够管理多个不同的供应商并具有良好的管理和组织能力等。

第四方物流还包括以下四个特点:供应链再建、功能转化、业务流程再造、开展多功能多流程的供应链管理。

（四）运作模式

第四方物流结合自身的特点可以有三种运作模式来进行选择,虽然它们之间略有差别,但是都是要突出第四方物流的特点。

1. 协同运作模型

该运作模式下,第四方物流只与第三方物流有内部合作关系,即第四方物流服务供应商不直接与企业客户接触,而是通过第三方物流服务供应商将其提出的供应链解决方案、再造的物流运作流程等进行实施。这就意味着第四方物流与第三方物流共同开发市场，在开发的过程中第四方物流向第三方物流提供技术支持、供应链管理决策、市场准入能力以及项目管理能力等，它们之间的合作关系可以采用合同方式绑定或采用战略联盟方式形成。

2. 方案集成商模式

该运作模式下，第四方物流作为企业客户与第三方物流的纽带，将企业客户与第三方物流连接起来，这样企业客户就不需要与众多第三方物流服务供应商进行接触，而是直接通过第四方物流服务供应商来实现复杂的物流运作的管理。在这种模式下，第四方物流作为方案集成商，除了提出供应链管理的可行性解决方案外，还要对第三方物流资源进行整合，统一规划为企业客户服务。

3. 行业创新者模式

行业创新者模式与方案集成商模式有相似之处：都是作为第三方物流和客户沟通的桥梁，将物流运作的两个端点连接起来。两者的不同之处在于：行业创新者模式的客户是同一行业的多个企业，而方案集成商模式只针对一个企业客户进行物流管理。这种模式下，第四方物流提供行业整体物流的解决方案，这样可以使第四方物流运作的规模更大限度地得到扩大，使整个行业在物流运作上获得收益。

第四方物流无论采取哪一种模式，都突破了单纯发展第三方物流的局限性，能真正的低成本运作，实现最大范围的资源整合。因为第三方物流缺乏跨越整个供应链运作以及真正整合供应链流程所需的战略专业技术，第四方物流则可以不受约束地将每一个领域的最佳物流提供商组合起来，为客户提供最佳物流服务，进而形成最优物流方案或供应链管理方案。而第三方物流要么独自，要么通过与自己有密切关系的转包商来为客户提供服务，它不太可能提供技术、仓储与运输服务的最佳结合。

（五）基本功能

（1）供应链管理功能，即管理从货主、托运人到用户、顾客的供应全过程。

（2）为运输一体化功能，即负责管理运输公司、物流公司之间在业务操作上的衔接与协调问题。

（3）供应链再造功能，即根据货主/托运人在供应链战略上的要求，及时改变或调整战略战术，使其经常处于高效率的运作。第四方物流的关键是以"行业最佳的物流方案"为客户提供服务与技术。

（六）运转方法

主要是指由咨询公司提供的物流咨询服务。咨询公司应物流公司的要求为其提供物流系统的分析和诊断，或提供物流系统优化和设计方案等。总之第四方物流公司以其知识、智力、信息和经验为资本，为物流客户提供一整套的物流系统咨询服务。第四方物流公司要从事物流咨询服务就必须具备良好的物流行业背景和相关经验，它并不需要从事具体的物流活动，更不用建设物流基础设施，只是对于整个供应链提供整合方案。

第四方物流是一个供应链集成商，调集和管理组织自己及具有互补性服务提供的资源、能力和技术，以提供一个综合的供应链解决方案。

第四方物流不仅控制和管理特定的物流服务，而且对整个物流过程提出方案，并通过电子商务将这个程序集成起来，因此第四方物流商的种类很多，变化程度亦可以十分大。

第四方物流的关键在于为顾客提供最佳的增值服务，即迅速、高效、低成本和个性化服务等。而发展第四方物流需平衡第三方物流的能力、技术及贸易流畅管理等，但亦能扩大本身营运的自主性。

第四方物流为客户带来的效益包括利润增长和降低营运成本，即通过整条供应链外判功能得到提高运作效率、降低采购成本，使流程一体化从而达到目的。

"第四方物流"与"第三方物流"相比，其服务的内容更多，覆盖的地区更广，对从事货运物流服务的公司要求更高，要求它们必须开拓新的服务领域，提供更多的增值服务。第三方物流建立在企业物流业务外包的基础上，而第四方物流是建立在第三方物流的基础上，物流服务覆盖范围更广。就提供的物流服务产品而言，第三方物流是物流硬件的提供者，第四方物流是物流软件的供应商。

任务三　供应链管理中的信息技术应用分析

一、供应链中的信息流管理

（一）供应链信息流概述

供应链信息流是指整个供应链上信息的流动。它是一种虚拟形态，包括了供应链上的供需信息和管理信息，它伴随着物流的运作而不断产生。因此有效的供应链管理作为信息流管理的主要作用，在于及时在供应链中传递需求和供给信息，提供准确的管理信息，从而使供应链成员都能得到实时信息，以形成统一的计划与执行，从而为最终顾客更好地服务。

（二）供应链信息流的地位

供应链中的信息连接着供应链这个大组织中的各个节点企业，信息的传递形成信息流。信息流是商流、物流和资金流的沟通和传递，是商流、物流和资金流的共同支撑力量。信息流是公路和桥梁，是买卖、物品和资金流通的载体，没有信息的沟通和传递，商流、物流和资金流将变得支离破碎、处处受阻。信息控制着买卖、物品、资金流动的方向、大小和速率。畅通、及时、准确的信息从根本上保证了商流、物流和资金流的高质量与高效率。总之，信息流在供应链四流中起到融会贯通的作用。

（三）供应链信息流的作用

信息流是供应链管理的核心要素。传统的管理对象包括人、财、物等实物形体，然而随着社会的发展，信息作为一个特殊的管理对象要素越来越占据核心地位。信息流管理就是要对贯穿于供应链全程中的信息流动进行控制、协调，以期达到有效流动，各节点企业实现信息无缝衔接，最终达到价值增值的目的。充分利用先进的信息技术，构建信息流动的高速公路，"链条"中的各方能及时有效地获取其相邻企业的各种需求信息，并快速作出正确的反应，满足它们的需要，快速供货，提高企业的服务水平。

1. 信息的有效流动直接关系着企业的决策与运营

在许多企业中，尤其是组织复杂的大企业，各种信息流错综复杂、纵横交错，如何获取、传递、分析这些信息并最终形成各种决策，从而支持企业战略目标的实现将变得至关重要。供应链中的信息包括供应源信息、生产信息、配送信息。供应链管理者须运用这些信息作出驱动供应链的重要决策：库存水平决策需要来自顾客的下游信息，来自可利用的供应商信息，以及现存库存水平的信息；信息、零售信息和需求信息运输策略的制定需要了解顾客、供应商、运输路线、运输成本、运输时间以及运输数量的信息；设施的决策既需要了解供需信息，又需要了解企业内部的生产能力、收益及成本的相关信息。畅通、敏捷有效的信息加速了决策的速度，提高了决策的质量。信息更是供应链运营中最大的驱动要素。信息包括链中采购、库存、运输、销售及顾客的资料。事实证明，有效信息的增长带来了利润的成倍增长。此外，信息联系着供应链的不同阶段，使各个阶段相互协调，且对各个阶段的日常运营来说十分重要：例如，生产日程安排利用需求信息制定生产计划，使工厂能够用高效率的方式生产出满足需求的产品。信息就像发动机，带动了供应链这台机器的高速旋转。

2. 信息共享是消除需求信息不确定性的有效方法

作为下游终点的用户，对商品的需求是起伏不定的，当下游需求发生变化时，由于供应链的固有属性，这种变化的信号就会沿着供应链自下而上逐渐放大。这种"牛鞭效应"现象产生的原因在于伴随销售信息流动的基础上其他相关动态信息不确定性所引起的。信息共享即集中信息需求使供应链中所有的企业都能直接得到最终用户的实际需求信息，增加了供应链中各节点企业的透明度，减少了重复建设和重复运作中人、财、物等资源的浪费，大幅降低了供应链中各节点企业的库存，相应地减少了供应链上的不确定性。

3. 信息交流能强化企业的核心竞争力

现代信息技术的发展，信息可存储于电子介质、光介质上，电子信息的传输和管理变得更迅速有效，信息使用也将更加容易、快捷与经济，核心企业通过电子手段可以增强和用户、供应商和接受业务外包的第三方物流等各方面的协调和沟通，更好地为用户提供便捷的服务，强化同供应商的关系，强化企业的核心竞争力。此外信息流管理对于压缩整个供应链的响应时间、提升企业供应链竞争优势有着十分重要的作用。

（四）供应链信息流的内容

供应链信息流的主要内容包括需求信息、供应信息和共享信息。

需求信息的方向是从用户到零售商，再从零售商到分销商，再往上游到达制造商和制造商的供应商。方向反之为供应信息。供应链管理的实质就是信息共享，信息共享不应该只局限于交易数据，战略信息的共享也是同样重要的，因为它更利于企业共同计划最佳的方法和采用更有效的手段来满足彼此和用户的需求。共享信息既有各节点企业之间通过 Internet/EDI 进行交换的信息，也有单个企业内部共享有关研发、采购、库存、销售等的信息。

（五）供应链信息流的特点

1. 覆盖的范围广

供应链中的信息流覆盖了从供应商、制造商到分销商再到零售商等供应链中的所有环节。其信息流分为需求信息流和供应信息流，这是两个不同流向的信息流。当需求信息（如客户订单、生产计划、采购合同等）从需方向供方流动时，便引发物流。同时供应信息（如入库单、完工报告单、库存记录、可供销售量、提货发运单等）又同物料一起沿着供应链从供方向需方流动。单个企业下的信息流则主要限定在企业内部的进销存记录。

2. 获取途径多

由于供应链中的企业是一种协作关系和利益共同体，因而供应链中的信息获取渠道众多，对于需求信息来说既有来自顾客也有来自分销商和零售商的；供应信息则来自于各供应商，这些信息通过供应链信息系统而在所有的企业里流动与分享。对于单个企业情况来说，由于没有与上下游企业形成利益共同体，上下游企业也就没有为它提供信息的责任和动力，因此单个企业的信息获取则完全依赖于自己的收集。

3. 信息质量高

由于存在专业分工，供应链中的信息质量要强于单个企业下的信息质量，例如分销商和零售商可以专门负责收集需求信息，供应商则收集供应信息，生产厂商收集产品信息等。

（六）加强供应链信息流管理的对策

1. 加强供应链信息流标准化工作，解决信息流接口问题

标准化是供应链信息流管理的基础性工作，标准化不仅包括信息分类与代码、数据接口等技术层次的问题，也包括项目的立项、开发过程控制、验收管理环节采用的标准化。当前企业信息化建设多缺乏统一规则，并且由于技术、业务、需求、经费和管理等方面的原因，造成各系统的开发平台不同、操作系统不同，特别是数据库管理系统千差万别，彼此之间很难实现互通互联，从而形成一个个"信息孤岛"。解决这些问题可以从以下方面入手：统一信息代码，为系统功能和结构建立统一的业务标准；确保信息要求与关键业务指标一致；对信息系统定义、设计和实施建立连续的实验、检测方法；实现供应商和用户之间的计划信息的集成；制定统一的供应链协议，将供应链管理工作进行程序化、标准化和规范化。各个企业之间不同的"接口"是供应链信息沟通过程的独木桥，难以担当频繁复杂的交易信息和交易互动的需要。这样的"接口"在很大程度上制约企业信息系统的整合，影响信息的沟通和时效。怎样解决这个问题，我们可以构想用数据总线的方式解决信息交换问题，所有的系统、模块都遵循一种通行的模式和能够被接受的协议，并且使系统由一个个能够独立定义的功能组件，按照设定的流程在软件总线上连接在一起，系统将软件总线作为链接运行平台，模块之间、系统之间使用统一或可约定的协议和规则。

2. 改善信息有效流动的环境

供应链的形成和运行都要以契约网络和信用机制作保障。作为一种迎合任务或市场机遇的企业联盟，供应链需要通过大量的双边规范形成一种"准市场虚拟企业"，而大量的双边规范实际就是由它形成的契约网络。供应链信息共享需要一定的契约网络来保证其顺利进行，但同时也强调伙伴之间相互信任关系的建立和发展，强调各节点企业对共同任务的重视，毕竟各节点企业不是同一组织运作，有了信用机制，各节点企业才愿意共享信息，愿意在与对方交往中交流信息并为信息传递提供便利。因此，在契约的基础上充分重视信用机制的建立，从而可以形成一个契约/信用网络，这才是供应链信息有效流动的关键。

3. 构建信息流平台

借助先进的信息技术，建立供应链管理运行的支持系统和平台，通过信息集成减少协调过程中的不确定性。是否投资建立独立的平台应取决于行业的具体情况。

组建平台时要考虑成员交易、交流的规模与习惯，避免华而不实的平台，也不可以完全鄙弃传统的方式，而且并非每个企业都拥有高素质的信息人才，各企业可以考虑如何充分利用公共信息设施。平台构建主要是信息流运作模型构建。信息流运作模式包括链式和网式两种结构。链式信息流是自上而下的链式信息流，前馈信息是以订单形式出现的市场信息，存在协调性差、反馈时间长等弊端。网式信息流运作模式解决了这些问题，但是每个节点企业又要面对较多的信息通道，加重了节点信息处理负担。最好的解决方法是克服两者的缺点，综合两者的优点，重组信息流运作模式。核心企业可以构建集中信息平台，通过辐射型信息流模式，实现供应链上的信息协调，缩短订单处理时间、研发时间，消除供应、生产、分拨中的无效等待时间。

4. 引进先进信息技术，实现企业之间的信息共享

激烈的市场竞争和用户需求的提升，原来处于竞争关系的企业意识到只有全面合作，努力提高对用户的整体服务水平，才能增强企业的竞争力，使彼此都获得最大的利益。要实现高度的合作，对于供应链的主要参与者来说，必须共享信息。引进先进信息技术，可实现供应链信息一体化。例如采用POS技术，及时将零售企业销售数据传输到供应商的信息中心；运用EDI技术进行上下游企业之间的数据交换，特别是零售业与加工企业之间业务上的整合；采用GIS技术对产品运车辆、运输信息进行跟踪，实时查询、调度和导航；采用BC/RF技术对商品进行全球监测识别。联系渠道中的信息技术有：电子交换技术（EDI），电子商务（EC）（有企业对企业B2B，企业对消费者B2C两种类型），电子自动订货系统（EOS），销售时点信息系统（POS），地理决策系统（GIS）。产品设计中的技术有：计算机辅助设计（CAD），计算机辅助工艺规划（CAPP），计算机辅助工程（CAE）和计算机辅助制造（CAM），条码技术（BC），射频技术（RF）。生产上的技术有：企业资源计划（ERP），制造资源计划（MRPII）。客户服务和市场营销中的技术有：客户关系管理（CRM）。

二、基于供应链管理的信息共享

（一）信息共享（Information Sharing）

信息共享指在信息标准化和规范化的基础上，按照法律法规，依据信息系统的技术和传输技术，信息和信息产品在不同层次、不同部门信息系统间实现交流与共享的活动。其目的是将信息这一种在互联网时代中越来越重要的资源与其他人共同分享，更加优化资源配置，节约社会成本，提高信息资源利用率，共同创造更多的财富。

（二）信息共享对供应链的影响

信息共享是实现供应链管理的基础。需求信息共享可以帮助生产商减少库存费用和期望费用，同时使生产商能够更好地安排生产作业及库存计划。

1. 采用新信息技术，获得供应链管理上的竞争优势
2. 改善传统流通方式，构筑企业间的供应链
3. 建立新型的客户关系，开发高效营销渠道

（三）信息共享的重要性

1. 有利于企业实现供应与需求的有机衔接，提高反应能力

实施供应链管理可以避免信息失真、提高顾客信息反馈效率，使供求有机衔接、协调一致、反应迅速。

2. 有利于企业实现精确管理、降低成本，提高资源利用率

降低成本是企业经营的重要内容，是提高效益的重要手段。对于企业供应链来说，供应链的赢利就是从顾客那里赚取的收入与供应链的全部成本之间的差额，供应链的成本越低，就意味着企业的获利空间越大。供应链管理就是要不断降低成本、提高效率，也就是说供应链管理就是不断优化、提高资源利用率。现有数据表明，企业实施供应链管理可以减少削价处理的损失40%~50%，库存下降10%~15%，可以带来大约20%的成本节约。

3. 有利于企业提高管理水平

企业实施供应链管理，就必然要进行业务流程重组，采用先进的技术和科学的管理方法，进而提高企业的现代化管理水平。

4. 有利于企业加快资金周转

实施供应链管理的企业比一般企业的资金周转时间缩短40%~60%，而资金周转时间的缩短就意味着企业资金利用率的提高。

5. 有利于企业改进交付可靠性，缩短交付时间，提高服务质量

企业通过加强供应链管理，可以大大缩短满足消费者需求的时间，从而获得无法复制的竞争优势。现阶段中国市场上产品品种越来越多，消费者需求变化越来越快。所以，在这个变化的世界里，成本固然是一个重要的竞争优势，但是快速响应消费者的需求，进而有效地满足消费者的需求才是竞争的根本。通过实施供应链管理可以改进交付可靠性99%~99.9%，缩短交付时间10%~20%。

6. 有利于企业成为受欢迎的业务伙伴

实施供应链管理使供应商和销售商实现信息共享，供货商们可以直接进入到企业的系统，相互的信任度大大加强，双方不再是零和关系，而是建立在共赢基础上的受欢迎的业务合作伙伴。例如像沃尔玛实行的"零售链接"。通过零售链接，供货商们就可以随时了解销售情况，对将来货物的需求量进行预测，以决定生产情况，

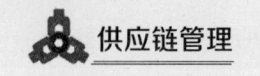

这样它们的产品成本也可以降低，从而使整个流程成为一个"无缝"的过程。

三、供应链间企业信息系统集成

（一）相关概念

集成化是指系统整体优化性能的获得，综合体现了系统方法中整体性和最优化的基本原则。整体化原则是系统方法的根本和出发点，最优化原则是系统方法的基本目的。因此，集成化是任何一般性系统根本的核心性能标志。

集成化信息系统是指从全局的观点出发而构筑成的一个包含组织各种主要管理业务的完整信息系统，它将支持全组织范围内的信息采集、加工、存储管理、检索和传输，并能从全局角度向有关人员或职能部门提供详尽准确的信息，各子系统之间既能共享信息资源，又能有效地支持各自的管理业务，为各层管理提供信息服务和决策支持。

系统集成包含两个方面：一是网络环境集成，二是数据集成。所谓网络环境集成就是将支持各应用项目的硬软设施，同样在一个便于运行管理的小环境里。所谓数据集成则是各个应用项目的数据进行分类，并识别出基础数据，在整个系统范围内将这类数据组织成一个全局数据库模式。由上可见，数据集成是系统集成的基础。

（二）供应链间企业信息系统集成策略

组织重构是供应链间企业信息系统集成的基础阶段，它是供应链间企业信息系统集成建立起支撑的"骨架"，提供组织和制度保障。供应链的组织架构反映了供应链上的权力关系和联系方式，同时也决定了信息在供应链上的传递方式。组织重构的好坏将影响到供应链上最活跃的因素——人的积极性和能力的最大发挥，它关系到供应链信息系统集成实施的成败。

组织重构首先要确认供应链主要的侧重点是什么，例如，协同制造、协同产品开发、协同营销、协同物流等，这也是协同供应链的战略目标和出发点。在确认协同供应链的战略目标后就要求供应链间的企业根据这个战略目标完成各自企业组织机构的调整。组织机构调整要完成的工作包括职能结构的改造、人员的重新分配、管理制度的健全、绩效的评价和考核、企业协同文化的培育等。这些工作是相辅相成的，机构建立后需要人员和制度来管理，每一个人员又都是处于一定的机构层次上，人员配置好后要考核他们的工作绩效以期进行改善，一个协同组织必然存在企业协同文化，这种文化要适应供应链管理的需要。

供应链间虚拟组织构建还需要注意如下几个方面。

1. 各节点企业职能机构向扁平化、网络化发展

传统的组织结构是金字塔形的垂直结构，包括决策层、职能层和执行层，指令和信息是逐级单向传递的，指令由上到下，原始信息由下到上。传统的组织结构具

有很大的弊端，表现在决策速度慢、信息容易失真和供应链的反应灵敏度低，这种结构已经不适应协同供应链的要求，所以在供应链重构中要用扁平化、网络化的组织结构来代替这种金字塔形结构。

扁平化的组织要求减少小增值的管理层次，各级之间形成一种双向互动的关系，职能之间进行网络化的连接，信息在组织中是网络化传递，从信息源同时向其他各部门发散。在这样的组织中更多地采用项目团队和矩阵结构的组织方式。这种组织结构具有很大的柔性，适应电子商务的快速响应的需要。

2. 分权

分权就是高级管理人员把部分决策权分给低级的管理人员，或者说更多地让员工参与决策。分权能够最大限度地发挥员工的主动性和积极性，能够增加供应链的灵活性和快速响应能力。在协同商务环境下，市场环境和顾客需求瞬息万变，供应链需要对这种变化作出快速的响应，高度集权是不适应这种要求的，集权会导致供应链的决策速度变慢、应变能力变弱。所以说，在供应链的组织架构中应进行充分的分权。

分权的程度取决于两个方面，一是组织分权的偏好，二是员工对分权的接受程度与能力。组织分权的偏好高，分权程度高，反之则低。员工对分权的接受程度与能力强，可以分权的程度高，反之则低。这两者的交集就是组织的分权度。

3. 缔造学习型组织

在知识经济的今天，供应链上的企业要跟上时代的变化，不断自我更新，就必须向学习型组织转变。学习型组织能够自我创新、自我提升，始终走在时代的前列，保持永远向上的活力。它具有如下特点。

(1) 重视知识。包括建立各种机制，鼓励组织内知识的积累和传播，如研究活动、专题讨论、研讨讲座等。

(2) 鼓励创新。创新是学习型组织的灵魂，学习型组织能够从已有的知识中提炼创造新的知识、永葆活力。

(3) 开放思维。学习型组织是一种开放的组织，能够接受外界新兴事物，大量吸收外界的信息，能够保持对外界的敏锐性。

供应链的学习型特点体现在三个层次：一是供应链节点企业要成为学习型组织；二是节点企业之间在合作竞争关系中要相互学习；三是整条供应链向供应链外的环境中学习。在供应链的组织重构中，要从这三个方面把供应链塑造成学习型的供应链。

(三) 供应链间企业信息系统集成的实施方法

供应链间企业信息系统集成的实施方法有很多，考虑到目前我国大部分企业的信息化建设现状，最常见的是信息系统外包。

信息系统外包是"支付酬劳给其他公司，以执行企业全部或部分信息系统的功能"，信息系统外包可为企业带来降低成本、增加公司财务弹性、节省组织人员的开支、获得更新的技术、使企业可以专心经营核心业务等好处，但并非任何外包都可达成利益。一般来说，企业若将主要业务或全部业务外包，将会带来高成本、低弹性等风险；反之，企业若将部分非核心业务以合同的方式交由该领域具有专门技术的外包商或软件包外包商来执行，并将外包商视为企业成员来管理，则外包是相当有价值的。

1. 企业将信息系统外包的优点

（1）在战略上，使企业运营较有弹性，使企业能专注于核心事业上，使信息中心从以成本中心转换到以利润中心，能促进组织规模减小和重组，使企业内部资源自由运作，减少维护人员的负担，员工可通过技术移转增加其学习经验。

（2）在经济上，通过资产移转将固定成本转为变动成本，以减少成本，使双方因达到规模经济而节省成本。

（3）在技术上，通过外包可引进较好且有效的技术和资源，获得和满足行政上的需求，获得较好和较多的文件和问题解决方法，避免因失败而造成资源浪费的风险，提高生产力，使现有设备更有效地使用。

（4）在其他方面，通过外包可使企业专注在本身主要核心能力、产品、服务的市场发展，让双方达到规模经济的利益，提高信息系统支持的质量与绩效，降低投资风险，使企业产生节约意识，解决信息人才、技术、经验、设备缺乏的问题，提高投资回报率，并通过外包商吸收其他组织的优点，使其降低或控制长期信息系统的投资成本。

2. 企业将信息系统外包的缺点

（1）在管理上，缺乏对外包商的弹性及控制，缺乏信任感，内部缺乏技术和资源，外包后员工能否适应等。可能会因受困于以往的技术，签订长期的合同较为困难。

（2）在成本上，很难将其量化，使外包成本不易估算，增加沟通和协调成本，产生潜在成本，会造成敏感性数据外流，外包质量评价困难，竞争产品和服务受到限制。双方会由于对利润观点的不一致而会有所冲突。

（3）其他方面，使企业原本的信息部门地位、士气降低，造成企业需求沟通的问题，阻碍技术升级和组织学习。另外，外包的不确定性容易会被外包商牵着鼻子走，且弹性应交能力较弱，存在安全问题，也有信息技术过时的风险及文化、经营理念默契的问题产生。

随着我国信息系统外包项目管理制度的日益规范，被外包企业也开始重视内部控制机制的建立，信息系统外包利大于弊，它必将逐渐成为供应链间企业信息系统集成的主要方法。

同步测试

一、不定项选择题

1. （　）被称为"合同契约物流"。
   A. 第一方物流　　B. 第二方物流　　C. 第三方物流　　D. 第四方物流
2. 第三方物流的主要特征包括（　）。
   A. 关系合同化　　B. 服务个性化　　C. 功能专业化　　D. 信息网络化
3. 物流概念最早形成于（　）。
   A. 美国　　　　　B. 英国　　　　　C. 法国　　　　　D. 日本
4. （　）被称为第三大利润源。
   A. 劳动　　　　　B. 资源　　　　　C. 科技　　　　　D. 物流
5. 第四方物流的运作模式包括（　）。
   A. 协同运作　　　B. 方案集成商　　C. 运输一体化　　D. 行业创新者
6. 物流概念最先由（　）提出。
   A. 美国　　　　　B. 日本　　　　　C. 德国　　　　　D. 英国

二、简答题

1. 供应链信息流的特点有哪些？

2. 信息共享对供应链的影响有哪些？

3. 企业将信息系统外包的缺点有哪些？

4. 供应链管理环境下物流管理的特点有哪些？

5. 供应链管理环境下的物流管理的策略有哪些？

三、论述题

第三方物流与第四方物流的区别有哪些？

项目七　供应链库存管理

内容提要

随着互联网、ERP、电子商务等信息技术在企业中的应用，企业的竞争模式发生了根本变化，21世纪市场竞争已由单个企业之间的竞争演变为供应链之间的竞争。供应链上各个环节的企业通过信息技术可以实现信息和资源的共享和相互渗透，达到优势互补的目的，从而能更有效地向市场提供产品和服务、增强市场竞争实力。对于一个零售型企业而言，如何设置和维持一个合理的库存水平，以平衡存货不足带来的短缺风险和损失以及库存过多所增加的仓储成本和资金成本则成为一个企业必须解决的问题。

本项目将对供应链环境下库存补给、管理、控制等内容展开介绍。

学习目标

学习完本项目后，你将能够：

1. 了解库存概念的演变过程。
2. 了解各种分类形式下库存的类型。
3. 理解供应链环境下库存管理的方法。
4. 理解供应商管理库存的流程和实施方案。
5. 理解 ABC 分类法和零库存技术。

导入案例

美的集团的供应商管理库存模式

创立于1968年的美的集团，是一家以家电业为主、涉足物流等领域的大型综合性现代化企业集团，旗下拥有三家上市公司、四大产业集团，是中国最具规模的白色家电生产基地和出口基地之一。

美的集团一直保持着健康、稳定、快速的增长，在2016年成为年销售额突破1500亿元的国际化消费类电器制造企业集团，跻身全球白色家电制造商前五名，成为中国最有价值的家电品牌。

纵观美的集团的发展历史，其优秀的库存管理策略为企业发展做出了不可磨灭的贡献。

近年来，在应对竞争对手的不断挑战和市场不确定性等诸多因素挤压时，美的始终在供应链这条维系着空调企业的生死线上绞尽脑汁，实行"业务链前移"策略，力求用"供应商管理库存"（Vendor Managed Inventory，简称VMI）和"管理经销商库存"形成整合竞争优势。

1. 控制供应链前端：供应商管理库存

长期以来，美的在减少库存成本方面一直成绩不错，但依然有最少5~7天的零部件库存和几十万台的成品库存。这一存货水准相对其他产业的优秀标杆仍稍逊一筹。在此压力下，美的在2002年开始尝试VMI。

美的作为供应链里的"链主"，即核心企业，居于产业链上游且较为稳定的供应商共有300多家。其中60%的供货商是在美的总部顺德周围，还有部分供货商在三天以内车程，只有15%的供货商距离较远。在这个现有供应链之上，美的实现VMI的难度并不大。

对于剩下15%的远程供应商，美的在顺德总部建立了很多仓库，然后把仓库分成很多片。外地供货商可以在仓库里租赁一个片区，并把零配件放到片区里面储备。美的需要用到这些零配件的时候，就会通知供应商，然后进行资金划拨、取货等工作。此时零配件的产权才由供应商转移到美的手上，而在此之前，所有的库存成本都由供应商承担。也就是说，在零配件的交易之前，美的一直把库存转嫁给供应商。

2. 理顺供应链后端：管理经销商库存

在业务链后端的供应体系进行优化的同时，美的也在加紧对前端销售体系的管理渗透。在空调、风扇这样季节性强的行业，断货或压货也是经常的事。尤其在前端销售环节，美的为经销商管理库存。在控制供应链的过程中，美的对物流和信息流的处理为其存货管理成本的挤压提供了保障。

(1) 物流管理方面。

存货管理与物流管理相结合，能够有效降低公司存货管理的成本。虽然美的目前的销售仍然沿着一级经销商、二级经销商到零售商的渠道，但它的第三方物流公司一般把产品直接运送到指定的二级经销商或零售商处，从而缩短了与市场的距离。物流公司所掌握的市场流量信息的有效性相对提高，为物流部的库存预测提供了帮助。同时，美的优化仓储网络，仓储网点也由分散到相对集中。由于需求源太多，层层上报往往导致数据的失真。集中仓储网点之后，相对集中的需求源就可以共用一个仓库。

(2) 与经销商的信息管理方面。

为理顺经销商的信息渠道，美的在广东进行东软金算盘的经销存软件的装设试点，为经销商分担一半费用，并协助其实施。同时，公开了与经销商的部分电子化往来，由以前半年一次的手工性的繁杂对账，改为业务往来的实时对账和审核。这样，美的可以有效地削减和精准地控制销售渠道上昂贵的存货，而不是任其堵塞在渠道中，占用经销商的大量资金。

美的以空调为核心对整条供应链资源进行整合，更多的优秀供应商被纳入美的空调的供应体系，整体素质和供应链能力都得到提升，存货周转率大大提高。

思考与讨论：

1. 库存在企业经营过程中所具有的作用是什么？

2. 库存有哪些弊端？

3. 本案例中，怎样理解美的的库存由供应商管理而美的又为经销商管理库存？

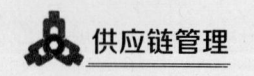

任务一　供应链库存管理基础认知

企业在经营过程中因为无法预测市场需求，为了保证运营正常，最常用的手段是设置库存。另外，库存还具有保持生产经营过程连续性、分摊订货费用、快速满足用户订货需求的作用。在企业经营中，尽管库存是出于种种经济因素考虑而存在的，但是库存也是一种无奈的结果。它是由于人们无法预测未来的需求变化，才不得已采用的应付外界变化的手段，也是因为人们无法使所有的工作都做得尽善尽美，才产生一些人们并不想要的冗余与囤积，即不和谐的工作沉淀。

一、库存管理概述

(一) 库存的基本概念

库存的概念有狭义和广义之分。

狭义的库存指存放在仓库中的物品。一般仅指有形的商品。

广义的库存指为满足未来需要而暂时闲置的资源。在理解这个概念的时候，要注意资源可以是有形的，也可以是无形的。汽车、家电是库存，医院闲置的床位是库存，数据库里面的客户资源也是库存。

(二) 库存的分类

库存从不同的角度，可以有多种分类形式。

1. 按库存的作用分类

(1) 周转库存：为满足日常生产经营需要而保有的库存。周转库存的大小与采购量直接有关。企业为了降低物流成本或生产成本，需要批量采购、批量运输和批量生产，这样便形成了周期性的周转库存，这种库存随着每天的消耗而减少，当降低到一定水平时需要补充库存。

(2) 安全库存：为了防止不确定因素的发生（如供货时间延迟、库存水消耗速度豁然加快等）而设置的库存。安全库存的大小与库存安全系数或者说与库存服务水平有关。从经济性的角度看，安全系数应确定在一个合适的水平上。例如国家为了预防灾荒、战争等不确定因素的发生而进行的粮食储备、钢材储备、麻袋储备等，就是一种安全库存。

(3) 调节库存：用于调节需求与供应的不均衡、生产速度与供应的不均衡以及各个生产阶段产出的不均衡而设置的库存。

（4）在途库存：处于运输以及停放在相邻两个工作或相邻两个组织之间的库存，在途库存的大小取决于运输时间以及该期间内平均需求。

2. 按其在生产或物流中所处的状态分类

（1）原材料库存：包括原材料、零件和部件，这是开展生产活动的必要条件。

（2）在制品库存：处于生产过程中不同阶段的半成品。

（3）维修库存：用于维修或保养的物品或零部件。

（4）成品库存：已经生产加工完成的产品，是准备运送给经销商或消费者的最终产品。

3. 按物品需求的重复程度分类

（1）单周期需求：也叫一次性订货，这种需求的特征是偶发性和物品生命周期短，因而很少重复订货，如报纸，没有人会订过期的报纸来看，人们也不会在农历八月十六预订中秋月饼，这些都是单周期需求。

（2）多周期需求：是在长时间内需求反复发生，库存需要不断补充，在实际生活中，这种需求现象较为多见。

多周期需求又分为独立需求与相关需求两种属性。

独立需求指外界或消费者对制成品或最终产品之市场需求，亦即企业所承接市场之订单需求，因为它的需求量是由市场所决定，企业本身只可根据以往之经验法则予以预测，而无法加以控制或决定，故称之为独立需求。

当对一项物料的需求与对其他物料项目或最终产品的需求有关时，称为相关需求。

相关需求是指与其他需求有内在相关性的需求，根据这种相关性，企业可以精确地计算出它的需求量和需求时间，它是一种确定型需求。例如，用户对企业完成品的需求一旦确定，与该产品有关的零部件、原材料的需求就随之确定，对这些零部件、原材料的需求就是相关需求。

（三）库存管理

1. 库存管理的概念

库存管理又称为库存控制，是对制造业或服务业生产、经营全过程的各种物品、产成品以及其他资源进行管理和控制，使其余量保持在经济合理的水平上。

2. 库存管理的目标

（1）使库存总成本最低。

这是企业需要通过降低库存成本以降低生产总成本、增加赢利和增加竞争能力所选择的目标。

（2）库存保证程度最高。

企业有很多的销售机会，相比之下压低库存意义不大，这就特别强调库存对其他经营、生产活动的保证,而不强调库存本身的效益。企业通过增加生产以扩大经营时,往往选择这种控制目标。

(3) 不允许缺货。

企业由于技术、工艺条件决定不允许停产,则必须以不缺货为控制目标,才能起到不停产的保证作用。企业某些重大合同必须以供货为保证,否则会受到巨额赔偿的惩罚,可制定不允许缺货的控制目标。

(4) 不超出资金预算。

企业必须在限定资金预算前提下实现供应,这就需要以此为前提进行库存的一系列控制。

(5) 快捷。

库存控制不以本身经济性来确定目标,而以大的竞争环境系统要求确定目标,这常常出现以最快速度实现进出货为目标来控制库存。

二、库存管理方法

目前比较常见的库存管理方法包括:库存订货点法、ABC 分类法和零库存管理法。

下面针对零售型企业库存管理问题的特点,简要介绍几种基本库存管理方法。

(一) 订货点法库存补给策略

传统生产制造企业经常采用的是订货点控制策略。订货点法又称订购点法,指的是对于某种物料或产品,由于生产或销售的原因而逐渐减少,当库存量降低到某一预先设定的点时,即开始发出订货单(采购单或加工单)来补充库存。直至库存量降低到安全库存时,发出的订单所订购的物料(产品)刚好到达仓库,补充前一时期的消耗,此一订货的数值点即称为订货点。

订货点法库存管理的策略很多,最基本的策略有 4 种:

① 连续性检查的固定订货量、固定订货点策略,即 (Q, R) 策略。

② 连续性检查的固定订货点、最大库存策略,即 (R, S) 策略。

③ 周期性检查策略,即 (t, S) 策略。

④ 综合库存策略,即 (t, R, S) 策略。

在这 4 种基本的库存策略基础上,又延伸出很多种库存策略,我们重点介绍 4 种基本的库存策略。

1. (Q, R) 策略

图 7-1 为 (Q, R) 策略的示意图。该策略的基本思想是:对库存进行连续性检查,当库存降低到订货点水平 R 时,即发出一个订货,每次的订货量保持不变,都为固定值 Q。该策略适用于需求量大、缺货费用较高、需求波动性很大的情形。

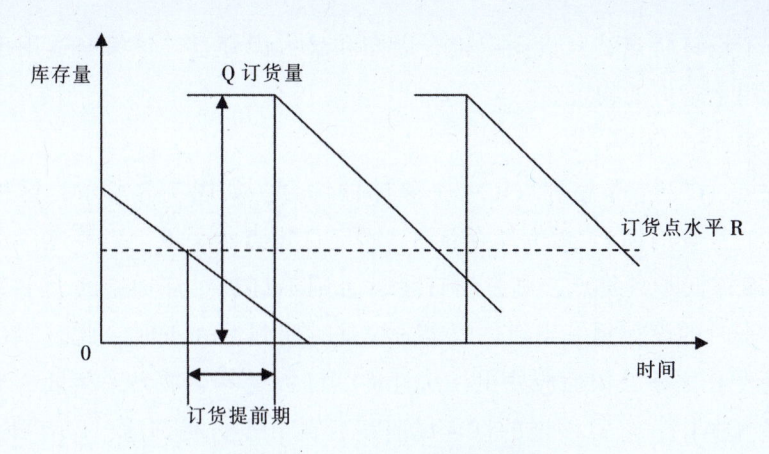

图 7-1 (Q, R) 策略示意图

2. (R, S) 策略

该策略和 (Q, R) 策略一样,都是连续性检查类型的策略,也就是要随时检查库存状态,当发现库存降低到订货点水平 R 时开始订货,订货后使最大库存保持不变,即为常量 S,若发出订单时库存量为 I,则其订货量即为 (S-I)。该策略和 (Q, R) 策略的不同之处在于其订货量是按实际库存而定,因而订货量是可变的。

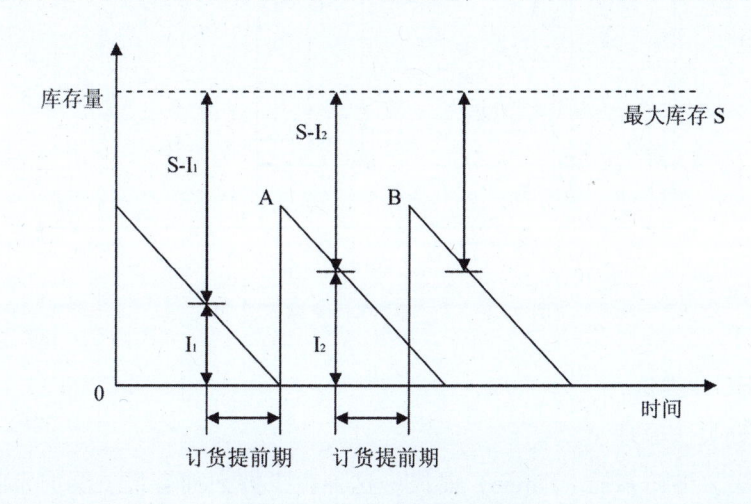

图 7-2 (t, S) 策略示意图

3. (t, S) 策略

该策略是每隔一定时期检查一次库存,并发出一次订货,把现有库存补充到最大库存水平 S,如果检查时库存量为 I,则订货量为 (S-I)。如图 7-2 所示,经过固定的检查期 t,发出订货,这时,库存量为 I_1,订货量为 (S-I_1)。经过一定的时间 (LT),库存补充 (S-I_1),库存到达 A 点。再经过一个固定的检查时期 t,又发出一次订货,订货量为 (S-I_2),经过一定的时间 (LT-订货提前期,可以为随机变量),库存有达到新的高度 B。如此周期性检查库存,不断补给。

该策略不设订货点，只设固定检查周期和最大库存量。该策略适用于一些不很重要的或使用量不大的物资。

4. (t, R, S) 策略

该策略是 (t, S) 策略和 (R, S) 策略的综合。如图 7-3 所示，这种补给策略有一个固定的检查周期 t、最大库存量 S、固定订货点水平 R。当经过一定的检查周期 t 后，若库存低于订货点，则发出订货，否则不订货。订货量的大小等于最大库存量减去检查时的库存量。当经过固定的检查时期到达 A 点时，此时库存已降低到订货点水平线 R 之下，因而应发出一次订货，订货量等于最大库存量 S 与当时的库存量 I_1 的差 ($S-I_1$)。经过一定的订货提前期后在 B 点订货到达，库存补充到 C 点，在第二个检查期到来时，此时库存位置在 D，比订货点水平位置线高，无须订货。第三个检查期到来时，库存点在 E，等于订货点，又发出一次订货，订货量为 ($S-I_3$)，如此，周期进行下去，实现周期性库存补给。

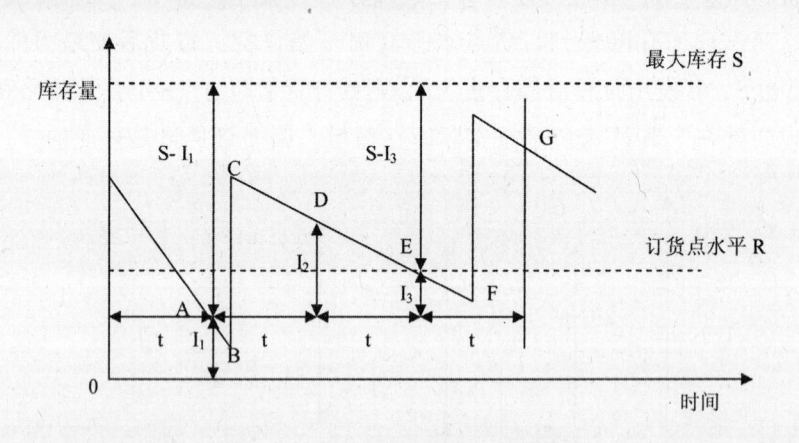

图 7-3 (t, R, S) 策略示意图

(二) ABC分类法

1. ABC 分类法原理

ABC 曲线又称帕累托 (Pareto) 曲线。这种由少数人拥有最重要的事物而多数人拥有少量的重要事物的理论，已被广泛应用到许多现实生活中，并称之为 Pareto 原则 (Pareto Principle)，即所谓"关键的少数和一般的多数"的哲理，也就是我们平时所提到的 80/20 法则。

ABC 分类法的理论基础为"关键的少数和一般的多数"。在一个系统中，少数事物具有决定性的影响；相反，其余的绝大部分事物却不太有影响。很明显，如果将有限的力量重点用于解决这些关键的少数事物上，和将有限力量平均分摊在全部事物上进行比较，当然是前者可以取得较好的成效，而后者成效较差。当该 ABC 分析法应用于库存管理中时，叫做 ABC 分类法，它的主要原理是把库存的商品进行 A、

B、C 分类，然后对不同类别的商品采取不同的管理方法。

2. ABC 分类法的标准和原则

（1）ABC 分类法的标准。

一般来说，企业按照年度货币占用量将库存分为三类：

① A 类商品。

其价值占库存总值的 70%~80%，品种数通常为总品种数的 5%~15%。

② B 类商品。

其价值占库存总值的 15%~25%，品种数通常为总品种数的 20%~30%。

③ C 类商品。

其价值占库存总值的 5%~10%，品种数通常为总品种数的 60%~70%。

（2）ABC 分类法的原则。

① 成本—效益原则。

无论采用何种方法，只有其付出的成本能够得到完全补偿的情况下才可以施行。

② "最小最大"原则。

我们要在追求 ABC 分类管理的成本最小的同时，追求其效果的最优。

③ 适当原则。

在实行 ABC 分析进行比率划分时，要注意企业自身境况，对企业的存货划分 A 类、B 类、C 类并没有一定的基准。

3. ABC 分类法实施的步骤

ABC 分类法实施的一般步骤为：

（1）收集数据。

按分析对象和分析内容收集资料。一般来说，需要收集的资料有每种库存物资的平均库存量、每种物资的单价。

（2）处理数据。

对收集来的数据进行整理，按要求计算和汇总。以平均库存乘以单价，计算每种物资的平均资金占用额。

（3）制作 ABC 分析表。

表7-1 ABC分析表

物品名称	品目数累计	品目数累计百分数	物品单价	平均库存	物品单价乘以平均库存	平均资金占用额累计	平均资金占用额累计百分数	分类结果
(1)	(2)	(3)	(4)	(5)	(6)	(7)	(8)	(9)

(4) 根据ABC分析表确定分类。

按照ABC分析表，观察第三栏累计品目百分数和第八栏平均资金占用额累计百分数，将累计品目百分数为5%~15%，而平均资金占用额累计百分数为70%~80%的前几个物品，确定为A类；将累计品目百分数为20%~30%，而平均资金占用额累计百分数为15%~25%的前几个物品，确定为B类；其余的为C类，其累计品目百分数为60%~70%，而平均资金占用额累计百分数仅为5%~10%。

(5) 绘制ABC分析图。

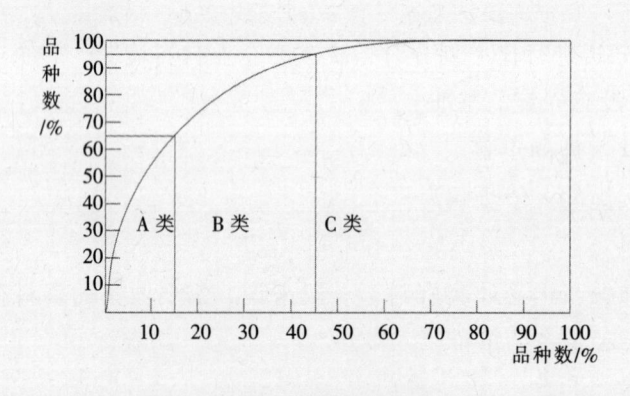

图7-4 ABC分析图

(6) 确定重点管理要求。

① 对A类物资应该进行重点管理，现场管理应该更加严格，应放在更安全的地方；为了保持库存记录的准确，要经常进行检查和盘点；对A类库存进行预测应该更加仔细。

② 对B类物资进行次重点管理，现场管理不必投入比A类物资更多的精力；库存检查和盘点周期可以比A类物资更长一些。

③ 对C类物资只进行一般的管理，现场管理可以更粗放一些；但是由于品种

多，出现差错的可能性也比较大，因此也必须定期进行库存检查和盘点，周期可以比 B 类物资长一些。

（三）零库存管理法

在日本丰田汽车公司，你可以看到川流不息的流水线，却难以寻觅丰田公司的仓库。因为企业的仓储量为零。在我国企业界，特别是某些大中型企业，"零库存"的营销管理正在加紧推行之中，并已取得引人瞩目的成效。把库存量控制到最佳数量，尽量少用人力、物力、财力把库存管理好，获取最大的供给保障，是很多企业追求的目标，甚至影响到企业在竞争中的地位。

零库存的提出可以解决库存管理中的部分浪费现象，零库存是一种特殊的库存概念，其对工业企业和商业企业来讲是个重要分类概念。零库存的含义是以仓库储存形式的某种或某些物品的储存数量为"零"，即不保持库存。不以库存形式存在就可以免去仓库存货的一系列问题，如仓库建设、管理费用、存货维护、保管、装卸、搬运等费用、存货占用流动资金及库存物的老化、损失、变质等问题。库存管理是企业管理系统四大流中的物流部分，库存管理对物料进、存、出进行台账管理，也就是管理各物料供应和需求的关系，达到供需间的平衡，又要尽量压低物料的库存量，因为它会占用（积压）企业宝贵的流动资金。零库存是对某个具体企业、具体商店、车间而言，是在有充分社会储备保障前提下的一种特殊形式。

1. 零库存的主要形式

（1）委托保管方式。

接受用户的委托，由受托方代存代管所有权属于用户的物资，从而使用户不再保有库存，甚至可不再保有保险储备库存，从而实现零库存。受托方收取一定数量的代管费用。这种零库存形式的优势在于：受委托方利用其专业的优势，可以实现较高水平和较低费用的库存管理，用户不再设仓库，同时减去了仓库及库存管理的大量事务，集中力量于生产经营。但是，这种零库存方式主要是靠库存转移实现的，并未能使库存总量降低。日本宫山售药及我国天津通讯广播器材公司就是采用这种方式实现零库存的。

（2）协作分包方式。

即美国的"sub-com"方式和日本的"下请"方式，主要是制造企业的一种产业结构形式。这种结构形式可以以若干分包企业的柔性生产准时供应，使主企业的供应库存为零；同时主企业的集中销售库存使若干分包劳务及销售企业的销售库存为零。

在许多发达国家，制造企业都是以一家规模很大的主企业和数以千百计的小型分包企业组成一个金字塔形结构。主企业主要负责装配和产品开拓市场的指导，分包企业各自分包劳务、分包零部件制造、分包供应和分包销售。例如分包零部件制造的企业，可采取各种生产形式和库存调节形式，以保证按全企业的生产速率，按指定时间送货到主企业，从而使主企业不再设一级库存，达到零库存的目的。主企业的产品（如家用电器、汽车等）也分包给若干推销人或商店销售，可通过配额、随时供给等形式，以主企业集中的产品库存满足各分包者的销售，使分包者实现零库存。

(3) 轮动方式。

轮动方式也称同步方式，是在对系统进行周密设计的前提下，使各个环节的速率完全协调，从而达到根本取消甚至是工位之间暂时停滞的一种零库存、零储备形式。这种方式是在传送带式生产基础上，进行更大规模延伸形成的一种使生产与材料供应同步进行，通过传送系统供应从而实现零库存的形式。

(4) 准时供应系统。

在生产工位之间或在供应与生产之间完全做到轮动，这不仅是一件难度很大的系统工程，而且，需要很大的投资，同时，有一些产业也不适合采用轮动方式。因而，广泛采用此轮动方式有更多灵活性、较容易实现的准时方式。准时方式不是采用类似传送带的轮动系统，而是依靠有效的衔接和计划达到工位之间、供应与生产之间的协调，从而实现零库存。如果说轮动方式主要靠"硬件"的话，那么准时供应系统则在很大程度上依靠"软件"。

(5) 看板方式。

这是准时方式中一种简单有效的方式，也称"传票卡制度"或"卡片"制度，是日本丰田公司首先采用的。在企业的各工序之间，或在企业之间，或在生产企业与供应者之间，采用固定格式的卡片为凭证，由某一环节根据自己的节奏，逆生产流程方向，向上一环节指定供应，从而协调关系，做到准时同步。采用看板方式，有可能使供应库存实现零库存。

(6) 水龙头方式。

这是一种像拧开自来水管的水龙头就可以取水而无需自己保有库存的零库存形式。这是日本索尼公司首先采用的。这种方式经过一定时间的演进，已发展成即时供应制度，用户可以随时提出购入要求，采取需要多少就购入多少的方式，供货者以自己的库存和有效供应系统承担即时供应的责任，从而使用户实现零库存。适于这种供应形式来实现零库存的物资，主要是工具及标准件。

(7) 无库存储备。

国家战略储备的物资，往往是重要物资，战略储备在关键时刻可以发挥巨大作用，所以几乎所有国家都要有各种名义的战略储备。由于战略储备的重要，一般这种储备都保存在条件良好的仓库中，以防止其损失，延长其保存年限。因而，实现零库存几乎是不可想象的事。无库存的储备是仍然保持储备，但不采取库存形式，以此达到零库存。有些国家将不易损失的铝这种战略物资做成隔音墙、路障等储备起来，以备万一。在仓库中不再保有库存就是一例。

（8）配送方式。

这是综合运用上述若干方式采取配送制度保证供应，从而实现零库存。

2. 零库存的可能实现形式

（1）即进即售。

指当产品入库后，在正常库存周期将所有的产品都销售出去，并同时收回货款。这种方式是最理想的销售方式，但除非是处于垄断地位或极为畅销的产品，否则这种情况几乎是不可能存在。

（2）即进半售。

指当产品入库后，除即进即售情况外，可以采取接受定金或分期付款的办法，将产品半卖半"送"，这是实际销售中最主要的方式，是比较好实现的。

（3）超期即"送"。

对于超过正常库龄的产品，可采取不付款"送"给用户先使用，即赊销的办法。对于处于长期呆滞的库存产品，可采取用它们支付有关费用的办法"送"出去，如用呆滞产品代替现金支付广告费、赞助费用、运费、仓储费等。

3. 零库存管理法的评价

"零库存"是综合管理实力的体现。在物流方面要求有充分的时空观念，以严密的计划、科学的采购，达到生产资料的最佳衔接；要求资金高效率运转，原材料、生产成本在标准时间内发挥较好的作用与效益，达到库存最少的目的。要做到"零库存"，你就得重视市场，把市场需求摸得滚瓜烂熟。要以销定产、以产定购，做到产得出、销得掉、发运及时。任何企业都须明白"市场是产品的最后归宿"，仓库不过是产品的休息室，只有产品投向市场的快捷反应，才会顺利跨越生产至销售的惊人一跳，达到"零库存"的目标。

任务二 供应链库存控制策略应用

供应链环境下的库存问题和传统的企业库存问题有许多不同之处，这些不同点体现出供应链管理思想对库存的影响。传统的企业库存管理侧重于优化单一的库存成本，从存储成本和订货成本出发确定经济订货量和订货点。从单一的库存角度看，这种库存管理方法有一定的适用性，但是从供应链整体的角度看，单一企业库存管理的方法显然是不够的。

一、供应链管理环境下的库存问题

目前供应链管理环境下的库存控制存在的主要问题有三大类：信息类问题；供应链的运作问题；供应链的战略与规划问题。

这些问题可综合成以下几个方面的内容。

1. 没有供应链的整体观念

虽然供应链的整体绩效取决于各个供应链的节点绩效，但是各个部门都是各自独立的单元，都有各自独立的目标与使命。有些目标和供应链的整体目标是不相干的，更有可能是冲突的。因此，这种各行其道的山头主义行为必然导致供应链的整体效率的低下。

2. 对用户服务的理解与定义不恰当

供应链管理的绩效好坏应该由用户来评价，或者用对用户的反应能力来评价。但是，对用户的服务的理解与定义各不相同，导致对用户服务水平的差异。许多企业采用订货满足率来评估用户服务水平，这是一种比较好的用户服务考核指标。但是用户满足率本身并不保证运作问题，比如一家计算机工作站的制造商要满足一份包含多产品的订单要求，产品来自各供应商，用户要求一次性交货，制造商要把各个供应商的产品都到齐后才一次性装运给用户，这时，用总的用户满足率来评价制造商的用户服务水平是恰当的，但是，这种评价指标并不能帮助制造商发现是哪家供应商的交货迟了或早了。

3. 不准确的交货状态数据

当顾客下订单时，他们总是想知道什么时候能交货。在等待交货过程中，也可能会对订单交货状态进行修改，特别是当交货被延迟以后。我们并不否定一次性交货的重要性，但我们必须看到，许多企业并没有及时而准确地把推迟的订单交货的修改数据提供给用户，其结果当然是用户的不满和良好愿望的损失。如一家计算机公司花了一周的时间通知用户交货日期，有一家公司30%的订单是在承诺交货日期之后交货的，40%的实际交货日期比承诺交货日期偏差10天之久，而且交货日期修改过几次。交货状态数据不及时、不准确的主要原因是信息传递系统的问题，这就是下面要谈的另外一个问题。

4. 低效率的信息传递系统

在供应链中，各个供应链节点企业之间的需求预测、库存状态、生产计划等都是供应链管理的重要数据，这些数据分布在不同的供应链组织之间，要做到有效地快速响应用户需求，必须实时地传递，为此需要对供应链的信息系统模型作相应的改变，通过系统集成的办法，使供应链中的库存数据能够实时、快速地传递。但是目前许多企业的信息系统并没有很好地集成起来，当供应商需要了解用户的需求信息时，常常得到的是延迟的信息和不准确的信息。由于延迟而引起误差和影响库存量的精确度，短期生产计划的实施也会遇到困难。例如企业为了制定一个生产计划，需要获得关于需求预测、当前库存状态、订货的运输能力、生产能力等信息，这些信息需要从供应链的不同节点企业数据库存获得，数据调用的工作量很大。数据整理完后制定主生产计划，然后运用相关管理软件制定物料需求计划（MRP），这样一个过程一般需要很长时间。时间越长，预测误差越大，制造商对最新订货信息的有效反应能力也就越小，生产出过时的产品和造成过高的库存也就不奇怪了。

5. 忽视不确定性对库存的影响

供应链运作中存在诸多的不确定因素，如订货提前期、货物运输状况、原材料的质量、生产过程的时间、运输时间、需求的变化等。为减少不确定性对供应链的影响，首先应了解不确定性的来源和影响程度。很多公司并没有认真研究和跟踪其不确定性的来源和影响，错误估计供应链中物料的流动时间（提前期），造成有的物品库存增加而有的物品库存不足的现象。

6. 库存控制策略简单化

无论是生产型企业还是物流企业，库存控制目的都是为了保证供应链运行的连续性和应付不确定需求。了解和跟踪不确定性状态的因素是第一步，第二步是要利用跟踪到的信息去制定相应的库存控制策略。这是一个动态的过程，因为不确定性也在不断地变化。有些供应商在交货与质量方面可靠性好，而有些则相对差些；有些物品的需求可预测性大，而有些物品的可预测性小一些；库存控制策略应能反映这种情况。

许多公司对所有的物品采用统一的库存控制策略，物品的分类没有反映供应与需求中的不确定性。在传统的库存控制策略中，多数是面向单一企业的，采用的信息基本上来自企业内部，其库存控制没有体现供应链管理的思想。因此，如何建立有效的库存控制方法并能体现供应链管理的思想，是供应链库存管理的重要内容。

7. 缺乏合作与协调性

供应链是一个整体，需要协调各方活动，才能取得最佳的运作效果。协调的目的是使满足一定服务质量要求的信息可以无缝地、流畅地在供应链中传递，从而使整个供应链能够根据用户的要求步调一致，形成更为合理的供需关系，适应复杂多变的市场环境。例如，当用户的订货由多种产品组成，而各产品又是不同的供应商提供时，如用户要求所有的商品都一次性交货，这时企业必须对来自不同供应商的交货期进行协调。如果组织间缺乏协调与合作，会导致交货期延迟和服务水平下降，同时库存水平也由此而增加。

供应链的各个节点企业为了应付不确定性，都设有一定的安全库存，正如前面提到的，设置安全库存是企业采取的一种应急措施。问题在于，多厂商特别是全球化的供应链中，组织的协调涉及更多的利益群体，相互之间的信息透明度不高。在这样的情况下，企业不得不维持一个较高的安全库存，为此付出了较高的代价。

组织之间存在的障碍有可能使库存控制变得更为困难，因为各自都有不同的目标、绩效评价尺度、不同的仓库，也不愿意去帮助其他部门共享资源。在分布式的组织体系中，组织之间的障碍对库存集中控制的阻力更大。

要进行有效的合作与协调，组织之间需要一种有效的激励机制。在企业内部一般有各种各样的激励机制来加强部门之间的合作与协调，但是当涉及企业之间的激励时，困难就大得多。问题还不止如此，信任风险的存在更加深了问题的严重性，相互之间缺乏有效的监督机制和激励机制是供应链企业之间合作性不稳固的原因。

8. 产品的过程设计没有考虑供应链上库存的影响

现代产品设计与先进制造技术的出现，使产品的生产效率大幅度提高，而且具有较高的成本效益，但是供应链库存的复杂性常常被忽视了。结果所有节省下来的成本都被供应链上的分销与库存成本给抵消了。同样，在引进新产品时，如果不进行供应链的规划，也会产生如运输时间过长、库存成本高等原因而无法获得成功。

供应链中的不同成员存在着不同的相互冲突的目标，当系统没有协调时，供应链各成员自身优化而行动，结果只是局部最优，这导致重复建立库存，无法达到供应链整体的最优。为了实现全局最优，供应链成员应该认识到什么是对整个系统最优，为协调供应链各成员的行为，必须获得信息，而获得信息最有效的方式就是建立利益共享风险共担的战略联盟。这种双赢的伙伴关系，为供应链的库存管理提供了突破传统的管理方法。下面介绍三种供应链库存控制策略。

二、供应商管理库存

传统上，流通中各个不同的组织如供应商、批发商、零售商的库存是各自为政的，他们都各自拥有并管理自己的库存，都有自己的库存控制策略。由于各自的库存控制策略不同，因此不可避免地产生需求的扭曲现象，即所谓的需求放大现象——牛鞭效应，无法使供应商快速地响应用户的需求。

供应商管理库存（Vendor Managed Inventory，简称 VMI）系统，有时也称为"供应商补充库存系统"，是指供应商在用户的允许下管理用户的库存，由供应商决定每一种产品的库存水平和维持这些库存水平的策略。在采用 VMI 情况下，虽然零售商的商品库存决策主导权由供应商把握，但是，在店铺的空间安排、商品货架布置等店铺空间管理决策方面仍然由零售商主导。VMI 是建立在零售商—供应商伙伴关系基础上的供应链库存管理方法，它突破了传统的"库存是由库存拥有者管理"的模式，不仅可以降低供应链的库存水平、降低成本，还能为用户提供更高水平的服务，加速资金和物资周转，使供需双方能共享利益、实现双赢。

VMI 是一种在用户和供应商之间的合作性策略，以对双方来说都是最低的成本优化产品的可获性，在一个相互同意的目标框架下由供应商管理库存，这样的目标框架被经常性监督和修正，以产生一种连续改进的环境。

1. VMI 的原则

关于 VMI，也有其他的不同定义，但归纳起来，该策略的关键措施主要体现在如下几个原则中：

(1) 合作精神（合作性原则）。

在实施该策略时，相互信任与信息透明是很重要的，供应商和用户（零售商）都要有较好的合作精神，才能够相互保持较好的合作。

(2) 使双方成本最小（互惠原则）。

VMI 不是关于成本如何分配或谁来支付的问题，而是关于减少成本的问题。通过该策略使双方的成本都获得减少。

(3) 框架协议（目标一致性原则）。

双方都明白各自的责任，观念上达成一致的目标。如库存放在哪里、什么时候支付、是否要管理费、要花费多少等问题都要回答，并且体现在框架协议中。

(4) 连续改进原则。

使供需双方能共享利益和消除浪费。VMI 的主要思想是供应商在用户的允许下设立库存，确定库存水平和补给策略，拥有库存控制权。

2. VMI 系统的构成

VMI 系统可分为两个模块，一个是需求计划预测模块，可以产生准确的需求预测；第二个是配送计划模块，可根据实际客户订单、运送方式，产生出客户满意度高及成本低的配送。

(1) 需求计划预测模块。需求计划预测主要的目的是协助供应商做出库存管理决策，准确预测，让供应商可明确销售何种商品、商品销售给谁、以何种价格销售、何时销售等。

(2) 配送计划模块。配送计划最主要的是有效地管理库存量，利用 VMI 可以比较库存计划和实际库存并得知目前库存量尚能维持多久。

3. VMI 的实施方法

实施 VMI 策略，首先要改变订单的处理方式，建立基于标准的托付订单处理模式。首先，供应商和批发商一起确定供应商的订单业务处理过程所需要的信息和库存控制参数，然后建立一种订单的处理标准模式，如 EDI 标准报文，最后把订货、交货和票据处理各个业务功能集成在供应商一边。

供应商管理库存的策略可以分如下几个步骤实施：

（1）建立顾客情报信息系统。

（2）建立销售网络管理系统。

（3）建立供应商与分销商（批发商）的合作框架协议。

（4）组织机构的变革。

4. VMI 的支持技术

VMI 的支持技术主要包括：EDI/Internet、ID 代码、条码、条码应用标识符、连续补给程序等。

5. 实施 VMI 应注意的问题

（1）信任问题。这种合作需要一定的信任，否则就会失败。零售商要信任供应商，不要干预供应商对发货的监控，供应商也要多做工作，使零售商相信他们不仅能管好自己的库存，也能管好零售商的库存。只有相互信任，通过交流和合作才能解决存在的问题。

（2）技术问题。只有采用先进的信息技术，才能保证数据传递的及时性和准确性，而这些技术往往价格昂贵，利用牛模杉术将销售点信息和配送信息分别传输给供应商和零售商，利用条码技术和扫描技术来确保数据的准确性，并且库存与产品的控制和计划系统都必须是在线的、准确的。

（3）存货所有权问题。确定由谁来进行补充库存的决策以前，零售商收到货物时，所有权也同时转移了而变为寄售关系，供应商拥有库存直到货物被售出。同时，由于供应商管理责任增大、成本增加了，双方要对条款进行洽谈，使零售商与供应商共享系统整体库存下降。

（4）资金支付问题。过去，零售商通常在收到货物一至三个月以后才支付货款，可能不得不在货物售出后就要支付货款，付款期限缩短了，零售商要适应这种变化。

三、联合库存管理

1. 概述

联合库存管理是建立在经销商一体化基础之上的一种风险分担的库存管理模式。它与 VMI 不同，它强调双方同时参与，共同制定库存控制计划，使供需双方能相互协调，使库存管理成为供需双方连接的桥梁和纽带。

传统的经销方法是每个经销商根据市场需求预测直接向制造商定货，由于存在提前期，需要经过一段时间产品才能送到经销商手中，而顾客不愿意等这么久，因此，各个经销商不得不以库存来应付，同时，制造商为了缩短提前期也不得不保存库存来尽快满足客户要求。无论是经销商还是制造商，对于一个突然到来的订单只有通过增加库存和人员来满足客户需求。但是，由于有些产品的配件价格昂贵，费用较大，库存过多，会使经销商负担不起，同时，对制造商也是不经济的，所以，不能通过增加库存的方法来满足每一个客户的需求，必须寻找一种新的解决办法。借助现代信息系统技术，通过建立经销商一体化的战略联盟，把各个经销商的库存联合在一起，实现联合库存管理，可以很好地解决这一问题。联合库存管理是由制造商安装一个基于计算机的信息系统，把各个经销商的库存通过该系统连接起来，每个经销商可以通过该系统查看其他经销商的库存，寻找配件并进行交换，同时，经销商们在制造商的协调下达成协议，承诺在一定条件下交换配件并支付一定报酬，这样就可以使每个经销商的库存降低和服务水平提高。实行联合库存管理有很多优点，对于经销商来说，可以建立覆盖整个经销网络的库存池、一体化的物流系统，不仅能使经销商的库存更低，使整个供应链的库存更低，而且还能快速响应用户需求，更有效快速地运输配件，减少了因缺货而使经销商失去销售机会的情况，提高了服务水平；对于制造商来说，经销商比制造商更接近客户，能更好地对客户要求做更快的响应，并为购买产品安排融资和提供良好的售后服务，使制造商能集中精力搞好生产，提高产品质量。专家曾说过："经销商创造了一家公司的形象，绝不仅仅是站在产品背后的公司，而是在世界各地都与其产品同在的公司。"

2. 实施联合库存管理的要点

（1）要建立供需协调的管理机制。制造商要担负起责任，提供必要的资源与担保，使经销商相信承诺，协调其经销商的工作（有时可能是相互竞争的经销商），本着互利互惠的原则，建立共同的合作目标和利益分配、激励机制，在各个经销商之间创造风险共担和资源共享的机会。

（2）建立信息共享与沟通的系统。利用 EDI 和 POS 系统，条码和扫描技术以及 Internet 的优势，在供需之间建立一个畅通的信息系统，使各经销商协调一致，快速响应用户要求。

（3）经销商之间要建立相互信息。有的经销商会怀疑参加这样一个系统是否值得，尤其是当他的库存比别人多的时候，同时，参与进来的经销商要依靠其他经销商来帮助他们提供良好的顾客服务，这时，制造商就要大力支持，要多做工作，使经销商之间建立信任，使不同的经销商能够发挥不同领域的技能，实现联合库存管理的目标。

案例链接

玉清的库存管理变革

几年前，有两个数字让玉清公司的高层寝食难安：一个是库存数据，在玉清的分销体系中，有价值 38 亿美元的库存；另一个是脱销量，在零售店或折扣店中最重要的 2000 种商品中，任何时刻都有 11% 的商品脱销，玉清的产品在其中占有相当的比重。有时没找到所需商品的客户会推迟购买，但很多客户会买别的品牌或干脆什么都不买。

令人不解的是，系统中的大量库存并未降低脱销量。事实上，货架上脱销的商品常常堆积在仓库中。虽然库存系统表明有货，库存管理人员却无法找到牙膏或纸巾的包装箱。库存堆积如山，而顾客却经常买不到玉清的产品。虽然尽了很大努力，公司尝试过的对策都无法永久地改变这一矛盾。于是，玉清的经理们开始探索更激进的、突破性的解决方法。玉清定下了目标：在不恶化脱销问题的前提下，减少10亿美元库存。

急剧变化的环境要求玉清公司的管理层变得更加敏捷、快速和高效，公司意识到必须改革自己的库存管理。而现有的做法无法缩短订货至发货的循环周期，削减不必要的安全存货（safety inventory，是指公司为了避免供应短缺而保留在手上的超出定购量的库存），并且向快速流通配送（flow-through）的方向转变。

玉清公司曾经一直采用零售合作伙伴买进整车商品时给予折价的定价政策。然而，这一政策会促使其客户经常推迟订货，直到它们能购买整车货物，甚至因此导致脱销也在所不惜，同时也使它们承担了高于其需求的存货。这一多余的存货导致两个主要问题：一是产品老化，如果渠道中有太多库存，客户必须在市场营销周期的末尾从零售商处回收，而增加的产品处理导致更多的货物受损；此外，与通常的逻辑相反，多余的库存事实上导致产品难以获得，因为零售商的库存空间有限，而产品如果淹没在拥挤的仓库中就更难找到了。研究表明，如果玉清允许客户更及时地订货，并且稍微放松有关满车的限制，会产生令人惊讶的效果。

另一个分析领域是后期分销。在后期分销流程中，商店每晚检查其存货，每天将需求信息发送到总部。如果商店经理在一周的开始阶段发现卖出了三瓶潘婷洗发水，他便将订单发送给总部，总部将订单转送到玉清，但这一产品从分销体系中返回要花7到10天。很多零售商在商品到达分销中心时会严格按照商店的订货量装运。但那时数据可能已经是10天前的，商店处于与其在订货时完全不同的存货状况。

根据以上分析，玉清采取了以下举措：

（1）建立实时需求启动装置。例如，可以从零售商的条码扫描器上直接获取销售点的信息。玉清99%的美国客户使用电子订货，这使玉清能在销售发生后5到7天获得实际的销售数据。玉清也正在50个零售店中进行另一种销售点系统的试验计划，这几乎已成为推广普及的市场化产品。通过这一计划，玉清发现更好的信息获取系统能将11%的脱销率下降为2%到3%。

（2）改变规划和生产产品的方式。为达成这一目标，玉清与其ERP系统供应商共同开发了具有适应性的资源规划模型，使他们可以在得到实时或接近实时的信息的情况下每天 2 到 3 次更新规划，而不是每天进行一次批量规划。目前，玉清已在其最大量的库存单位（SKU）中实现了 30% 的按需生产系统。

（3）放宽传统规则的限制。对于低于整车的送货量，玉清的管理层决定以最大 10% 的幅度调整满车装运规则。公司在西海岸的一个客户仓库进行试验：运送整箱的商品，不加以成本上的障碍并监控效果。目前的变化表明系统的总体不稳定性在下降。

所有的一切汇聚到了一起：更少量但更容易取得的存货减少了脱销率，优化的客户需求信息导致更好的产品流动和更少的库存。

四、CPFR（共同预测、计划与补给）

通过对 VMI 和 JMI 两种模式的分析可得出：VMI 就是以系统的、集成的管理思想进行库存管理，使供应链系统能够获得同步化的优化运行。通过几年的实施，VMI 和 JMI 被证明是比较先进的库存管理办法，但 VMI 和 JMI 也有以下缺点：

（1）VMI 是单行的过程，决策过程中缺乏协商，难免造成失误。

（2）决策数据不准确，决策失误较多。

（3）财务计划在销售和生产预测之前完成，风险较大。

（4）供应链没有实现真正的集成，使得库存水平较高，订单落实速度慢。

（5）促销和库存补给项目没有协调起来。

（6）当发现供应出现问题（如产品短缺）时，留给供应商进行解决的时间非常有限；VMI 过度地以客户为中心，使得供应链的建立和维护费用都很高。

随着现代科学技术和管理技术的不断提升，VMI 和 JMI 中出现的种种弊端也得到改进，提出了新的供应链库存管理技术，CPFR（共同预测、计划与补给）。CPFR 有效地解决了 VMI 和 JMI 的不足，成为现代库存管理新技术。

协同规划、预测和补给（Collaborative Planning Forecasting & Replenishment，简称 CPFR）是一种协同式的供应链库存管理技术，它能同时降低销售商的存货量，增加供应商的销售量。

CPFR 最大的优势是能及时准确地预测由各项促销措施或异常变化带来的销售高峰和波动，从而使销售商和供应商都能做好充分的准备，赢得主动。同时 CPFR 采取了一种"双赢"的原则，始终从全局的观点出发，制定统一的管理目标以及方案实施办法，以库存管理为核心，兼顾供应链上的其他方面的管理。因此，CPFR 能实现伙伴间更广泛深入的合作，它主要体现了以下思想。

（1）合作伙伴构成的框架及其运行规则。主要基于消费者的需求和整个价值链的增值。

（2）供应链上企业的生产计划基于同一销售预测报告。销售商和制造商对市场有不同的认识,在不泄露各自商业机密的前提下,销售商和制造商可交换他们的信息和数据,来改善他们的市场预测能力,使最终的预测报告更为准确、可信。供应链上的各公司则根据这个预测报告来制定各自的生产计划,从而使供应链的管理得到集成。

(3) 消除供应过程的约束限制。这个限制主要就是企业的生产柔性不够。一般来说,销售商的订单所规定的交货日期比制造商生产这些产品的时间要短。在这种情况下,制造商不得不保持一定的产品库存,但是如果能延长订单周期,使之与制造商的生产周期相一致,那么生产商就可真正做到按订单生产及零库存管理。这样制造商就可减少甚至去掉库存,大大提高企业的经济效益。

随着经济的发展、社会的进步,供应链也得到更进一步的发展,原有的库存管理模式也逐渐显示出其缺点和不足。在充分认识原有库存管理技术弊端的同时,有针对性地提出相关的改进措施,不断完善和改进供应链中的库存管理技术。

CPFR 模式弥补了 VMI 和 JMI 的不足,成为新的库存管理技术。当然 CPFR 模式也不是任何场所都可以使用的,它的建立和运行离不开现代信息技术的支持。CPFR 信息应用系统的形式有多种,但应遵循以下设计原则:现行的信息标准尽量不变,信息系统尽量做到具有可缩放性、安全、开放性、易管理和维护、容错性等特点。

五、利用第三方物流供应商来管理库存

由于资源的限制,没有哪一个公司可以自给自足,成为一个业务上面面俱到的专家。第三方物流供应商可以为其提供高效率的库存管理服务来满足客户的需求,使得供应链上的供应方集中精力于自己的核心业务,而不必建造新的仓储设施或长期租货而花费过多资金,从而降低库存成本,提供超过雇主公司更加多样化的顾客服务,改善服务质量。第三方物流战略,对制造商来说是利用外部资源,变物流的固定费用为变动费用,并可以得到物流专家的经验与物流技术的新成果,接受高质量的物流专业化服务,为用户提供更加满意的增值服务。第三方物流供应商起到了连接供应与用户之间桥梁纽带作用,使供需双方都消除了各自的库存,提高了供应链的竞争力。实行第三方物流要建立在合同基础之上,它是一种长期的合作联盟,双方要记住,这是一个互利互惠、风险共担、回报共享的第三方联盟。此内容在项目六中有详细介绍。

同步测试

一、单选题

1. 人们设置库存的目的，不包括（　　）。

A. 增加固定资产　　B. 防止缺货　C. 保持生产连续性　　D. 快速满足订货需求

2. 传统的企业库存管理侧重于（　　）。

A. 从存储成本和订货成本出发确定经济订货量和订货点

B. 注重生产进度信息的收集　　　　C. 关心顾客需求

D. 注重与下游企业的合作和协调

3. 供应商管理库存的步骤中，建立网络管理系统的下一步是（　　）。

A. 建立顾客情报信息系统

B. 建立供应商与分销商（批发商）的合作框架协议

C. 组织机构的变革　　　　　　D. 建立虚拟企业合作框架协议

5. 在制造商管理库存法中，仓库的所有权属于（　　）。

A. 制造商　　B. 供应商　　C. 供应商和采购商共存　　D. 零售商

6. 零售商将自己的物流中心或仓库的管理权由制造商代为实施，但所有权仍为零售商，这样零售商可大大缩短商品的订货、进货、检验等业务流程的时间，这种库存管理的方法是（　　）。

A. 自动库存补给法　　　　B. 共同库存管理法

C. 供应商管理库存法　　　　D. 制造商管理库存法

7. （　　）的主要思想是供应商在用户允许下设立库存，确定库存水平和补给策略，拥有库存控制权。

A. 自动库存补给法　B. 共同库存管理法　　C. 联合库存法　　D. VMI

8. 供应链管理下的库存管理方法不包括（　　）

A. 自动库存补给法　　　　B. 共同库存管理法

C. 供应商管理库存法　　　　D. 分销商管理库存法

9. 供应链管理下库存控制的目标不正确的是（　　）

A. 库存成本最低　　　　B. 库存保证程度最高

C. 不允许缺货　　　　D. 充分利用资金

10. 联合库存管理的实施策略，不包括（　　）

A. 建立供需协调管理机制　　　　B. 建立ECR系统

D. 发挥两种资源计划系统的作用　　E. 发挥第三方物流系统的作用

二、判断题

1. 联合库存管理是一种风险分担的库存管理模式。（　　）

2. 超过实际需要量的库存我们称为"缓冲库存"。（ ）

3. 实施供应商管理用户库存的关键是库存状态透明性。（ ）

4. VMI 的主要思想是供应商在用户允许下设立库存，确定库存水平和补给策略，但不拥有库存控制权。（ ）

5. 供应链环境下企业库存管理侧重于优化单一的库存成本，从存储成本和订货成本出发确定经济订货量和订货点。（ ）

6. 基于协调中心的联合库存管理是对供应链的全局性优化和控制。（ ）

7. 供应链管理的策略就是通过致力于整个供应链上信息的快速、准确的流动，来减少不可预料情况的发生，从而避免不合理的采购和不需要的库存。（ ）

8. 合理设定流通配送环节的库存是减少成本的唯一策略。（ ）

三、简答题

1. 库存的类型有哪些？

2. 传统企业库存管理方法有哪些？

3. 供应链环境下企业库存管理有哪些不同？

四、论述题

1. 供应商管理库存的核心思想是什么？

2. 阐述联合库存管理的思路和内容。

五、案例分析

波音的 VMI 案例

波音于 2000 年前后开始在世界范围内推广 VMI，对象是航空公司。它把大约 7 万种机架类备件纳入其中，目标是更低的成本和更高的有货率。这项计划叫"全球飞机库存网"（Global Airline Inventory Network），其英文缩写 GAIN 正好有盈利、获得的意思。

对于 GAIN，波音的宗旨如下：

——波音负责这些备件的采购、库存和物流。

——备件将放置到航空公司所在地或附近，便于航空公司就近采用。

——备件在消费前属于波音（或者波音的合作供应商），此举大幅度降低航空公司的库存成本。

——波音的供应链管理系统监控全球各库存点的水位、消耗与补货，并制定预测，指导供应商的生产。

——波音在开发信息技术，有效集成航空公司的备件需求、飞机维修信息，以指导备件的规划与补给。

有人可能问，公司大如波音，有半垄断的性质，难道就不知道 VMI 增加自己的库存，占了自己的资金？没错，但 VMI 不管是对波音还是航空公司，都是利大于弊。就波音来说，很多备件的消耗量很低，如果让航空公司建自己的库存，周转率就很低，尤其是对小航空公司。相反，由波音来建库存，支持多家在同一地域的航空公司，规模经济的优势得到体现，库存周转率提高，还可紧急调用给全球别的航空公司。此外，作为飞机生产商，波音往往比航空公司更了解备件的消耗率，从而做出更准确的库存规划，客观上降低库存总体水平，提高库存周转率。

就上面的 GAIN 计划而言，实施初期，波音的服务水平就从 80%或 90%左右提高到 95%左右，停机待修和加急订单从 70%左右降低到 10%以下。波音 747 的维修延误机会成本为一分钟 4 万美金，大家就可以理解这些指标的意义了。飞机利用率提高了，航空公司的投资回报期缩短，飞机的全寿命成本降低，增加了波音的竞争力，有利于赢得更多订单。

简而言之，实施 VMI 对波音和航空公司是一个双赢的举措。

思考与讨论：

1. 波音实施 VMI 的思路是什么？

2. 波音实施 VMI 带来哪些竞争优势？

3. 怎样理解"实施 VMI 对波音和航空公司是一个双赢的举措"？

项目八　供应链管理绩效评价及激励

内容提要

企业的生存质量来源于对环境适应过程中管理机制的持续演进，而企业的管理机制源于供应链的绩效评价、分析及其激励机制。怎样评价、分析供应链上企业的实际经营水平，应用怎样的激励机制能够激励供应链上各企业的积极性和创造力，进而增加企业和供应链的整体竞争力和整体效益，这是本项目学习的主要内容。

本项目围绕这个主题，详细讨论了企业供应链管理绩效评价模型、指标体系及供应链管理环境下的激励模式，并提出了企业供应链管理的激励措施。

学习目标

学习完本项目后，你将能够：
1. 掌握供应链管理绩效评价模型，了解供应链管理绩效评价的指标体系。
2. 理解供应链绩效评价的作用和原则。
3. 掌握供应链管理的激励措施。
4. 理解供应链管理环境下的激励模式。

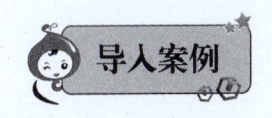

导入案例

红太阳集团农药供应链管理

红太阳集团管理决策层很早就认识到供应链管理的重要性，并积极进行实践与探索。他们认识到，只有加强与供应链成员之间的联系，提高产品周转速度，保证以适合的成本在适合的时间以适合的质量完成各阶段的工作，企业才能降低成本、提高利润，才能实现效益最大化。红太阳集团在实施农药供应链管理过程中采取了下面一系列行之有效的措施：

（1）兼并重组。将当地一些规模小、效益差的农药企业兼并，并对其企业结构进行重组，作为该地区的一个农药制造中心，一些私人农药销售商也被纳入到红太阳集团体系当中，成为乡镇或县级加盟连锁店。

（2）合作生产。对于那些具有一定规模、经济效益好的，而又不甘愿被并购的农药企业，红太阳集团通过与其进行技术或项目上的合作。

（3）根据该供应链的特点和采集到的数据，用销售收入、运营总成本、产销率等供应链绩效评价指标评估该供应链的运行绩效，并且通过评估加强了供应链成员之间的沟通与合作。

通过这些措施缩短了生产和物流流程的完成时间，提高了该供应链资源配置效率，减少了资源浪费，增强了资本利润率，提升了该供应链价值实现能力和国际竞争力，为中国农资企业的发展提供了宝贵的、值得借鉴的经验。

思考与讨论：

1. 红太阳集团采取了哪些措施进行供应链管理？

2. 分析该案例的启示和教训。

任务一　供应链管理绩效评价基础认知

任何企业在经营运作的过程中，需要耗费大量的人力、物力和财力，承受来自管理、组织和产品的风险，因此必须进行严格的核算和绩效评价，才能实现企业资源和社会资源的最大化应用。只有知道某一战略的成本和实施效果，才能使管理者作出有效决策，绩效评价机制作为保持企业战略层和执行层迈向共同目标的黏合剂，具有不容忽视的价值。现行企业绩效评价指标的数据来源于财务结果，在时间上略为滞后，不能反映供应链动态运营情况。

现行企业绩效评价指标主要评价企业职能部门工作完成情况，不能对企业业务流程进行评价，更不能科学、客观地评价整个供应链的运营情况。

现行企业绩效评价指标不能对供应链的业务流程进行实时评价和分析，而是侧重于事后分析，因此，当发现偏差时，偏差已成为事实，其危害和损失已经造成，并且往往很难补偿。

一、供应链绩效评价的含义及特点

1. 供应链绩效评价的含义

供应链绩效评价是指围绕供应链管理的目标，对供应链整体、各个环节的运作状况和各环节之间的协作关系等进行的事前、事中与事后的分析评价。

2. 供应链绩效评价特点

（1）供应链绩效评价侧重于供应链的整体绩效评估。它是根据供应链管理运作机制的基本特征和目标，反映供应链整体运营状况和上下节点企业之间的运营关系，而不是孤立地评价某一节点的运营情况；不仅要评价该节点企业的运营绩效，而且还要考虑该节点企业的运营绩效对其上下节点企业或整个供应链的影响。

（2）基于业务流程的绩效评价。单个企业的绩效评价一般都是基于职能的绩效评价，供应链绩效评价一般是基于业务流程的绩效评价，其目的不仅是要获得企业或供应链的运作状况，更重要的是要找出优化企业或供应链的流程。

（3）供应链绩效评价难度较大。建立一套有效的供应链绩效评价体系对供应链的发展非常重要，但目前有关实施供应链绩效评价的体系并不成熟，供应链绩效评价尚需在理论和实践上进一步探讨和完善。

（4）非财务指标和财务指标并重，关注供应链的长期发展和短期利润的有效组合，实现两个目标之间的有效传递。

二、供应链绩效评价的作用

为了能评价供应链的实施给企业群体带来的效益，方法之一就是对供应链的运行状况进行必要的度量，并根据度量结果对供应链的运行绩效进行评价。因此，供应链绩效评价主要有以下四个方面的作用。

1. 用于对整个供应链的运行效果作出评价

主要考虑供应链与供应链间的竞争，为供应链在市场中的存在（生存）、组建、运行和撤销的决策提供必要的客观依据。目的是通过绩效评价而获得对整个供应链的运行状况的了解，找出供应链运作方面的不足，及时采取措施并予以纠正。

2. 用于对供应链上各个成员企业作出评价

主要考虑供应链对其成员企业的激励，吸引企业加盟，剔除不良企业。

3. 用于对供应链内企业与企业之间的合作关系作出评价

主要考察供应链的上游企业（如供应商）对下游企业（如制造商）提供的产品和服务的质量，从用户满意度的角度评价上下游企业之间的合作伙伴关系的好坏。

4. 除对供应链企业运作绩效的评价外，这些指标还可起到对企业的激励作用

包括核心企业对非核心企业的激励，也包括供应商、制造商和销售商之间的相互激励。

为了达到这些目的，供应链的绩效评价一般从以下三个方面考虑。

（1）内部绩效度量。内部绩效度量主要是对供应链上的企业内部绩效进行评价。常见的指标有：成本、客户服务、生产率、良好的管理、质量等。

（2）外部绩效度量。外部绩效度量主要是对供应链上的企业之间运行状况的评价。外部绩效度量的主要指标有：用户满意度、最佳实施基准等。

（3）供应链综合绩效度量。21世纪的竞争是供应链与供应链之间的竞争，这就引起了人们对供应链总体绩效和效率的日益重视，要求提供能从总体上观察透视供应链运作绩效的度量方法。这种透视方法必须是可以比较的。如果缺乏整体的绩效衡量，就可能出现制造商对用户服务的看法和决策与零售商的想法完全背道而驰的现象。综合供应链绩效的度量主要从用户满意度、时间、成本、资产等几个方面展开。

三、供应链绩效评价的原则

随着供应链管理理论的不断发展和供应链实践的不断深入，为了科学、客观地反映供应链的运营情况，应该考虑建立与之相适应的供应链绩效评价方法，并确定相应的绩效评价指标体系。反映供应链绩效的评价指标有其自身的特点，其内容比现行的企业评价指标更为广泛，它不仅仅代替会计数据，同时还提出一些方法来测定供应链的上游企业是否有能力及时满足下游企业或市场的需求。在实际操作上，为了建立有效评价供应链绩效的指标体系，应遵循如下原则：

（1）应突出重点，要对关键绩效指标进行重点分析。

（2）应采用能反映供应链业务流程的绩效指标体系。

（3）评价指标要能反映整个供应链的运营情况，而不是仅仅反映单个节点企业的运营情况。

（4）应尽可能采用实时分析与评价的方法，要把绩效度量范围扩大到能反映供应链实时运营的信息上去，因为这要比仅做事后分析要有价值得多。

（5）在衡量供应链绩效时，要采用能反映供应商、制造商及用户之间关系的绩

效评价指标，把评价的对象扩大到供应链上的相关企业。

任务二 供应链管理绩效评价体系的构建

一、供应链管理绩效评价的方法与步骤

（一）供应链绩效评价的方法

供应链绩效评价的方法很多，如层次分析法、模糊综合评价法、ROF 法、平衡记分卡法、供应链运作参考模型法和作业成本法等，这里主要介绍其中几种方法。

1. 层次分析法

层次分析法是美国运筹学家萨蒂（T.L.Saaty）于 20 世纪 70 年代中期提出来的。其基本思路是：评价者首先将复杂问题分解为若干组成要素，并将这些要素按支配关系形成有序的递阶层次结构；然后通过两两比较，确定层次中诸要素的相对重要性；最后综合各层次要素的重要程度，得到各要素的综合评价价值，并据此进行决策。层次分析法后来被引入供应链管理领域，成为绩效评价的一种新方法。层次分析法是一种实用的多准则决策分析方法，将定性分析与定量分析相结合，并将决策者的经验判断予以量化，具有实用性、系统性和简洁性的特点。

2. ROF 法

比蒙（Beamon）于 1999 年提出了一种供应链绩效的新方法——ROF 法。他使用三个方面的绩效评价指标来反映供应链的战略目标——资源（Resources）、产出（Output）和柔性（Flexibility），这三种指标都具有各自不同的目标。资源评价指标反映了高效生产的关键所在，产出评价指标必须达到很高的水平以保持供应链的增值性，柔性评价指标则要符合供应链快速响应环境变化的要求。

三种评价指标的内容是：

（1）资源评价：包括对库存水平、人力资源、设备利用、能源使用和成本等方面的评价。

（2）产出评价：主要包括客户响应、质量和最终产出产品数量的评价。

（3）柔性评价：主要包括范围柔性和响应柔性两种评价。

3. 供应链运作参考模型法

供应链运作参考模型（SCOR）是美国供应链协会于 1996 年提出的供应链管理模型。SCOR 模型以应用于所有工业企业为目的，帮助企业诊断供应链中存在的问题，进行绩效评估，确立绩效改进目标，并促进供应链管理的相关软件开发。

SCOR模型涵盖了供应链中的所有性能指标，为企业规范供应链达到最佳实施以及相关的科技改进进行指导。SCOR模型描述所有阶段用于满足客户需求的行业行为情况。模型结构基本划分为5个大的流程模块：计划（Plan）、采购（Source）、生产（Make）、发运（Deliver）和退货（Return）。通过分别描述和界定这些供应链流程模块，SCOR就可以用最通用的标准把一个实际上非常简单或是极其复杂的供应链流程完整地描述出来。因此，应用SCOR模型的规范化标准，就可以完整地描述出一个全球范围或是在某一特定地域内发生的供应链项目并对其进行改进和完善。对SCOR模型的应用开发包括3个基本层次和1个附加的执行层次。

SCOR模型中各等级的描述具体如下：

（1）顶级。它主要是从企业的战略决策角度定义供应链的范围和内容，SCOR模型分析企业需要达到何种绩效目标和发展战略方向。体现企业供应链绩效表现的主要性能指标包括：①交付能力，即按时或提前完成订单/计划的比率、发运速度；②完成订单能力，即订单完成提前期、全部订单完成率、供应链响应时间；③生产的柔性，即供应链管理总成本；④增值生产率，即保修返修成本比；⑤资金周转时间，即存货供应天数、资金周转次数。

（2）配置级。SCOR模型在这个层次将描述出供应链流程的基本布局结构。在这个层次里确认了企业的基本流程，并将每一个流程都按照SCOR模型的基本流程的分类规则进行定位，可以直观地体现出企业采购—制造—发运的具体过程，每一个流程定义都包括一系列具体的操作步骤。

（3）流程要素级。将配置级所定义的流程进一步分解为连续的流程单元。它定义了企业在它所选择的市场中成功竞争的能力，包括流程要素定义、流程要素信息输入与输出、标杆应用、最好实施方案和支持实施方案的系统能力。在第三级中，企业可以微调它们的运作战略。

（4）实施级。主要是流程要素分解，定义了取得竞争优势和适应企业条件变化的方案。SCOR模型覆盖了从订单到付款发票等的所有客户的交互环节，以及供应商的供应商到客户的客户的所有物流活动。SCOR模型集成了业务流程重组、绩效基准和最优业务分析的内涵，提供了涵盖整个供应链的绩效评价指标：物流绩效、柔性与响应性、物流成本、资产管理。几年来，国外企业应用SCOR模型已经极大地改进了它们的供应链效率。SCOR模型标准已经帮助它们构建了现有供应链并且发现了低效率的流程环节。当构建了供应链之后，公司就可以对供应链的现状进行评价并且促进企业的供应链最佳实践。

4. 平衡记分卡模型（BSC）

平衡记分卡模型于1992年由哈佛教授罗伯特·卡普兰（Robert Kaplan）与大卫·诺顿（David Norton）共同提出。BSC是以综合、平衡为原则建立起来的一个网络式的绩效评价系统，它从四个方面来评价组织的绩效：财务、顾客、内部业务流程及学习与成长，并在以上四个方面制定目标并进行计量。

平衡计分卡四个方面绩效测评指标：

（1）顾客角度：其首要目标是要解决"顾客如何看待我们"这一类的问题。公司的经营活动如何以顾客为导向是管理者必须考虑的问题，平衡计分卡要求管理者把为顾客服务的宗旨转化为具体的测评指标，这些指标能够反映真正与顾客相关的因素，主要包括时间、质量、性能、服务和成本。组织应该明确这些方面应该达到的目标，继而将目标转化为指标。常见的客户指标有送货准时率、客户满意度、产品退货率、投诉数量等。客户指标体现了企业对外界变化的反应。

（2）内部业务角度：其目标是解决"我们必须擅长什么"这一类的问题。以顾客为基础的指标固然重要，但是优异的顾客绩效来自于组织运作中的流程、决策和行为。平衡计分卡要求管理者关注可能满足顾客需要的关键的内部经营活动。这方面的指标应该来自于对顾客满意度有较大影响的业务流程，包括影响周期、质量、员工技能和生产率等各种因素。常见的内部业务指标有生产率、成本、合格品率、新产品开发率等。内部业务是企业改善绩效的重要环节。

（3）创新与学习方面：其目标是解决"我们能否持续提高并创造价值"这一类的问题。以顾客和内部业务流程为基础的测评指标，确定了公司认为是在竞争中获胜的最重要参数，但是组织只有通过持续不断地开发新产品、为顾客提供更多价值以及提高经营效率，才能获得持续性的发展壮大。而这一切无疑取决于组织创新与学习的能力。这方面的测评指标引导组织将注意力投向企业未来成功的基础，涉及人员、信息系统和市场创新等问题。

（4）财务方面：其目标是解决"我们怎样满足股东要求"这一类的问题。告诉企业管理者他们的努力是否对企业的经济效益产生了积极的影响。因此，财务指标是其他三个方面的出发点和归宿，表示了组织的战略及其执行是否有助于利润的增长。常见的财务指标包括销售额、利润率、资产利用率等。

（二）供应链绩效管理的过程

完整的供应链绩效管理依次包括以下四个步骤：供应链绩效计划的制定、供应链绩效实施、供应链绩效评价、供应链绩效反馈，它们紧密相联、相互影响。这四个基本要素对任何一个优秀的供应链组织的绩效管理来讲都是不可缺少的，缺少其中任何一个要素，都不是真正意义上的完整的绩效管理。

1. 供应链绩效计划的制定

这一阶段是供应链绩效管理过程的开始，主要任务是通过供应链企业间的共同商讨，确定供应链企业的绩效目标和评价周期。其中，绩效目标是指供应链企业在绩效评价期间的工作任务和要求，包括绩效考核要素和绩效考核标准两个方面。绩

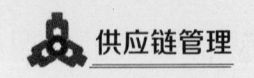

效计划必须清楚地说明期望供应链企业达到的结果以及达到结果所期望的供应链企业表现出来的行为和技能。

2. 绩效实施

制定了供应链绩效计划之后,供应链企业就开始按照计划开展工作,这就是供应链绩效的实施。绩效实施在整个供应链绩效管理过程中处于中间环节,也是供应链绩效管理循环中耗时最长、最关键的一个环节,这个过程的好坏直接影响供应链绩效管理的成败。绩效的实施过程包括两个方面的内容:一是供应链成员之间持续的绩效沟通;二是对供应链成员数据、资料、信息的收集与分析。

3. 绩效评价

供应链绩效评价的目的:一是判断绩效计划的实施是否在各种约束条件下达到了预定目标;二是分析绩效计划与实际结果的差距及其原因,为进一步的绩效改进奠定基础。因此,供应链绩效评价是围绕供应链管理的目标进行的,其评价客体是供应链整体及其组成成员,其评价的范围涉及供应链内部绩效、外部绩效和供应链综合绩效,其内容涉及反映供应链运作状况和运作关系的各种指标,其时间过程包括事前、事中和事后整个供应链管理的过程。

4. 绩效反馈与改进

绩效反馈是指为了改进供应链企业工作绩效,使供应链管理人员获得有关信息,制定绩效改进计划,以提高绩效管理系统的有效性的过程。

绩效改进计划是采取一系列的措施改进供应链的工作绩效,制定绩效改进计划有利于提高客户的满意度,激发供应链成员改善绩效的动力。

二、供应链管理绩效评价的指标体系

根据供应链绩效评价的范围和指标选择的原则,可以将一些统计指标作为供应链绩效评价的基本指标。

反映整个供应链业务流程的常见绩效评价指标有:

1. 产销率指标

产销率是指在一定时间内已销售出去的产品与已生产的产品数量的比值,即:

产销率=一定时间内销售出去的产品数量 S/一定时间内生产的产品数量 P

因为 S≤P,所以产销率小于或等于 1。产销率指标又可以分为如下三个具体的指标:

(1) 供应链节点企业产销率。该指标反映供应链节点企业在一定时间内的经营状况。

供应链节点企业的产销率=一定时间内节点企业已销售产品数量/一定时间内节点企业已生产的产品数量

(2) 供应链核心企业产销率。该指标反映供应链核心企业在一定时间内的产销经营状况。

供应链核心企业的产销率=一定时间内核心企业已销售产品数量/一定时间内核心企业已生产的产品数量

(3) 供应链产销率。该指标反映供应链在一定时间内的产销经营状况，其时间单位可以是年、月、日。

供应链产销率=一定时间内供应链节点企业已销售产品数量之和/一定时间内供应链节点企业已生产的产品数量之和

随着供应链管理水平的提高，时间单位可以取得越来越小，甚至可以做到以天为单位。该指标也反映供应链资源（包括人、财、物、信息等）的有效利用程度，产销率越接近1，说明资源利用程度越高。同时，该指标也反映了供应链库存水平和产品质量，其值越接近1，说明供应链成品库存量越小。

2. 新产品开发率

该指标反映供应链的产品创新能力。指标数值越大，说明供应链整体产品创新能力和快速响应市场能力越强，具有旺盛和持久的生命力。

3. 专利技术拥有比例

该指标反映供应链的核心竞争能力。指标数值越大，说明供应链整体技术水准高，核心竞争能力强，其产品不能轻易被竞争对手所模仿。

4. 供应链产品产出（或投产）循环期或节拍指标

当供应链节点企业生产的产品为单一品种时，供应链产品产出循环期是指产品的产出节拍；当供应链节点企业生产的产品品种较多时，供应链产品产出循环期是指混流生产线上同一种产品的产出间隔。由于供应链管理是在市场需求多样化经营环境中产生的一种新的管理模式，其节点企业（包括核心企业）生产的产品品种较多，因此，供应链产品产出循环期一般是指节点企业混流生产线上同一种产品的产出间隔期。

5. 供应链总运营成本指标

供应链总运营成本主要包括通信成本、供应链总库存成本和各节点企业外部运输总费用，它反映了供应链运营的效率。

(1) 供应链通信成本。它包括各节点企业之间的通信费用，如电子数据交换(EDI)、Internet的建设和使用费用以及供应链信息系统开发和维护费等。

(2) 供应链总库存费用。它包括各节点企业在制品库存和成品库存费用、各节点之间的在途库存费用。

(3) 各节点企业外部运输总费用，它等于供应链所有节点企业之间运输费用总和。

6. 供应链核心企业产品成本指标

它是供应链管理水平的综合体现。根据核心企业产品在市场上的价格确定出该产品的目标成本，再向上游追溯到各供应商，确定出相应的原材料和配套件的目标成本。只有当目标成本小于市场价格时，各个企业才能获得利润，供应链才能得到发展。

7. 供应链产品质量指标

供应链产品质量是指供应链各节点企业（包括核心企业）生产的产品或零部件的质量，主要包括合格率、废品率、退货率、破损率、破损物价值等指标。

任务三 供应链管理有效激励的实施

一、供应链管理激励机制的要点

要使供应链企业之间产生"合力"，保持长期的战略伙伴关系，共同发展达到共赢，一定要建立起有效的激励机制。供应链是由于上下游许多财物独立、目标不同甚至是目标相互冲突的企业或成员各自为营，不仅顾客需求和供应能力随时间变化，而且供应链成员之间的关系也会随时间而演变，每个成员对供应链的贡献大小肯定不同，必须根据每个成员对供应链所做贡献的大小而相应分配供应链所带来的效益。只有供应链各企业都从供应链管理中受益，各企业才能自觉维护供应链的整体利益，并且要对那些对供应链作出较大贡献的进行重点鼓励，整个链才能充满活力。

1. 供应链管理激励机制的内容

供应链管理激励机制的内容有：核心企业对成员企业的激励；制造商对供应商的激励；制造商对销售商的激励；供应链对成员企业的激励；成员企业对供应链的激励。

2. 供应链管理激励的目标

供应链激励的目标就是要通过某些激励措施，调动委托人和代理人的积极性，兼顾合作双方的共同利益，消除由于信息不对称和败德行为带来的风险，让供应链的运作更加顺畅，使供应链持续健康发展，实现供应链企业共赢这个最终目的。

3. 供应链管理激励的手段

供应链管理模式下的激励手段有多种多样。从激励理论的角度来理解的话，主要就是正激励和负激励两大类。正激励和负激励是一种广义范围内的划分。正激励是指一般意义上的正向强化、正向激励，是鼓励人们采取某种行为；而负激励则是指一般意义上的负强化，是一种约束、一种惩罚，阻止人们采取某种行为。

二、供应链管理的激励措施

供应链管理激励的具体措施有：

1. 利用价格

在供应链环境下，各个企业在战略上是相互合作关系，但是各个企业的利益不能被忽视。供应链的各个企业间的利益分配主要体现在价格上。价格包含供应链利润在所有企业间的分配、供应链优化而产生的额外收益或损失在所有企业间的均衡。供应链优化所产生的额外收益或损失大多数是由相应企业承担，但是在许多时候并不能辨别相应对象或者相应对象错位，因而必须对额外收益或损失进行均衡，这个均衡通过价格来反映。价格对企业的激励是显然的。高的价格能增强企业的积极性，不合理的低价会挫伤企业的积极性。供应链利润的合理分配有利于供应链企业间合作的稳定和运行的顺畅。但是，价格激励本身也隐含着一定风险，这就是逆向选择问题。即制造商在挑选供应商时，由于过分强调低价格的谈判，它们往往选中了报价较低的企业，而将一些整体水平较好的企业排除在外。其结果影响了产品的质量、交货期等。当然，看重眼前的利益是导致这一现象的一个不可忽视的原因，但出现这种差供应商排挤好供应商的最为根本的原因是：在签约前对供应商的不了解，没意识到报价越低，意味着违约的风险越高。因此，使用价格激励机制时要谨慎从事，不可一味强调低价策略。

2. 增加订单

供应链获得更多的订单是一种极大的激励，在供应链内的企业也需要更多的订单激励。一般来说，一个制造商拥有多个供应商。多个供应商竞争来自于制造商的订单，多的订单对供应商是一种激励。

3. 提高商誉

商誉是一个企业的无形资产，对于企业极其重要。商誉来自于供应链内其他企业的评价和在公众中的声誉，反映企业的社会地位（包括经济地位、政治地位和文化地位）。

从我国目前的情况看，一个不可否认的事实是：外资企业和合资企业更看重自己的声誉，也拥有比较高的商业信誉。它们为着自己的声誉，也为着自己的未来利益，努力提高自身代理水平与合作水平。这是经过市场经济的长期洗礼而形成的无形资产，是它们在激烈的市场竞争中颇具实力的一个重要原因。我国有些较差的国有企业在计划经济条件下成长，长期以来习惯于听命上级领导的指示，对纵向关系十分重视，而对横向关系则没有提高到一个战略的高度来认识。久而久之，企业没有养成良好的合作精神。除了履行合同的意识较差外（如不能按交货期按时交货、不按合同付款、恶意欠债等），企业之间相互拖欠货款已经不是个别现象了，甚至发展成按期付款反而被看作不正常的奇怪现象。这些行为严重影响了这些企业的声誉。因为声誉差，一方面使企业难以获得订单，另一方面也埋下了风险的种子。为了改变这种状况，应该从企业长远发展的战略目标出发，提高企业对商业信誉重要性的认识，不断提高信守合同、依法经营的市场经济意识。整个社会也要逐渐形成一个激励企业提高信誉的环境，一方面通过加强法制建设为市场经济保驾护航，严惩那些不遵守合同的行为，另一方面则要大力宣传那些遵纪守法、信守合同、注重信誉的企业，为这些企业获得更广泛的认同创造良好的氛围。通过这些措施，既可打击那些不遵守市场经济游戏规则的企业，又可帮助那些做得好的企业赢得更多的用户，起到一种激励作用。

4. 信息共享

在信息时代里，信息对企业意味着生存。企业获得更多的信息意味着企业拥有更多的机会、更多的资源，从而获得激励。信息对供应链的激励实质属于一种间接的激励模式，但是它的激励作用不可低估。如果能够很快捷地获得合作企业的需求信息，本企业能够主动采取措施提供优质服务，必然使合作方的满意度大为提高。这对在合作方建立起信任有着非常重要的作用。因此，企业在新的信息不断产生的条件下，要始终保持着对了解信息的欲望，更加关注合作双方的运行状况，不断探求解决新问题的方法，这样就达到了对供应链企业激励的目的。信息激励机制的提出，也在某种程度上克服了由于信息不对称而使供应链中的企业相互猜忌的弊端，消除了由此带来的风险。

5. 淘汰机制

淘汰激励是负激励的一种。优胜劣汰是世间事物生存的自然法则，供应链管理也不例外。为了使供应链的整体竞争力保持在一个较高的水平，供应链必须建立对成员企业的淘汰机制，同时供应链自身也面临淘汰。淘汰弱者是市场规律之一，保持淘汰对企业或供应链都是一种激励。对于优秀企业或供应链来讲，淘汰弱者使其获得更优秀的业绩；对于业绩较差者，为避免淘汰的危险，它更需要求上进。淘汰激励是在供应链系统内形成一种危机激励机制，让所有合作企业都有一种危机感。这样企业为了能在供应链管理体系获得群体优势的同时自己也获得发展，就必须承担一定的责任和义务，对自己承担的供货任务，从成本、质量、交货期等负有全方位的责任。这一点对防止短期行为和"一锤子买卖"给供应链群体带来的风险也起到一定的作用。危机感可以从另一个角度激发企业发展。

6. 新产品或新技术的共同开发

新产品、新技术的共同开发和共同投资也是一种激励机制，它可以让供应商全面掌握新产品的开发信息，有利于新技术在供应链企业中的推广和开拓供应商的市场。传统的管理模式下，制造商独立进行产品的研究与开发，只将零部件的最后设计结果交由供应商制造。供应商没有机会参与产品的研究与开发过程，只是被动地接受来自制造商的信息。这种合作方式最理想的结果也就是供应商按期、按量、按质交货，不可能使供应商积极主动关心供应链管理。相反，供应链管理实施好的企业，都将供应商、经销商甚至用户结合到产品的研究开发工作中来，按照团队的工作方式展开全面合作。在这种环境下，合作企业也成为整个产品开发中的一份子，其成败不仅影响制造商，而且也影响供应商及经销商。因此，每个人都会关心产品的开发工作，这就形成了一种激励机制，构成对供应链上企业的激励作用。

7. 组织激励

在一个较好的供应链环境下，企业之间的合作愉快，供应链的运作也通畅，少有争执。也就是说，一个良好组织的供应链对供应链及供应链内的企业都是一种激励。减少供应商的数量，并与主要的供应商和经销商保持长期稳定的合作关系是制造商采取的组织激励的主要措施。但有些企业对待供应商与经销商的态度忽冷忽热，零部件供过于求时和供不应求时对经销商的态度两个样；产品供不应求时对经销商态度傲慢，供过于求时往往企图将损失转嫁给经销商，因此得不到供应商和经销商的信任与合作。产生这种现象的根本原因，还是由于企业管理者的头脑中没有建立与供应商、经销商长期的战略合作的意识，管理者追求短期业绩的心理较重。如果不能从组织上保证供应链管理系统的运行环境，供应链的绩效也会受到影响。

同步测试

一、单选题

1. 产销率指标是指（　　）。

   A. 一定时间内已销售的产品与未销售的产品数量之比

   B. 一定时间内已销售的产品与已生产的产品数量之比

   C. 一定时间内已生产的产品与已销售的产品数量之比

   D. 一定时间内已生产的产品与未销售的产品数量之比

2. 供应链产品出产循环期一般是指（　　）。

   A. 核心企业生产线上不同产品的出产间隔期

   B. 核心企业生产线上同一种产品的出产间隔期

   C. 节点企业混流生产线上不同产品的出产间隔期

   D. 节点企业混流生产线上同一种产品的出产间隔期

3. 供应链节点企业产需率是指（　　）。

   A. 一定时间内节点企业已生产的产品数量与其下层节点企业（或用户）对该产

189

品的需求量之比

　　B. 一定时间内核心企业已生产的产品数量与用户对该产品的需求量之比

　　C. 一定时间内已销售出去的产品数量与用户对该产品的需求量之比

　　D. 一定时间内已销售出去的产品数量与已生产的产品数量之比

4. 供应链的柔性主要包含（　　）。

　　A. 生产柔性和分销柔性　　　　　B. 连接柔性和分销柔性

　　C. 连接柔性和管理柔性　　　　　D. 生产柔性和管理柔性

5. 柔性指标的评价目标是（　　）。

　　A. 描述系统应对环境变化的能力　　B. 描述系统赢利能力

　　C. 描述系统组织能力　　　　　　　D. 描述系统创新能力

二、多项选择题

1. 下列关于供应链绩效评价指标的理解正确的是（　　）。

　　A. 供应链绩效评价指标主要是基于功能的绩效评价指标

　　B. 供应链绩效评价指标主要是基于业务流程的绩效评价指标

　　C. 供应链绩效评价指标应该能够恰当地反映供应链整体运营状况，以及上下游节点企业之间的运营关系

　　D. 供应链绩效评价指标仅要求能够评价供应商的运营情况

　　E. 供应链绩效评价指标能够对供应链业务流程进行实时评价

2. 管理柔性主要包括（　　）。

　　A. 生产柔性　　B. 运营柔性　　C. 连接柔性

　　D. 分销柔性　　E. 供应链柔性

3. 下列关于供应链产销率的描述正确的是（　　）。

　　A. 该指标反映了供应链在一定时间内的产销经营情况

　　B. 该指标反映了供应链资源的有效利用程度

　　C. 该指标反映了供应链库存水平和产品质量

　　D. 产销率越接近1，说明资源利用程度越高

　　E. 产销率越接近1，说明供应链成品库存量越大

4. 下列关于满意度指标的理解正确的是（　　）。

　　A. 在其他因素不变的情况下，供应商产品质量合格率越高，满意度越高

　　B. 在其他因素不变的情况下，供应商准时交货率越高，满意度越高

　　C. 满意度指标是反映供应链上下游节点企业之间关系的绩效评价指标之一

　　D. 在满意度指标中，权重的取值随着上游供应商的不同而不同

　　E. 在满意度指标中，权重的取值是唯一不变的量

三、简答题

1. 传统企业与供应链环境下的企业的绩效评价指标之间有哪些区别？

2. 供应链环境下企业绩效评价的原则有哪些？

3. 试比较传统运作模式和供应链管理运作模式下，企业绩效评价的区别？

4. 在供应链环境下，企业绩效评价的侧重点发生了哪些变化？

5. 简述供应链绩效评价的作用。

四、论述题

1. 供应链的敏捷性主要来自哪几个方面？

2. 从外部和内部环境两个角度举例说明，有哪些因素对供应链绩效评价易产生影响？

3. 讨论供应链激励的重要性，并举例说明供应链激励机制的具体内容。

五、案例分析

宝洁公司：供应链战略与绩效评价

从 19 世纪开始，宝洁公司就始终把自己的战略定位在为客户提供高质量产品。20 世纪 80 年代，公司迈出的第一步就是打着"整体高效率"的旗号发起了一系列推销和策划活动。20 世纪 90 年代初期，公司迈出的第二步则是重组销售人员，组建一些多功能团队，为像沃尔玛那样的主要客户服务。团队侧重的方面包括：产品目录管理、促销、物流、信息科技、固体废料的管理，同时宝洁又和供应商建立合作伙伴关系来减少流通时间和成本。后来，公司又引入了"流水线物流"项目来提高客户服务水平和供应链效率。第一阶段统一了多种品牌产品的订单、收据和发票，统一规定了付款条款，降低了一揽子产品的报价。为了确保客户的满意度，公司又制定了平衡记分卡绩效系统，让分销商和零售商对宝洁公司各方面的效率进行评估，如产品目录管理、产品分类、产品推介的效率、促销和补货等。

思考与讨论：

1. 为反映供应链上下游企业之间的关系，常用的绩效评价指标有哪些？结合本案例评价宝洁公司的绩效体系。

2. 为了提高顾客满意度，宝洁公司可以采取哪些措施？

第三篇 供应链发展前瞻

项目九　供应链管理发展新型模式分析

内容提要

纵观我国企业的发展现状,供应链管理正处于快速发展时期,无论是供应链管理理论,还是供应链管理技术都处于动态的变化之中。未来企业的竞争很大一部分取决于全球化供应链的竞争,完善的供应链管理对企业的发展将起着越来越重要的作用。因此,研究供应链管理的新趋势就显得尤为必要。进入21世纪,供应链发展进入"互联网+"时代,供应链发展也呈现了新的发展趋势,呈现出供应链金融管理、供应链风险管理、绿色供应链管理、国际供应链管理等新型管理趋势。

本项目围绕这个主题,详细讨论了供应链发展的现状与对策,并提出新型供应链发展的管理趋势。

学习目标

学习完本章后,你将能够:
1. 了解供应链管理发展现状。
2. 理解供应链管理的对策。
3. 掌握供应链管理的最新发展趋势。

导入案例

小米模式:粉丝饥渴营销+C2B预售+快速供应链响应+"零库存"策略

背景: 2013年8月,小米作为一家创业仅三年的公司,在新一轮融资时被估值100亿美金!意味着排在腾讯、阿里、百度后面而成为中国第4大互联网公司,在硬件公司排名则仅次于联想集团。在拥有上千个品牌、老手高手强手如林的中国手机市场，在 Moto、诺基亚等世界手机巨无霸都败得先后被人收购的年代，小米的仗怎么能够打得如此漂亮？它的供应链模式毫无争议地成为了 2013 年的十大创新模式之一。

模式解读：

1. 产品定位：自己定位为苹果的补缺者，采取了侧翼战为主要战略形式，定位在手机"发烧友"这个市场，"为发烧友而生"！

2. 营销模式：最重要的营销策略是采取饥渴营销模式，没有 F 码，有钱也未必能买到小米。在这个粉丝经济的互联网时代，小米完全靠社交媒体、走的是电商路线，成本大大地降低，超高的性价比仍然有利润。

3. 盈利模式：小米卖手机，其实单独的手机利润并不高，关键卖增值服务、衍生产品，同时打造互联网平台来盈利。2013 年小米还推出了一系列粉丝需求的产品：盒子、电视、路由等。可以预测，未来的小米将是依托粉丝经济，卖的是智能生活。

4. 供应链模式：C2B 预售+电商模式交易渠道扁平化+快速供应链响应+"零库存"策略。C2B 预售：在供应链资金流上得到重要的保障，同时从传统的卖库存模式变革成卖 F 码，而且还是饥渴营销模式。整个交易过程彻底扁平化，只有线上的途径才可以购买，然后通过需求集约来驱动后端的整个供应链，后端的供应链组织大概在 2~3 周内满足。这种供应链模式对于小米来说几乎"零库存"管理，每一个动态的库存都属于顾客。

5. 行业价值：小米作为互联网思维颠覆传统行业供应链模式的革新者，将传统手机这一"重资产供应链组织模式"转变为"轻资产供应链组织模式"。

思考与讨论：

1. 小米公司在供应链构建方面有哪些新发展？

2. 供应链的最新发展趋势有哪些？

任务一　供应链管理发展现状分析

一、企业重视供应链管理，但效果并不显著

加入 WTO 之后，中国企业更直接地感受到了全球市场的激烈竞争，品种的多样化、产品生命周期的缩短以及顾客要求的提高，这些变化让企业深感不能仅凭自身力量与本行业对手竞争。企业的产品从生产到送至用户手中，要经过供应商、制造商、仓库配送商、承运商直到零售商等多重环节，因此要满足顾客对产品在款式、性能、价格、数量、交货期及服务等方面的要求，迫使中国更多的企业开始关注和重视供应链管理并投资于供应链业务。用供应链思想指导运作，已经为各类企业所重视。对于信息技术在供应链管理中的作用，认识更趋于统一。物流产业的发展已经到了这样一个阶段：信息系统之于现代物流已经成为企业物流管理和操作的一个不可或缺的要件。

但是，许多企业仍缺乏对从上游的原材料供应商、自身内部的生产流程到下游的仓库配送商、承运商直到零售商等物流环节的全过程整体规划，致使在物流的某一环节压缩成本而导致整体成本上升的事情时有发生，许多企业正在为供应链问题付出高昂的代价。有人分析，就像曾经出现巨亏的康佳，其亏损的主要原因在于巨量库存，这主要是因为其销售渠道和销售策略出现了问题，更进一步说，就是它们的供应链出现了问题。这位人士表示，国内家电类的企业因供应链不畅而造成的成本损失，一般要占到其年营业额的 10% 左右。有这样一组数据来说明问题：假设全国有 1000 家家电企业，这些企业的年平均营业额为 2.5 亿元。那么这些企业每年因供应链不畅而造成的成本损失就将高达 250 亿元，而按照国际惯例，进行供应链整合第一年的收费大概在这个数字的 10% 左右，也就是 25 亿元，这还只是家电行业，整个市场空间有多大，也就可想而知了。而这里面还没有计算实施供应链方案带来的储运业务收入的增加。

二、供应链管理研究与实践状况分析

近几年，企业在供应链管理方面所做出的努力更加具体而有针对性，对于合作伙伴的选择、联盟的建立等问题都表现出了实际的操作行为。在中国的各类企业中，都涌现出了在供应链管理方面有新的突破的企业。

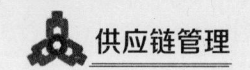

例如，宝供宣布将与IBM合作，为企业提供供应链一体化解决方案，并将由第三方物流企业向供应链服务商进行战略转型；联想成功实施耗资1亿的供应链管理；长虹公司同苏宁电器连锁集团公司在南京正式签订阶段性彩电购销合同，加速行业供应链整合；湖南步步高连锁超市有限责任公司等6家企业签订协议，成立了中国第一家自由连锁采购联盟——上海家联采购联盟有限公司，通过联合采购，优化供应链，降低采购成本，提升联盟成员在供应链中的地位；国美连锁经营将与全球著名的数据管理及企业集成解决方案供应商赛贝斯公司和武汉金力软件有限公司合作，在全国范围内实施金力供应链系统JLSCM；上海联华实现供应链的增值管理提升企业竞争优势；中国石油化工股份有限公司与美国艾斯苯技术股份有限公司就采用艾斯苯油品销作解决方案优化中国石化成品油二次配送系统签署了协议，优化供应链中的销售物流；等等。这些举措，无疑为中国企业的供应链管理实践填上了新的内涵。

我国的供应链与供应链管理的研究与实践正处在一个快速上升的时期。但是，这种发展并不规范，既没有得到国家有关部门的正式指导与协助，也没有科研机构的成熟理论做背景与指导。作为理论研究人员，如何在这种发展潮流中起到应有的作用，是一个需要尽快定位的问题。

三、分析我国企业供应链管理中存在的问题

从总体而言，由于中国供应链管理起步较晚，同时受到市场环境、企业运作模式管理不成熟、企业家对供应链管理很不熟悉以及SCM软件成本高等因素的制约，还存在这许多问题。借用罗伯特·伊斯顿的一句话来说："中国供应链的管理今天面临6个重大挑战：地域差别、基础设施、海关的效率和透明度、政府机构和规章制度、假冒伪劣现象、文化和商业方面的制约因素"。长期以来，我国企业供应链上一直存在着许多难以解决的问题，主要问题有：

1. 产品不规范

在实施供应链管理的过程中，目的就是使用规范化的管理手段，有效协调供应链上各节点企业行为，整合资源，形成整体优势，而产品的原材料至产成品到最终消费品必然采用标准化形式则成为供应链管理的必要条件。目前我国企业生产制造的产品缺乏规范性、标准化程度低已成为一个不容忽视的问题，其中尤其以饮食等行业为甚。

2. 各企业间未形成战略伙伴关系

供应链各节点企业间的战略伙伴关系的建立，也成为我国企业实施供应链管理的一大障碍，在以往低层次的竞争当中，企业间形成了一种你死我活、两败俱伤的企业关系。

3. 信息滞后

建设物质技术设施，是企业实施供应链管理的硬件保证。已有的信息反馈系统不外乎一些财务、统计报表及指标，且偏重于事后分析，反馈不及时，致使决策失误增多。

4. 管理不规范化

各实体企业在内部实行画地为牢的管理模式，企业内部各车间、班组条块分割严重，利益趋动的短视化行为明显，难以形成强劲的核心竞争力，企业之间亦无法形成统一的宏观调控系统。管理机构庞大重叠、效率低下，没有明确的绩效评估体系。

5. 响应速度慢

缺少供应链决策与优化工具，无法及时把握市场机会和快速地作出反应，对预防和快速处理例外事件的能力差，导致整个供应链的响应能力差，订单履行率低。

6. 供应链网络设计不合理

生产过程和物流过程的设计未考虑整个供应链的合理性，运营成本高，整个分销网络没有实现优化设计和持续改进、上下游网络设施与物流作业设计衔接差，无法实现协同运作，影响了流程的顺畅性，供应链的配置与管理不合理，没考虑到整个供应链的资源；供应链的竞争衡量失真，缺乏供应链管理绩效的衡量标准和指标。这些问题，不仅仅出现在中国，同时也是国际上存在的普遍问题。

四、实施供应链管理的对策

1. 树立真正的供应链管理意识

在供应链管理中，一个重要的理念就是强调企业的核心业务和竞争力，并为其在供应链上定位，将非核心业务外包。由于企业的资源有限，企业要在各式各样的行业和领域都获得竞争优势是十分困难的，因此它必须集中资源在某个自己所专长的领域，即核心业务上。企业在供应链上进行定位，才能成为供应链上一个不可替代的角色。

2. 寻求建立战略合作伙伴关系

在供应链管理中，不但有双赢理念，更重要的是通过技术手段把理念形态落实到操作实务上。而落实的关键在于将企业内部供应链与外部的供应商和用户集成起来，形成一个集成化的供应链。而与主要供应商和用户建立良好的合作伙伴关系，即所谓的供应链合作关系，是集成化供应链管理的关键。此阶段企业要特别注重战略伙伴关系管理，管理的重点是以面向供应商和用户取代面向产品，增加与主要供应商和用户的联系，增进相互之间的了解，相互之间保持一定的一致性，实现信息共享等。

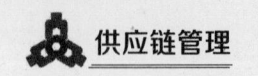

3. 加强供应链成员企业之间的信任和合作，建立、健全中国的信用体系

首先，供应链管理追求的目标是供应链的整体效率和效益的优化，而不是组成供应链的单个企业的效率和效益的优化。这就要求供应链的各成员企业加强合作和信息共享。企业之间的关系已不是传统的"输赢"的敌对关系，而是"双赢"的合作和战略联盟关系。这种关系的建立必须以企业之间的信任为前提，因此，完善的信用体系是供应链管理成功实施所必需的。

4. 重建企业的业务流程和组织结构

为了使供应链上的不同企业在不同地域的多个部门协调工作以取得整个系统的最优效率，必须进行基于供应链管理的企业组织重构和业务流程重组。为了适应重建后业务流程的需要，企业还应调整其组织结构。

5. 实施绿色供应链管理

绿色供应链管理有利于减少或消除环境污染，给企业带来良好的声誉和绿色的品牌形象，使企业获得竞争优势，增加产品市场份额，全面改善或美化企业员工的工作环境，使企业节约能源和原材料，最大限度地提高资源利用率，从而直接降低成本。因此，企业应建立绿色供应链管理的观念，将其作为企业文化渗透到企业的各个环节，加强对供应方的科学评估，在企业产品设计中，如材料选择，加强绿色管理，既降低成本又达到环境标准。

6. 供应链风险控制

市场经济就是风险经济。供应链风险管理是企业供应链管理不能回避的问题。企业之间的竞争变成供应链之间的竞争，企业的联系经营和持续发展建立在可靠的供应链基础之上。而供应链风险管理是供应链管理的重要方面。

目前国内企业供应链管理的现状，概括出来有以下几点：供应链风险管理是供应链管理的基本内容，但缺乏必要的理论指导，管理人员还不知道风险管理的概念和基本方法工具；风险管理的基础工作尤其是信息化工作还比较差；应对时间风险的主要办法是高库存水平，致使库存成本居高不下；处理风险事件的主要手段是管理人员利用通信工具所做的大量协调，风险管理水平取决于管理人员的能力、责任心；由于风险事件多发是偶发事件，缺乏风险事件及其后果的完整统计资料。改进供应链风险管理，改变目前靠增加库存来预防风险的单一手段，靠全面的风险控制措施减轻管理人员的工作负荷，同时，让风险管理理念成为供应链合作之间的共识，便于供应链协调。供应链风险控制也有组织行政措施、技术措施、经济措施、合同法律措施等。由于风险的不确定性，人们无法事先准确估计所有的风险，组织行政措施、技术措施、合同法律措施之间难免留下空隙，广泛使用的协调手段是弥补空隙的现实方法。合作伙伴各方经纪人之间的感情作用对风险控制的影响不可忽视，建立在互利合作基础上的正当的感情可以帮助实现风险控制的目标。

案例链接

阿里巴巴：社会化平台供应链整合模式

背景： 2013年马云在物流供应链领域大火了一把。先盘点2013年马云与物流供应链相关的大动作：

(1) 年初马云宣布颠覆传统银行，在商流、物流基础上延伸出来做供应链金融服务。

(2) 4月29日，阿里巴巴5.86亿美元购入新浪微博约18%股份；5月10日，阿里巴巴2.94亿美元投资高德地图28%股份。

(3) 5月28日整合三通一达、顺丰，启动菜鸟网络。

(4) 6月天猫将"八万单车厘子"C2B预售模式从美国卖到中国。

(5) 9月，马云宣布将阿里大物流并入菜鸟。

(6) 11月初阿里巴巴"淘工厂"试运营，整合供应链前端平台。

(7) 双11全面启动的O2O战略。

(8) 到年底的最后重要收官之作12月5日28亿港币投资海尔日日顺。

这一切都可以看出马云的整合化平台供应链整合步伐。

模式解读： 阿里巴巴的整合模式完全是利用社会化的平台进行整合，2013年是全面布局的一年，但这个布局可以看出是在编织未来的互联网经济时代的社会供应链平台的一张大网。

(1) 收购新浪微博，是从用户需求角度，实现精准的用户需求数据，挖掘和精准电商前段营销打埋下重要的手段，从供应链角度是抓住用户需求的前端。

(2) 淘宝+天猫等平台控制的是商流，同时还有聚划算等平台。

(3) 支付宝、余额宝和阿里金融控制的是资金流。

(4) 启动菜鸟整合快递企业，同时在全国核心城市圈地，年底投资海尔日日顺控制全国2800个县级配送站、26000个乡镇专卖店、19万个村级服务站，这一切都是布局中国电商物流的一张大网。

(5) 阿里巴巴的"淘工厂"试运营，这是以虚拟工厂供应链模式：整合制造+代工，推动C2B的大战略，这彻底看出了马云的推动C2B的决心。

(6) 最后用大数据将整个供应链串起来，驾驭整个供应链。

行业价值： 阿里巴巴的整合模式对行业来说是一把双刃剑，积极的一面是通过互联网思维来整合传统物流供应链平台，能够带来意想不到的创新，对行业的发展起到重要的推进作用，这也许会成就未来最大的社会化供应链服务平台；消极的一面是一个非专业供应链的主导者，在资本的驱动下整合供应链平台，可能严重缺乏

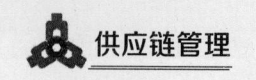

接地气的风险。

任务二　供应链管理的新型模式介绍

伴随着经济全球化、产业分工和信息技术的不断发展，企业之间的合作正日益加强。在这种背景形势下，供应链管理理论和实践的发展要求企业不断的超越传统的运营层次优化和物流成本的节省，要求企业管理者必须在更高层次上实现管理创新，实施"以客户为导向"的新型供应链管理模式。

本文将对供应链金融管理、供应链风险管理、绿色供应链管理和国际供应链管理四种新型供应链管理模式加以介绍。

一、供应链金融管理

"互联网+"、大数据等新技术的应用，对供应链金融管理提出了更高要求。

1. 银行产品优化亟需产融结合的创新

行业性的互联网平台可以达成银行、企业还有物流等服务业的资金流、物流、信息流的互补，甚至可以凝聚行业性的供应链运营生态圈于平台之上，从而可以方便获取整个行业的大数据，因此可以大幅减少成本的支出，最终达到双赢、多赢。因此，银行、互联网平台方、平台生态圈内的多方分工与协作是保证供应链金融适应市场需要和创新发展的基本原则。

2. 银行融资产品分类提供

银行供应链金融中基本融资产品的研究和"互联网+"的优化银行给予的供应链融资产品是供应链金融服务的核心内容，在日常实际操作的时候，银行会看信贷风险的特点和为企业提供融资方案。原则上，银行融资产品主要分为三大类：存货融资、应收账款类融资、应付账款或称预付款类融资。

（1）应收账款类融资产品。针对这种融资产品，风控的基本要求是：设定由银行监管的户头，而且在供销合同签订的时候必须约定，在债务方支付货款时应将支付款打入这个账户，而不可以进行别的方法付款。在这样的融资产品操作的步骤里，银行就要着重考察债务支付方的付款信誉，有没有超期付款的不良信誉记录；确认应收款是真实的；并且还必须要对回款情况进行实时监控。通过上述的要求，产品购买者通常是要经过银行的资信评估，并且被确认具有资格的企业，融资企业才能够得到企业所需融资。除此，银行为了进一步降低风险，有的时候还要企业给出付款承诺书以及应收账款证明等保障文件。很显然，在线下收集这样的信息将具备相当的风险，而在供应链平台上，信息和数据将会因为完整和透明，使得应收账款融资的风控更加容易实现。

（2）存货类融资产品。针对这类融资，风险控制银行通常会进行以下操作：为了保证所抵押的货物可以受到银行的实时监控，第一就要针对银行、购货方、销货方这三方，进行交易货物的存放以及运输等问题的商议和约定，而且还要在特殊时候进行第四方合作，利用第四方合作的参考意见。这个方式是有区别于应收账款类的融资产品的，因为银行这时可以降低对对方的资信评估要求，只需要把监控的重点放在货物上，这就是存货类融资产品通常的操作方法。在互联网和物联网时代，智能化的仓储物流网络可以实现仓储货物的平台化监管，可以极大地提高此类融资产品的服务范畴和运营效率。

（3）预付款类融资产品。预付款类融资产品相对于上一种融资模式，它的所属权是相当清晰直观的，在这种模式下，货物是直接从销货方直达购买方。针对这类的融资，进行风险控制的银行的相应举措如下：银行、采购方、销售方，而且还有监管方比如第三方物流，需要共同签订合同，确切地注明货物的交付时间，银行通过信贷的方法来协助采购方面给予购买的款项，在采购方支付足够的额度来还给银行贷款和利息之前货物的归属权依然是银行的。但是由于这个方案的核心是质押货物，所以在这样的融资方案下根本无需去对采购方的资信进行评估，但是银行为了最大程度地降低风险，就会让核心企业，比如销售方来承担质押余额部分的回购责任，这就是这类融资银行的操作特点。可以预见在供应链平台化的基础上，由于敏捷供应链的存在，尤其是C2M这种以销定产模式的推广和普及，尤其大数据精准营销模式的兴起，这样的融资产品的风控约束将大大解放，从而爆发巨大的适应性。

3. 大数据风控和供应链融资产品的优化组合与创新

银行对供应链中融资产品的设计和定位与全部供应链的金融风险是紧密匹配的，银行为了提高授信的安全性，这些产品的前提条件就是希望供应链运营处于融资产品约定的理想状态中，其实就是要求资金在相对封闭和安全的环境中运转，而这种相对安全和封闭的环境还必须对银行呈现可靠、真实、可视的特点，而这正是产业互联网和供应链平台的优势；供应链上融资企业依托的平台越强大、平台的大数据越有效、越透明、越可靠，就拥有越高的信用等级，而且有违规的现象产生的话，也可以实现平台上的秒杀。这样，平台上的企业就可以拥有越高的融资信用，就可以在平台化的封闭环境内随时获得融资来提高自身资产的流动性，并通过高速的资金周转率来获得更多的利润，能更快更好地用销售利润来归还所贷款的资金。由于供应链平台可以集成整个行业生态，大数据反映的是整个行业的真实运营状况，资金的授信、增信、贷款、用款、风控、处罚、偿付也是封闭在整个行业性的产业供应链闭环生态圈内，这样就可以解除融资链条必须"一头沉"的约束，由此极大地

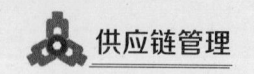

扩大了融资服务的客户范畴。而且在银行看来，通过供应链平台不仅可以一次性获得大量的可靠、可信的客户，而且贷款使用过程可以监管，回款可以得到保证，平台化的融资风险就会降到最低，从而实现银行和平台方的双赢甚至生态性的多方共赢的局面。因此，大数据风控和供应链融资产品的组合创新将是未来产业互联网平台的金融创新主流。

二、供应链风险管理

供应链的形成过程就注定着它自身的风险，而伴随着全球化和信息技术的应用克服了传统供应链的风险的同时，新型的风险也随之产生。供应链风险是一种纯粹风险，从静态看，它存在财产和责两种；从损失发生的原因来看，就会出现自然、经济、政治、技术和社会的风险。对其风险的管控至关重要，它是减少其对企业正常运作的冲击、保持高水平的顾客满意度的重要指标之一。

（一）供应链风险管理的必要性

风险管理能预防风险的发生，或把风险造成的损失尽可能地降低。就供应链而言，其风险管理产生的效益是巨大的，有时甚至是关键性的。对有些企业来说，供应链管理正是它们的核心竞争力。高效率的供应链对于企业的业绩而言，绝对是一个至关重要的因素。它主要是通过供应链降低成本，最终施惠于众多客户。通过供应链降低成本，主要有几个途径：一是降低库存量；二是提高效率，降低运营成本；三是通过供应链培养一批高素质的供应商。要达到这些目标，可以说都离不开高水平的风险。

1. 降低库存

理想的供应链对库存管理的目标是在不缺货的情况下尽可能地降低库存，这里包含两层意思：一是不缺货。引起缺货的因素有很多，我们在前面已略加分析，如需求预测的准确度太低、供应商的生产能力不足、运输途中遭遇耽搁、材料质量存在问题、交货提前期太短、生产加工的报废率太高、BOM（物流清单）存在错误等。而这些因素大部分可以通过风险管理来消除或降低。如供应商的生产能力不足，风险管理可能采取的措施包括：寻找供应商、帮助现有供应商挖潜、重新审核供应商评估（特别是有关评估供应商生产能力的评估方法）、延长供应商的交货提前期、审查本企业与供应商的信息沟通能力等；二是预防过量库存或报废。过量库存或滞料主要由销售预测不准、产品更新换代或设计变更引起的，风险管理可能采取的措施包括：降价处理、采用更先进的预测技术和方法、完善基础数据搜集和整理的流程、加强产品生命周期的管理、提高设计、销售、采购等部门之间沟通合作水平等。

2. 提高效率，降低运营成本

要达到这一目标，首先企业内部需要进行业务流程重组（Business Reengineering），然后通过实施 MRPII 或 ERP 加以固化，再利用 EDI 或 INTERNET 建立企业间的信息交换和电子商务平台。采取这些管理软件和技术手段，同样离不开风险管理。如网络的安全性问题、接口匹配问题、数据交换问题等，风险管理可能采取的措施有：备份、防火墙技术、强记录、中间件技术等。

3. 培养一批高素质的供应商

这里涉及的风险有：保密风险、文化/沟通障碍风险、外包风险、转让风险等。相应的风险管理手段或方法包括：建立一套完备的合格供应商资格认证制度、定期评估制度、分级考核制度，与供应商共同签署关于是否赔偿、产品质量及售后服务等方面的协议等。

（二）供应链风险防范流程

供应链风险管理主要是通过降低库存、提高效率、降低运营成本、培养一批优质的供应商为手段最终达到实现企业利润的目的。根据供应链自身的特点，在防范风险的过程中我们应该遵循一定的规律及流程。首先企业要去识别风险然后去评估风险大小；其次，通过对风险大小的评估作出正确的处理对策；最后还要有一定的反馈。按照此流程对供应链进行风险管理，可以有效地降低企业风险、提高企业利润。

1. 识别供应链风险

供应链风险识别，是供应链风险管理的第一个基本环节。它是指供应链风险管理者通过对大量的供应链信息、资料、数据现象等进行系统了解分析，认清供应链中存在的各种风险因素，进而确定供应链所面临的风险及其性质。供应链风险既有表现明显的风险，也有潜在的风险，明显的风险管理者易于识别，潜在的风险则需要付出一定的努力才能识别，隐藏的潜在的风险带来的损失更大，所以识别供应链风险要剖析风险的结构性质，然后对症下药。同时，供应链是相互依存的合作链，每个企业参与合作的程度各不相同。供应链风险对各个企业的影响程度也是存在差异的。因此，分析结构后还需分析风险的归属，即风险的所有者。所有权的明确可以有利于资源的有效配置。明确了风险的所有者，分析风险是某个企业内部的风险还是供应链上所有企业都必须面对的风险，有利于风险的及时解决以及风险的分担和公平的风险补偿。

2. 供应链风险评估

供应链风险评估是对某一特定供应链风险的测量。供应链风险评估必须考虑两个方面：一是供应链风险发生的概率；二是一旦供应链风险发生而造成损失的程度。评估供应链风险，不仅要考虑风险对某个供应链企业的影响，还要考虑供应链风险的发生对供应链整体造成的后果；不仅要考虑供应链风险带来的经济损失，还要考虑所带来的非经济损失，比如，信任危机、企业声誉下降等无形的非经济损失，这些非经济损失有时很难用金钱进行估价。

3. 供应链风险处理

供应链风险处理是供应链风险管理的核心，识别供应链风险、评估供应链风险，都是为了有效地处理供应链风险，减少供应链风险发生的概率和造成的损失。它包括两个方面：一是对未发生风险的处理；二是对已经发生的风险的处理，如自然灾害等紧急事件的处理。

4. 供应链风险处理结果反馈

对于供应链风险处理的结果，风险管理者要进行评价，检查处理方法的效果，以及需要待进一步改进和提高的地方，评价结果可以作为后续风险处理的借鉴。为了更好地控制处理风险，需要对风险因素的发展变化情况进行跟踪，且对风险处理建立反馈机制，进而有效地对风险进行控制，减少风险发生的概率，减少风险发生的损失。

三、绿色供应链管理

（一）绿色供应链管理的含义

绿色供应链管理（green supply chain management，即 GSCM），最早是由密歇根州立大学制造研究协会（MRC）在1996年关于"环境责任制造"（ERM）研究中提出来的概念。在这项研究中，将供应链管理中增加了环境因素，同时考虑供应链对环境的影响以及如何优化利用资源，最终让整个供应链对环境的消极影响降到最低，对资源的利用效率达到最高。尽管绿色供应链这个概念提出来已经20年，但是"绿色供应链管理"至今在学术界也没有一个统一的完整确切的定义。但就目前来说，我国学术界比较认同的一个说法是：绿色供应链管理是在供应链管理技术的基础上，加入绿色制造的循环经济理论。涉及使产品从原材料采购、加工、包装、仓储、运输、用户使用以及到报废处理涉及的逆向物流的整个过程。

（二）绿色供应链管理的意义

如今，绿色供应链管理的概念方兴未艾，对于绿色供应链管理的价值和意义有必要进行一番梳理和总结。只有深刻理解绿色供应链管理的巨大作用，企业、消费者和政府三者目标一致，才能让绿色供应链成为现实。

1. 对环境的意义

在绿色供应链管理流程中，产品从原材料采购、加工、包装、仓储、运输、用户使用以及到报废处理的整个过程都注入"绿色"的理念，对环境的污染达到最小，对资源的利用效率达到最高。实现对环境的保护和资源的有效利用，减少对环境的污染，甚至彻底消除环境污染。

2. 对企业的意义

首先，降低企业成本，带来更多的经济效益。绿色供应链管理强调充分利用自然和社会资源，使得资源的利用效率尽可能地变高。此外，绿色供应链管理将提高供应链的整体效益，通过相互合作和资源的高效利用对整个供应链涉及的上下游企业带来更多效益。其次，增加消费者对企业的信任，增加对产品和企业的忠诚度。随着绿色经济、绿色发展观念的普及和大众的接受，消费者的环保观念也越来越强。消费者在购买过程中也越来越倾向于选择那些对自然环保的产品或环保做得好的企业生产的产品。顾客的忠诚度会带来顾客的终身价值。再次，树立良好的企业形象，向社会传递出负责可靠、有社会责任担当的信息，让顾客对企业更加信赖。此外，对企业的财务融资等方面也是同样有裨益的。银行等金融机构更愿意对形象好的企业提供信贷、保险服务，甚至会积极对这些公司进行投资。最后，增强企业的竞争力。美国著名的供应链管理研究专家Christopher（克里斯托弗）曾经说过："21世纪的企业竞争将是是供应链与供应链之间的竞争"。企业实施绿色供应链管理，通过对资源的高效利用和对环境的保护，将供应链的效益最大化，可以降低成本、增加利润，最后带来企业竞争力的增加。而且随着世界经济发展"绿色"化的不断发展，各国对产品的"绿色"要求标准不断提出和提高。尤其在发达国家，针对产品的环保标准制定了严格的产品进口条例，实施绿色供应链将极大增强企业的绿色竞争力。

3. 对国家的意义

党的十八大明确提出了"推进绿色发展"、"建设美丽中国"。可持续的"绿色"发展道路已经成为我国坚定不移的经济发展选择。发展绿色供应链管理可以促进我国经济的可持续发展和经济转型。之前我国经济的粗放式发展对环境造成了巨大破坏，资源浪费严重，通过实施绿色供应链，保护环境、优化资源利用，有利于我国经济的持续稳定健康发展。此外，目前许多国家为了贸易保护，设立了许多技术条款和环保法规，即"绿色技术贸易壁垒"，对我国的对外经济的发展造成不利影响。实施绿色供应链，可以有效规避国外的绿色贸易壁垒。

四、国际供应链管理

（一）国际供应链管理的基本内涵

供应链是由客户（或消费者）需求开始，贯通从产品设计到原材料供应、生产、批发、零售等过程，把产品送到最终用户的各项业务活动。全球供应链是指在全球范围内组合供应链，它要求以全球化的视野，将供应链系统延伸至整个世界范围，根据企业的需要在世界各地选取最有竞争力的合作伙伴。形象一点，我们可以把供应链描绘成一棵枝叶茂盛的大树：生产企业构成树根，独家代理则是主杆，分销商是树梢；满树的绿叶红花是最终用户；在根与主杆、枝与杆的一个个结点，蕴藏着一次次的流通，遍体相通的脉络便是信息管理系统。全球供应链管理强调在全面、迅速地了解世界各地消费者需求的同时，对其进行计划、协调、操作、控制和优化，在供应链中的核心企业与其供应商以及供应商的供应商、核心企业与其销售商乃至最终消费者之间，依靠现代网络信息技术支撑，实现供应链的一体化和快速反应，达到商流、物流、资金流和信息流的协调通畅，以满足全球消费者需求。

（二）国际供应链管理与外贸企业核心竞争力的关系

核心竞争力是企业所具备的一种或几种使其在向顾客提供价值过程中长期领先于其他竞争对手的能力。供应链管理与企业核心竞争力有着密切关系。国际供应链管理，供应链中各合作伙伴的集成，实现合作伙伴之间的信息共享。企业要把主要精力放在关键业务上，充分发挥其核心优势，同时与全球范围内的伙伴企业建立战略合作关系，合作伙伴发挥专长，为顾客创造最大价值。企业核心竞争力，人、技术、信息、管理四者有效集成，以及包括产品设计、服务模式、服务内容、业务流程等方面的创新。通过其很强的信息整合能力、业务流程整合能力来对全球范围内的资源、合作伙伴进行整合，以满足客户的需求。

国际供应链管理与外贸企业核心竞争力，两者存在着黏合性。与此同时，外贸企业核心竞争力也对国际供应链管理提出了新的要求：要求供应链中各成员遵循"优势互补"的原则，强调各个合作伙伴的平等对话，形成与外贸企业核心竞争力相融合的自我约束机制，为用户创造更多的附加价值。

同步测试

一、单选题

1. 在供应链管理中，一个重要的理念就是（　　）

A. 强调企业的核心业务和竞争力　　B. 理解客户

C. 理解公司　　　　　　　　　　　D. 创新体制

2. 企业内部供应链与外部的供应商和用户，属于（　　）

A. 合作者　　B. 战略合作伙伴　　C. 共赢者　　D. 互惠关系

3. 供应链创新模式最突出的是（　　）领先者。

A. 物流　　　B. 电商　　　　　　C. 快递　　　D. 企业

4. 企业供应链行为更加理智、（　　）、有目的。

A. 有序　　　B. 合理　　　　　　C. 有力　　　D. 整理

5. 中国第一家自由连锁采购联盟——上海家联采购联盟有限公司是：（　　）

A. IBM　　　B. 沃尔玛　　C. 上海家联采购联盟有限公司　　D. 国美

二、简答题

1. 我国企业供应链管理存在哪些问题？

2. 实施供应链管理的对策有哪些？

三、论述题

"互联网+"时代，供应链管理应顺势做哪些创新？

四、案例分析

海尔：C2B+DIY定制+扁平化敏捷制造+开放供应链服务平台模式

背景：2013年海尔商业模式创新全球论坛上，63岁的张瑞敏对外宣称："你要么是破坏性创新，要么你被别人破坏"。海尔作为中国品牌、中国制造业的代表，开始了互联网思维的创新。海尔对商业模式的探索主要两方面：战略和组织架构。战略上，变成了人单合一双赢的模式。"人"就是员工，"单"就是员工的用户，"双赢"就是这个员工为用户创造的价值以及他所应该得到的价值。在这个理论下，海尔现在的8万多员工一下子变成了2000多个自主经营体的"小海尔"模式，一般最小的自主经营体只有7个人，把原来的金字塔模式给压扁了。张瑞敏认为传统制造必须移民互联网：传统企业要么触网，要么死亡！张瑞敏认为海尔这个千亿级体量的"巨鲸"如何脱胎换骨、进行颠覆性的创新，就是把自己打散、再聚合，"人单合一"、"用户全流程体验"、"自组织"、"开放平台"、"按单聚散"、"产品去商品化"、"价值交互"、"接口人"等是新型海尔转型的重点。

模式解读：

1. **C2B+顾客需求DIY**：C2B是以聚合消费者需求为导向的反向电商模式。以销定产，零库存的情况下先销售然后进行高效的供应链的组织，或者说供应链的组织已经完成，必须根据销售的情况来决定生产的排布。C2B预售的同时针对用户加入个性化DIY元素，利用在海尔商城设立"立刻设计我的家"和"专业设计师"平台实现买家的个性化创意。

2. 实现以销定产，2000多个自主经营体的"小海尔"扁平化支撑，打造敏捷供应链。

3. 物流方面：海尔在全国共有83个仓库，定制产品的生产下线到用户家中控制在5~7天，目前海尔日日顺已在全国建7600多家县级专卖店、26000个乡镇专卖店、19万村级联络站、2800多县建立配送站、3000多条配送专线、6000多个服务网点，其运营策略：

（1）真正的库存在路上。

（2）服务整合，送装一体。

（3）一张物流网服务线上线下多渠道。

（4）阿里投资海尔日日顺后，海尔的供应链平台将陆续面向社会化，为整个电商物流服务。

行业价值：2013年海尔的供应链创新与变革模式，是中国制造、中国品牌互联网化的典型代表，值得其他品牌参考学习。张瑞敏的"你要么是破坏性创新，要么你被别人破坏"的决心，可以看出如果中国的传统制造再不转型，未来的路将存在更大的生存压力。

思考与讨论：

1. 海尔建立了什么供应链平台模式？

2. 你认为海尔的供应链管理的主要特点是什么？

3. 试分析海尔的供应链模式的优缺点。

项目十　电子商务环境下供应链管理的发展

内容提要

基于因特网的发展，电子商务作为一种新的商业模式以及新形式的商业活动正在蓬勃兴起。在电子商务中，供应链是商务流程的重要环节，电子商务带来了供应链管理的变革。它运用供应链管理思想，整合企业的上下游产业，以中心制造厂商为核心，将产业上游供应商、产业下游经销商（客户）、物流运输商及服务商、零售商以及往来银行进行垂直一体化的整合，构成一个电子商务供应链网络，消除了整个供应链网络上不必要的运作和消耗，促进了供应链向动态的、虚拟的、全球网络化的方向发展。但是，随着电子商务的发展，电子商务过程中供应链的重要性以及对供应链的管理成为一个相辅相成的课题，受到越来越多的重视。

本项目旨在介绍电子商务环境下供应链管理的特点、优势、技术手段，并探讨未来的发展趋势。

学习目标

学习完本章后，你将能够：
1. 了解电子商务的发展和概念。
2. 理解电子商务的各种模式。
3. 了解电子商务与供应链管理之间的关系。
4. 理解电子商务环境下供应链管理的优势。
5. 理解基于电子商务平台的供应链管理的发展趋势。
6. 掌握供应链管理的电子商务技术。

> **导入案例**

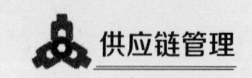

京东商城供应链模式

京东商城是中国B2C市场最大的3C网购专业平台，是中国电子商务领域最受消费者欢迎和最具影响力的电子商务网站之一。自2004年初，京东正式涉足电子商务领域以来，京东网上商城一直保持高速成长，连续四年增长率均超过300%。京东的成功很大程度上得益于其坚持纯电子商务模式，京东有着高效的供应链体系以及更低成本的运营。由于我国国内缺乏系统化、专业化、全国性的货物配送企业，配送销售组织没有形成一套高效、完备的配送管理系统，所以电子商务中交货延迟以及高额的配送费用一定程度上影响了人们的购物热情。而京东商城在供应链管理上的模式一定程度上解决了一些问题，这也是促使其成功的很大原因。

1. 京东商城供应链模式

（1）下单。

京东没有留给顾客"后悔时间"。但在出货前，顾客可随时取消订单。

（2）取货。

京东的仓库中，商品按照字母A-P的顺序依次摆放着。这样就可以从A区到P区依次取货，正好绕着仓库走一圈，而不用走回头路。

（3）分拣与配货。

京东库房里，分拣区靠近库房的一端，在分拣区的后面，两张大长条桌上摆放着4台电脑，扫描员将分拣好的货品扫描条形码，再输入订单号，确认货品无误后送往发票开具区。扫描和开具发票完成后，货品被送到打包区。打包员用塑料袋、泡沫和纸箱将货品裹好封严。每一个打包员身边也有一台电脑，打包员完成一次打包，就要往系统里输入自己的编号和货品订单号。北京城内的货品基本是京东自己的配送队伍送货，一般当日或次日送到。为了节约成本，采用两层塑料袋包装。而交由第三方承运方托运的货品，则需要在原有纸箱外再加垫两层泡沫板，加裹一层纸箱，再用胶条封死。整个过程类似于流水线作业，经历"订单打印—出库—扫描—打印—发票—打包—发货"几个步骤，每个步骤专人负责。

（4）货到付款。

货到时使用现金支付。货到时使用移动POS机刷卡支付，客户可以选择货到付款作为支付方式。支持移动POS机刷卡付款的城市比较多。

2. 京东的启示

电子商务的竞争力首先就在于其自身的系统。只有拥有一条高效、精准、控制力极强的信息系统，电子商务业务才会具备坚实的基础。信息共享是电子商务供应链管理的基础。对信息流的控制和管理是供应链管理中的重要环节，实现信息流的控制最有效的途径便是企业的虚拟化。虚拟，是指企业的电子化，只有企业内部实现了电子化，信息技术得到广泛应用，才能实现基于电子商务的供应链管理。

（1）物流平台的搭建。物流平台的搭建，如同信息系统建设一样，是电子商务网站的关键。仓储物流是电子商务的第一大成本，通过组建自己的配送队伍，组建配送数据库可以有效提高库存管理的效率，减少物流成本及库存成本。电子商务和传统的渠道不同，是全国性的。如何维持产品的周转，保持仓储量，这些都需要及时的动态管理，使整个库存和物流体系达到最佳的状态。这也是京东商城最核心的竞争力所在。

（2）第三方物流的运用。在快速配送方面，京东选择了外包给第三方来做，而在配送大件商品时，京东选择与厂商合作，由厂商自己的售后服务网点进行配送。业务外包是供应链管理的重要思想，企业要提高认识，将无增值的储存、运输等环节外包给第三方物流，适当的外包有助于降低相关业务风险、节约成本，从而有助于企业在核心业务上集中精力，争取更大的效益。同时，这也需要社会大力发展第三方物流，使其成为自主经营、自负盈亏、服务全社会的新兴产业，才能有效推进电子商务供应链的快速发展。

（3）确保供应商的合作。在采购环节，京东选择生产厂商或者厂商指定的代理商和经销商，所售出的产品都是通过正规进货渠道购进的正牌商品。目前京东的产品当中，有60%都是直接从厂家进货，而剩下的则都是与总代级代理商合作。所以京东通过正规采购渠道确保了产品是正品，从而保证了质量。正确选择供应链合作伙伴非常必要，一旦建立了这种合作关系，就意味着认同共同的营运目标，就意味着信息和数据的无私交换，意味着新技术与新产品的共同开发，更意味着市场机遇的共享和风险共担。

思考与讨论：
1. 电子商务环境下供应链管理带来哪些变化？

2. 京东自建物流体系的优势有哪些？

2. 京东是如何整合其电子商务与供应链管理的？

3. 第三方物流在整个整合过程中起到了怎样的作用？

任务一　电子商务环境下供应链管理的发展与变革

一、电子商务环境下供应链管理的发展

信息时代改变了人类交流的方式，也改变了人类思维的方式，电子商务时代同样改变了企业的运作和交流方式。

(一) 电子商务时代供应链管理的发展

电子商务时代使供应链管理更为快捷方便，终端客户只需要坐在电脑前，就可以随意挑选商品，制造商通过层层环节最终把货物送到终端用户的手上。电子商务时代，供应链系统通过在线销售和在线客户服务等方式拓展了业务范围，并且为中小企业实现低成本、安全、高效地传递信息提供了一种开放的标准，使更多的企业能够加入到供应链系统当中来。

电子资金转账系统的开发使企业避免了现金支付的种种弊端，虽然目前以淘宝网为首的第三方转账支付手段还不够成熟，但是电子转账在未来的企业竞争中将会有着更多的应用，通过电子资金转账系统来改善现金流管理和减少纸面工作，对于提高供应链的工作效率和降低风险都有着很大的帮助。

在电子商务供应链系统中，可以实现远程操作，电子会议成为可能，电子市场营销也成为了一种行之有效的营销手段，并且在未来还将会进一步发展，甚至逐渐淘汰一些传统的上门推销等手段，为客户提供更多的信息，客户就可以做到足不出户进行网络采购，大大地提高了供应链的效率。电子商务与供应链管理都是一个从生产商到最终用户的价值增值过程，电子商务是在一个全新的平台上构建的供应链。电子商务的快速发展为供应链管理奠定了坚实的基础。

在电子商务时代，供应链源源不断的信息资源，帮助企业有效处理这些信息，在这种情况之下，企业间的协同合作更加容易，通过集成化、价值化、智能化和网络化的管理，通过信息技术的应用，实现了电子化的供应链管理。同时，企业也进一步朝着电子化的方向发展，企业通过网络完成交易过程，可以对应整个供应链系统进行完整的整合，不断提升竞争力，并且通过将自己非核心业务外包来进一步形成自己的核心竞争力。

在电子商务的环境下，供应链管理会不断提高用户服务水平，并且持续降低交易成本，使供应链企业的收益得到最大化，使客户得到最优的服务。

（二）电子商务时代供应链管理所带来的深刻影响和市场变革

供应链管理作为对供应链中发生的物流、信息流、资金流以及贸易伙伴关系等要素，进行统一组织、规划、协调和控制的一种现代企业管理战略，需要充分的相关企业和市场信息。但是，要获得供应链较为完全的信息，依靠人工环境，其成本是非常昂贵的。电子商务模式的出现可以为企业实施供应链管理提供有力的信息技术支持和广阔的活动舞台。特别是B2B电子商务，不仅使得供应链上各结点企业之间的信息容易共享、联系更加紧密，而且供应链的整体运作也更为高效。

电子商务化的供应链管理（e-SCM）的根本优势就在于通过网络技术可以方便快捷地收集和处理大量的供应链信息。有了这些信息资源，供应商、制造商和销售商就可以制定切实可行的需求、生产和供货计划，使信息沿着整个供应链顺畅流动，有助于整个产业运行的组织和协调。通过电子商务的应用，可以对供应链大量的信息资源进行有效的管理，提高整个供应链的运作效率。电子商务化的供应链管理可以提供诸如信息自动处理、客户订单执行、采购管理、存货控制以及物流配送等服务系统，以及提高货物和服务在供应链中的流动效率。电子商务的发展改变了企业应用供应链管理获得竞争优势的方式，成功的企业应用多层电子商务来支持它的经营战略并选择它的经营业务。这些企业利用信息技术（如EDI、Internet/Intranet、EOS、POS等）提高供应链活动的效率，增强整个供应链的经营决策能力。

对于现代电子商务对供应链管理的影响我们可以归纳为以下几个方面。

1. 为供应链管理者建立了新型的客户关系

电子商务使供应链管理者通过与它的客户和供应商之间构筑信息流和知识流

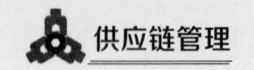

(Flow of Knowledge）来建立新型的客户关系。

2. 提供给供应链管理者了解消费者和市场需要的新途径

随着电子商务的不断发展，企业的供应链运作发生了翻天覆地的变化，这种变化越来越反映在以电子商务为基础的供应链管理中。应用电子商务交换有关消费者的信息成为企业获得消费者和市场需求信息的有效途径。例如，供应链的参与各方通过信息网络交换订货、销售、预测等消息。对于全球经营的跨国企业来说，电子商务的发展可以使得它们的业务延伸到世界的各个角落。

3. 开发高效率的营销渠道企业

利用电子商务与它的经销商协作，建立零售商的订货和库存系统。通过它的信息系统可以获知有关零售商商品销售的信息，在这些信息的基础上，进行连续库存补充和销售指导，从而与零售商一起改进营销渠道的效率，提高顾客满意度。

4. 改变产品和服务的存在形式和流通方式

产品和服务的实用化趋势正在改变它们的流通和作用方式。例如，音像等软件产品多年来一直以 CD 或磁盘等方式投入市场进行流通销售，这需要进行大量的分拣和包装作业。现在，许多软件产品通过互联网直接向顾客进行销售，无需分拣、包装、运送等物流作业。

5. 构筑企业间或跨行业的价值链

通过利用每个企业核心能力和行业共有的做法，电子商务开始用来构筑企业间的价值链。当生产厂家和零售商开始利用第三方服务，把物流和信息管理等业务外包的时候，它们会发现管理和控制并不属于它们所有的供应链。然而，生产厂家、零售商以及物流信息服务业者组成的第三方服务供应链形成了一条价值链。另外，在航空运输行业，航空公司采用全行业范围的订票系统而不是各个企业独立订票系统。

电子商务对供应链管理的影响日趋重要，同时随着信息技术的不断发展，现代电子商务也在不断地发展。基于现代电子商务平台的供应链管理是电子商务与供应链管理的有机结合，以顾客为中心，集成整个供应链过程，充分利用外部资源，实现快速敏捷反应，极大地降低库存水平。

二、电子商务环境下供应链管理的变革

（一）电子商务与供应链管理

电子商务是两方或多方通过计算机和某种形式的计算机网络进行商务活动的过程。随着网络技术的发展，它在企业内部运用的范围和层次都有了一个质的飞跃，在企业内部管理的各环节得到了很大应用。

供应链管理是一种集成管理思想和方法，在供应链中执行从供应商到用户的物

流计划与控制等职能。它围绕企业核心，通过对信息流、物流、资金流的控制，使供应商、制造商、用户等连成一个整体的网链结构模式。

电子商务的出现彻底改变了供应链的结构与商业运作方式，传统供应链将转为基于互联网的开放式的全球网络供应链。企业一般具有双重身份，既是客户又是供应商。电子商务的发展促进了供应链管理的发展，加深了供应商之间联系，对于企业的采购、销售等都有所提高，更减少了库存成本、增加了收益。

供应链电子商务是指借助互联网服务平台，实现供应链交易过程的全程电子化，彻底变革传统的上下游商业协同模式。

(二) 电子商务环境下供应链管理的特点

现代供应链运作的一个重要特点是：通过及时、有效信息的传递，确实把握市场需求，并根据实际需求来确立相应的生产、经营和物流运作，而现代电子商务的发展却为推动信息的有效传递和管理、发展电子物流乃至供应链管理奠定了基础。现代电子商务扩展了信息化供应链管理，而现代电子商务（即 e-Commerce）的发展之所以能对现代供应链产生重大的影响，主要原因在于当今的电子商务是包含了电子商务物流和供应链的业务实现过程。所谓业务实现，就是能对应顾客或用户的差别化需求，实现包含商品的整个服务过程，它涉及供应链企业间、部门间以及个人间的协同作业。换句话说，原来在传统商务形式下，被忽视的个别需求对应服务活动、按单生产、修理、基于模块化的大规模定制、物流服务等高附加增值活动，在现代电子商务中得到了全面实现和高度关注。

现代电子商务的出现当然不是一蹴而就，从业务模式的发展形式看，主要有四种：

（1）B2C 形式。即利用电子零售或网页针对消费者从事商品销售活动，开展这类电子商务的典型代表是 Amazon。

（2）B2B 形式。即电子交易市场，利用网络实现企业间的交易和连接，代表企业有 Cisco 和 Dell。

（3）C2C 形式。即拍卖市场，利用网络实现消费者之间的信息互通和交易实现，诸如 eBay 模式。

（4）现代电子商务形式。这种业务模式不仅实现了买卖双方的交易，而且为了有效地实现服务的增值，借助于企业间的网络，将部分业务实行外包，企业群体共同实现增值活动，全方位地满足顾客个性化的需求。

从以上电子商务发展的四种形式我们可以看出，现代电子商务有别于其他三种形式的本质特点在于，它强调的是以核心企业为中心，通过网络有机地将伙伴合作企业组织进来，共同为客户提供全面的解决方案，而不仅仅是交易或传递商品。

现代电子商务所涵盖的内容已大大扩展，几乎包括了整个供应链商流和物流的

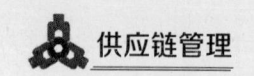

内容，即信息交换、订单实现、销售活动前后的服务、仓储、电子支付、运输配送等各种活动，每一项活动都对企业实现价值增值提供了必要的保障，但是，作为从事电子商务的企业未必拥有如此全面的经营能力和运作能力，只有将部分业务外包给专业企业才能真正实现供应链绩效。这样新型的物流服务提供商（Logistics Service Provider）就开始出现，其作用一方面作为 B2C、B2B 以及 C2C 后端办公或仓储运输活动的承包方而出现，另一方面通过网络组织的建立，借助于能力集成，真正实现了高效、低成本的业务运作。

任务二　基于电子商务的供应链管理新功能介绍

一、电子商务下的供应链与传统供应链的区别

电子商务对现代供应链管理的影响是非常深远的，这不仅是因为它改变了商品交易的形式，同时也改变了物流、信息流和资金流。如今，所有通过在线购物的顾客都希望在交易订单下达之后，商品能直接配送到家，都能时刻跟踪订单。同时客户也希望物流承运方能够根据他们的需求改变运输路线、确定交付过程费用、变更后的交付时间，甚至要求能够根据多个交付地址拆散订单。具体来讲，电子供应链与传统的供应链主要区别反映在如下几点。

（一）商品物流和承运的类型不同

在传统的供应链形式下，物流是对不同地理位置的顾客进行基于传统形式的大批量运作或批量式的空间移动，将货物用卡车运抵码头或车站，然后依靠供应链的最后一环将货物交付到最终消费者。在电子供应链状况下情况则不同，借助于各种信息技术和互联网，物流运作或管理的单元不是大件货物而是每个顾客所需的单件商品，虽然其运输也是以集运的形式进行，但是客户在任一给定时间都可以沿着供应链追踪货物的下落。

（二）顾客的类型不同

在传统的供应链形式下，企业服务的对象是既定的，供应链服务提供商能够明确掌握顾客的类型以及其所要求的服务和产品。但是，随着电子商务的到来，供应链运作正发生着根本性的变化。典型的电子商务，顾客是一个未知的实体，他们根据自己的愿望、季节需求、价格以及便利性，以个人形式进行产品订购。

（三）供应链运作的模式不同

传统的供应链是一种典型的推式经营，制造商将产品生产出来之后，为了克服

商品转移空间和时间上的障碍，而利用物流将商品送达到市场或顾客手中。而电子供应链则不同，由于商品生产、分销以及仓储、配送等活动都是根据顾客的订单进行，物流不仅为商流提供了有力的保障，而且因为其活动本身就构成了客户服务的组成部分，因而它同时也创造了价值。

（四）库存、订单流不同

在传统的供应链运作下，库存和订单流是单向的。但是在电子供应链条件下，由于客户可以定制订单和库存，因此，其流程是双向互动的。制造商、分销商可以随时根据顾客的需要及时调整库存和订单，以使供应链运作实现绩效最大化。

（五）物流的目的地不一样

传统的供应链不能及时掌握商品流动过程中的信息，尤其是分散化顾客的信息，加上个性化服务能力的不足，造成很多弊端。但是电子供应链完全是根据个性化顾客的要求来组织商品的流动，这种物流不仅要通过集运来实现运输成本的最低化，同时也需要借助差异化的配送来实现高服务。

二、电子商务与供应链管理的关系

随着计算机网络和通讯技术的迅速发展，尤其是互联网的普及和应用，社会经济正在经历着一场巨大的变革。作为网络经济的必然产物，电子商务掀起了经济领域的一场革命，对人类的思维方式、工作方式、生活方式都产生了深刻的影响。面对来势汹涌的电子商务大潮，众多企业最关心的是如何通过电子商务解决企业的供应链管理问题，将"电子商务"提高到供应链管理战略位置上来，使"电子商务"渗透到供应链管理的整个过程，提高供应链绩效水平。

对于企业来说，电子商务的总体目标主要包括：

(1) 帮助企业在全球建立销售网。

(2) 为企业提供各种商务活动的信息数据，解决企业生产和销售信息收集难的问题。

(3) 减少企业进入市场的环节，帮助企业打开市场，最大限度地减少商品流通环节。

(4) 减少企业销售成本，最大限度地降低商品的交易成本。

(5) 为交易双方商品交易和网上谈判提供方便。

(6) 为企业提供最可靠的质量保证。

(7) 为顾客提供最方便的检索手段。

通过电子商务在供应链管理中的应用，我们知道供应链管理的主要任务就是要协调从订单的形成到完成订单以及运送产品过程中的各项服务和信息交流。随着电子商务的不断发展，在电子商务环境下，供应链中各个企业之间可以从事的商务活

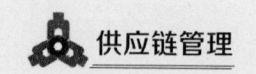

动也日益增加，电子商务在供应链管理中的应用体现得越来越重要。电子商务在供应链管理中的应用，充分说明电子商务与供应链管理是相辅相成的，电子商务成功实施的基础是出色的供应链管理的支持。通过供应链管理，把与电子商务的商业活动有关的信息流、资金流、物流进行有效的集成和控制，把正确的产品交付给正确的客户，以最低的成本实现最大的经济效益。随着电子商务的不断发展，电子商务对供应链管理产生了越来越重大的影响。

三、在电子商务环境下的供应链管理具备的优势

1. 有利于开拓新客户和新业务企业

实施基于电子商务平台的供应链管理，不仅可以提高整个供应链的效率，实现企业的业务重组，而且保留了现有客户。由于企业可以提供更多的功能、业务，这必然也会吸引新的客户加入供应链，同时也带来一些新业务。

2. 有利于分享信息

现代电子商务除了利用 Internet 和 Web 实现对消费者或客户的销售，更是综合了所有商业网络中企业的信息来共同实现差别化的服务。如今我们正处在一个信息极度丰富的时代，企业可以通过信息系统将一些极为重要的数据，诸如现金流和订单管理信息传递给网络中需要这些数据的企业和个体，而且市场竞争的压力也促进企业不断改进这种信息共享的水平。随着信息实现强有力的衔接，企业运作就实现了高度的弹性化，能够更及时地满足消费者的偏好以及供应商的供货情况，同时也便于让顾客网上订货并跟踪订货情况。

3. 有利于企业组织结构的精细化和营运绩效的提高

电子商务发展的最大特点是实现了经营的网络化，这里指的网络化有两层含义：一是交易物流系统的计算机通讯网络实现连接，同样上下游企业之间的业务往来也要通过计算机网络来实现，例如订单的传输、交易的形成确认等，都可以借助增值网上的电子订货系统（EOS）和电子数据交换（EDI）进行；电子商务的网络化除了计算机网络外，另一层含义则是指组织的网络化。由于现代电子商务是通过业务外包组合整个供应链的，单个企业的组织结构呈现出精细化、高效性的特点。这种精细化和高效性主要表现在一方面原来的组织由于全部业务的内部运作，造成组织庞大、从业人员增加、管理层次增多，造成经营效率偏低。而现代电子商务借助电子信息网络，将各种不同的技术、技能有机地进行集成，不断降低运营和采购成本，从而大大提高了运营绩效。

四、应用电子商务实现集成化供应链管理

供应链管理模式要求突破传统的采购、生产、分销和服务的范畴和障碍，把企

业内部以及供应链节点企业之间的各种业务看作一个整体功能过程，通过有效协调供应链中的信息流、物流、资金流，将企业内部的供应链与企业外部的供应链有机地集成起来管理，形成了集成化供应链管理体系，以适应新竞争环境下市场对企业生产和管理运作提出的高质量、高柔性和低成本的要求。

电子商务的应用促进了供应链的发展，也弥补了传统供应链的不足。从基础设施的角度看，传统的供应链管理一般是建立在私有专用网络上，这需要投入大量的资金，只有一些大型的企业才有能力进行自己的供应链建设，并且这种供应链缺乏柔性。而电子商务使供应链可以共享全球化网络，使中小型企业以较低的成本加入到全球化供应链中。

从通讯的角度看，通过先进的电子商务技术（如 XML、OBI 等）和网络平台，可以灵活地建立起多种组织间的电子连接，如组织间的系统（Inter-organization Systems，IOS）、企业网站、Extranet、电子化市场（Electronic Market）等，从而改善商务伙伴间的通讯方式，将供应链上企业各个业务环节孤岛连接在一起，使业务和信息实现集成和共享，使一些先进的供应链管理方法变得切实可行。电子商务与供应链管理之间的关系如图 10-1 所示。

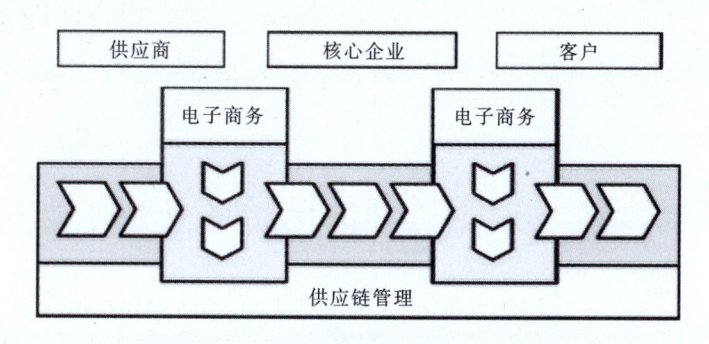

图 10-1　电子商务与供应链管理之间的关系

五、基于电子商务平台的供应链管理的发展趋势

随着电子商务的推广，集成化供应链管理（Integrated Supply Chain Management）系统研究已经成为国内外管理学研究的一个新领域。所谓集成化供应链管理，是指供应链中的节点企业摒弃传统的管理思想和观念，通过信息技术把所有供应链成员的采购、生产、销售、财务等业务进行整合，并看作一个整体的功能过程而开发的供应链管理功能。

集成化供应链通过对生产过程中的物流、管理过程中的信息流以及决策协调过程的决策流进行有效的控制和协调，力图达到整体最优的目标，从而以一个有机整体的形式参与市场竞争，满足市场对生产管理过程提出的高质量、高柔性和低成本

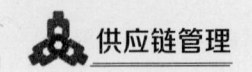

的要求。

集成化供应链管理是企业在新世纪适应全球竞争的一种有效途径，这一点已为人们所公认。而供应链的集成化管理，在很大程度上要依赖于信息技术，这对信息技术也提出了更高的要求。通过信息技术的运用，可以有效地实现供应商、制造商、分销商和用户之间的信息集成。在企业内部，信息技术的应用也可以改善部门之间的联系。Internet加强了用户的"pull"机制，使用户可以直接从供应商那里获得产品的同时获得有用信息，而且通过Internet，可使企业能以更低的成本加入到供应链联盟中。Internet/Intranet的应用可以节省时间和提高企业信息交换的准确性，它的应用减少了在复杂、重复的工作中人为的错误，同时它可以通过减少失误而节约经费，从而降低整个物流成本及物流费用水平，使物、货在整个供应链中的库存下降，并且通过供应链中的各项资源（人力、市场、仓储、生产设备等）运作效率的提升，赋予经营者更大的能力来适应市场的变化并作出及时反应，从而做到物尽其用、货畅其流。

基于电子商务平台的集成化供应链管理是供应链管理未来的发展方向，供应链中的成员利用计算机网络，可以获得准确和及时的信息；通过共享信息，合作伙伴之间就可以制定切实可行的需求、采购、生产和销售计划，从而降低成本、减少库存，提高供应链的市场响应速度，增加顾客满意度，提高整个供应链的绩效。

任务三 供应链管理的电子商务技术支持

一、供应链管理的电子商务技术支持

（一）供应链管理的电子商务技术支持

信息技术的迅猛发展促成了电子商务的兴起，电子商务活动以及电子商务包含的一系列技术手段为供应链管理提供了强有力的技术支持。当然，供应链管理不是依靠纯粹的电子商务技术手段就能够实现的，应该从系统工程的角度看待供应链管理。只有将系统管理技术、电子商务平台技术、供应链技术、决策支持系统等有机地结合起来，并贯穿应用于供应链管理的各个环节，才能实现供应链的科学管理。

（二）系统管理技术是实现集成供应链管理的科学方法

所谓系统管理技术，是指用于供应链企业从市场研究、产品设计、加工制作、质量控制、物流、销售与用户服务等一系列活动的管理思想方法和技术的总和，体现了对供应链企业的设计、管理、控制、评价和改善。对供应链企业的战略联盟进行管理是一项复杂而又系统的工作,它既需要先进的电子商务技术手段,又需要科学的管理方法。对于单个企业来说,如何选择合作伙伴、寻求和评估机遇、进行企业流程重组、完成内部条件与外部环境的有机结合、对市场变化作出迅捷反应,都是非常关键的决策,而系统管理技术提供了对这种决策的方法支持。系统管理技术从管理信息系统、决策支持系统、信息接口技术、计算机辅助设计与制造等多方面为企业提供了开发、利用信息资源和智力资源的方法和手段,从而为供应链上资源的总体优化和产品寿命周期的缩短提供了方法上的支持。

(三)电子商务平台技术成为供应链管理的技术支持

供应链上的企业都需要产品运动的信息,以便对产品进行接收、跟踪、分拣、存储、提货以及包装等。随着供应链上信息数量的增加和信息交互的频繁,对信息进行精确、可靠及快速地采集变得越来越重要。而电子商务平台技术及相关标准正是为了降低信息交互成本、优化业务流程以及信息处理自动化而产生的。这些技术包括ID代码、条码、EDI、应用标识符等。

(四)电子商务的供应链技术成为比以往更为有力的优化技术

供应链技术主要指快速反应、即时制配送、有效客户回应、不间断补货等技术。供应链技术能够使企业联系在一起,大面积地覆盖市场,建立起最大范围的供应链。企业通过十分广泛的网络联系,能够得到更多的市场信息,广泛地选择合作伙伴,使供应链能够灵活地适应市场的变化。

电子商务中供应链技术的应用,一方面可以理解为生产控制自动化向两端延伸,覆盖到企业间业务的无缝连接,从而形成了企业间无边界的、开放式的增值链条。另一方面大大拓展了经济活动的范围,使供应链贯穿于整个生产经营活动全过程。而且这种以企业为中心、以电子商务为技术手段的供应链与传统的生产经营方式,正在发生着越来越明显的背离。

(五)决策支持系统

决策支持系统是辅助不确定需求管理在电子商务条件下,供应链上信息流和物流能够顺畅流动的驱动者是最终用户,所以供应链的管理者必须深刻理解现实的和正在出现的顾客和顾客需求,顾客需求具有不确定的特点,对顾客不确定需求的管理变得非常重要,决策支持系统为解决不确定因素下的供应链管理提供了方法和途径。

在供应链的需求端,可以用一系列的电子商务智能决策支持工具对不确定需求的决策提供支持。电子商务智能决策支持工具主要有三个方面:

(1)采用含有计算机芯片的智能卡来收集顾客数据、顾客需求水平数据,用来发展在不同的当地市场提供个性化仓储类别和顾客订制的产品,满足多样化的需求和全球化的趋势。

（2）利用在线分析处理系统，对顾客的各种数据库进行各方面的观察和分析，为决策提供多维思路。

（3）利用因特网。随着存放在大型数据库中信息可访问性的提高和扩大，随着因特网的出现，被授权的供应链决策者都能够通过网络得到决策支持的数据。在进行数据分析的过程中，用户可以访问环球网，查询自己所需的信息和数据，因为因特网资源在使用上具有广泛性和适用性。

除此之外，面对供应链中群体企业的集成化管理，决策支持系统演变为虚拟组织的群体决策系统。电子商务改变了企业的传统结构，使供应链企业成为复杂的网状结构，供应链管理的复杂程度和供应链企业之间的战略联盟，使群体决策问题无法回避，群体决策支持成为供应链管理的必要辅助手段。群体决策系统和分布式人工智能相结合，再综合利用电子商务提供的电子会议、电子数据交换等技术手段，可以为战略联盟的群体决策提供强有力的支持。

二、供应链管理中电子商务手段的应用

在供应链管理中，电子商务技术和手段已被广泛应用。其应用领域主要包括：

（1）通过EDI、基于因特网的EDI或外联网自动处理订单。在B2B中，当存货低于一定水平时订单可以自动生成并发送给供应商，这样订单处理可以被快速、廉价和更精确（不需要重新输入数据）地完成。在B2C中，基于Web的电子表格加快了流通速度，使之更加精确（智能代理能够检查输入数据并提供即时反馈），从而降低了供应商的处理成本。

（2）利用电子支付缩短订单履行周期以及支付与送货的间隔。支付处理成本可以显著降低，欺诈也可以被更好地控制。

（3）通过引入按订单制造（拉动式）生产流程和向供应商提供更快和更准确的信息，存货水平可以被显著降低。

通过允许业务伙伴以电子化方式跟踪和监视订单和生产活动，企业可以改进存货管理，并使存货水平和存货管理费用最小化。

（4）直接开展数字化产品销售。如果产品可以被数字化（如软件），订单就能立即履行。在其他情况下，电子商务订单接收界面与公司的后台系统相结合，这种结合能缩短周期并消除错误。

（5）利用商务网站广泛开展供应链成员间的商务合作，强化供应商关系管理和客户关系管理。

三、电子商务环境下的供应链管理模式

供应链管理主要由信息流管理、资金流管理和物流管理三部分组成。而电子商

务的出现和广泛使用可以在很大程度上改善供应链管理中信息流和资金流管理两部分，使信息和资金都能迅速、准确的在供应链各节点之间传递。

电子商务环境下的供应链管理模式要求突破传统的采购、生产、分销和服务的范畴和障碍，把企业内部以及供应链节点企业之间的各种业务看作一个整体功能过程，通过有效协调供应链中的信息流、物流、资金流，将企业内部的供应链与企业外部的供应链有机地集成起来管理，形成集成化供应链管理体系，以适应新竞争环境下市场对企业生产管理提出的高质量、高柔性和低成本的要求。

基于电子商务的核心企业与供应商、终端客户、银行、储运中心之间借助Internet进行信息的快速交换，同时供应链中的各个节点间也能进行信息的互通。通过电子商务的应用，能有效地将供应链上各个业务环节孤岛连接起来，使业务和信息实现集成和共享。在交易的同时，电子商务只有进一步做好物流管理，大量缩减供应链中物流所需的时间，使物流管理符合信息流和资金流管理的要求，才能真正建立起一个强大的、快速反应的供应链管理体系。

四、电子商务环境下加强供应链管理的策略

1. 采用第三方物流（3PL）方式改善企业外部物流情况

所谓第三方物流，是指由物流劳务的供需方之外的第三方以契约形式完成全部或部分物流服务的物流运作方式。第三方物流是当今世界物流业的发展趋势，是适应物流一体化趋势和电子商务发展的必然结果。

2. 完善企业网络基础设施，改革企业内部供应链管理模式

供应链管理的实施必须以完善的网络设施为前提，特别是企业的内联网、外联网和因特网的集成，是保证供应链高效运作的基本条件，同时它的供应商也要有好的信息化水平，这样才可以实现企业网络之间的对接合。

3. 进行业务流程再造（BPR），实施ERP系统

企业流程再造是对企业的业务流程做根本性的思考和彻底重建。通过流程再造，企业在成本、质量、服务和速度等方面可取得显著改善，使得企业能最大限度地适应以顾客、竞争、变化为特征的现代企业经营环境。

4. 加强协同整合

电子商务条件下的竞争，将不再是企业单打独斗式的竞争，而是供应链之间的竞争。为适应电子商务环境下生存的需要，为提高整个供应链的竞争优势，企业应在供应链的范围内增加信息共享的意识。供应链各环节参与者彼此资源共享与信息交流，减少相互之间的信息不对称程度，降低不必要的浪费，以提升经营的效率。

5. 重视CRM（客户关系管理）建设

CRM是电子商务供应链管理的延伸。CRM能够突破供应链上各节点的地域界面

和组织界面，将客户、经销商、企业销售部系统整合，实现企业对客户个性化的快速响应，真正解决供应链中下游管理问题。作为电子商务供应链管理向客户延伸，客户反馈的信息折射到供应链的各个环节，实现供应链各环节的共赢。

当前，实现高效的供应链管理已成为企业之间开展有效竞争的战略选择。正在蓬勃发展的电子商务为供应链管理的实现提供了极为重要的工具。在电子商务的驱动下，供应链管理的新模式将会不断出现，其对供应链管理运作的影响也会越来越深入。电子商务与供应链管理的融合发展，将进一步推动电子商务的普及，同时也将带来供应链管理的新时代。

同步测试

一、单选题

1. 从供应链的空间范围来划分，可将供应链划分为（　　）。

　　A. 企业内部供应链　　　　B. 产业供应链

　　C. 动态联盟供应链　　　　D. 全球网络供应链

2. 按照供应链的功能模式，可将供应链划分为（　　）。

　　A. 有效性供应链　　　　　B. 反应性供应链

　　C. 推动式供应链　　　　　D. 拉动式供应链

3. 以下属于供应链管理特点的是（　　）。

　　A. 基于流程的管理模式　　B. 一体化经营的集成化管理模式

　　C. 全过程的战略管理　　　D. 全新的库存观

　　E. 以最终客户为中心

4. EDI 是（　　）的缩写。

　　A. 电子信息传输　　B. 电子数据交换　　C. 电子文本管理　　D. 电子化供应链

5. 供应链存在的源头要素是（　　）。

　　A. 价值流　　　　B. 信息流　　　　C. 物流　　　　D. 资金流

6. 以客户需求为原动力的供应链管理模式是（　　）。

　　A. "拉动式"供应链　　　　B. "推动式"供应链

　　C. 有效性供应链　　　　　D. 反应性供应链

7. 在电子商务中客户最关注的是（　　）。

　　A. 产品的质量　　　　　　B. 商品提供商的信用

　　C. 送货的时间和安全　　　D. 价格的低廉

8. 目前条码技术运用最成熟的领域是（　　）。

　　A. 商业零售领域　　　　　B. 图书馆

C. 质量跟踪管理 D. 数据自动录入

9. 电子商务下的供应链与传统供应链的区别不包含哪项（ ）。

A. 商品物流和承运的类型不同 B. 顾客的类型不同

C. 运作的模式不同 D. 库存、订单流不同

10. 所谓第三方物流，是指由物流劳务的供需方之外的第三方以（ ）形式完成全部或部分物流服务的物流运作方式。

A. 契约 B. 合同 C. 数据电文 D. 法律文件

二、简答题

1. 在电子商务环境下的供应链管理具备哪些优势？

2. 电子商务环境下供应链管理有哪些特点？

3. 电子商务环境下供应链管理有哪些变革？

三、论述题

1. 请论述电子商务环境下如何加强供应链管理？应采取哪些策略？

2. 请上网查找资料，分析唯品会如何利用供应链管理实现了新突破？

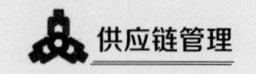

参考文献

1. 张艳. 供应链管理. 北京：清华大学出版社，2012.
2. 胡建波. 供应链管理实务. 成都：西南财经大学出版社，2013.
3. 程敏. 项目管理. 北京：北京大学出版社，2013.
4. 李陶然. 采购作业与管理实务. 北京：北京大学出版社，2013.
5. 刘永胜，杜志平，白晓娟. 供应链管理. 北京：北京大学出版社，2012.
6. 贾平. 供应链管理. 北京：清华大学出版社，2011.
7. 李严锋，罗霞. 物流采购管理. 北京：科学出版社，2011.
8. 黄海滨. 电子商务物流管理. 北京：对外经济贸易大学出版社，2007.
9. 屈冠银. 电子商务物流管理. 北京：机械工业出版社，2012.
10. 翟光明.《采购与供应链管理》. 北京：中国物资出版社，2009.
11. 马士华，林勇，陈志祥.《供应链管理》. 北京：机械工业出版社，2000.
12. 李严锋，罗霞.《物流采购管理》. 北京：科学出版社，2011.